Poéticas do Estranhamento

Organização
Myriam Ávila e Sandra M. Stroparo

ARTE & LETRA
CURITIBA 2015

Capa: Frede Tizzot
Fotografia da capa: Doug Rice

Revisão
Thayse Letícia Ferreira

© Arte & Letra 2015
Poéticas do Estranhamento© 2015

P739
    Poéticas do estranhamento / Organização de Myriam Ávila ; Sandra M. Stroparo. – Curitiba : Arte & Letra, 2015.
    318 p.

    ISBN 978-85-60499-69-4

    1. Ensaios. 2. Pesquisa em Literatura. I. Ávila, Myriam. II. Stroparo, Sandra M. III. Título

                                                CDU 82-4

ARTE & LETRA EDITORA
Alameda Presidente Taunay, 130b. Batel.
Curitiba - PR - Brasil / CEP: 80420-180
Fone: (41) 3223-5302
www.arteeletra.com.br - contato@arteeletra.com.br

ÍNDICE

Poéticas do estranhamento..05

Estranheza e estranhamento
Aurora Fornoni Bernardini 09

Estranhamento por correspondência
Myriam Ávila 41

Homens estranhos e as mulheres que os evitam
Myriam Ávila 61

Água
Caetano W. Galindo...73

O estranhamento na arte e da crítica
Sandra M. Stroparo..95

***A cantora careca* e a tragédia da língua**
Dirce Waltrick do Amarante...121

Lendo em *Companhia*
Ana Helena Souza 141

**O colapso da apóstrofe:
"Ode sobre uma urna grega" revisitada**
Emílio Maciel..171

O idioma discretamente estrangeiro de Wittgenstein
Helena Martins..197

Codificação estética e politização da poetologia: história e devir
Pedro Dolabela Chagas...229

A questão da leitura e a leitura em questão na crítica de Benedito Nunes
Jucimara Tarricone..255

A estranha transfiguração do cotidiano
Donaldo Schüler..273

A densidade adequada do abandono
Doug Rice..293

Sobre os autores..315

POÉTICAS DO ESTRANHAMENTO
Organização: Myriam Ávila e Sandra M. Stroparo

Introdução

Este livro celebra os onze anos de existência do Grupo de Pesquisa Interinstitucional Poéticas do Estranhamento (GIPE), resultado da parceria espontânea e convivial entre um pequeno número de pesquisadores-criadores, amantes do *offstream* em todas as suas manifestações. O grupo reúne pesquisadores de três gerações, quase todos tradutores. Quatro são tradutores de Joyce: Donaldo Schüler (*Finnegans Wake*), Caetano W. Galindo (*Ulisses*) e a dupla Sérgio Medeiros e Dirce Waltrick (*Cartas a Nora*). Uma importante autora que também se dedica à tradução, recriadora de poemas de Ungaretti e Marina Tsvetáieva, entre outros, dá brilho ao grupo: Aurora Bernardini. Incluem-se ainda no GIPE as organizadoras deste volume, Myriam Ávila e Sandra M. Stroparo, em perfeita sintonia com o perfil de um grupo que tem como bandeiras a curiosidade, a inquietação e a atuação no espaço fronteiriço entre a teoria e a arte. Recentemente, juntou-se aos pesquisadores do estranhamento a tradutora de Beckett, Ana Helena Souza.

O território em que teoria e arte se encontram é o do ensaio. Daí o caráter eminentemente ensaístico, mais ou menos solto, conforme o estilo e personalidade de cada um, das várias contribuições que compõem o livro. Aí se revela também a dupla inserção de muitos membros do grupo na área da criação literária e da atividade acadêmica. Donaldo Schüler, Aurora Bernardini e Caetano W. Galindo são ficcionistas; Dirce Waltrick escreve peças, literatura infantil e textos curtos nonsense. Outra característica do nosso coletivo, a abertura, levou-nos a convidar estudiosos afins aos nossos interesses, para integrar a coletânea. Das afiadas investigações críticas de Emílio Maciel e Pedro Dolabela Chagas às incursões filosóficas de Helena Martins e críticas de Jucimara Tarricone, passando pela inventividade desfamiliarizante de Doug Rice, encontramos textos que cobrem um espectro variado de questões, autores e obras que vêm ao encontro do apetite insaciável do GIPE pela invenção e a aventura intelectual.

O estranhamento em questão

Em 1817, Samuel Taylor Coleridge declarava que o objetivo da poesia de Wordsworth era remover a *película de familiaridade* que cobre o mundo e que nos impede de vê-lo de fato. Para Coleridge, como para Berkeley um século antes, no mundo da realidade não-humana, não-individual, *esse est percipi*, ser é ser percebido, pelo homem, pelo indivíduo. Quase um outro século se passou e veio a famosa formulação do conceito de *Ostranênie* pelos formalistas russos, já também quase um século distantes de nós. Para eles o conceito dizia respeito fundamentalmente aos hábitos linguísticos e sua desconstrução na literatura, que seria responsável por uma descontextualização do *normal* e teria a faculdade de tornar *novo*, o que de mais comezinho e fundamental: a língua nossa de cada dia; um processo que talvez pareça melhor descrito na tradução consagrada do termo em inglês, *defamiliarization*, do que naquela que se estabeleceu em português, *estranhamento*. No entanto, qualquer tratamento desse tema, hoje, dificilmente poderá ignorar a lembrança do

Unheimlich freudiano, que amplia um pouco a noção da *desfamiliarização* para campos mais abrangentes e transforma aquela missão de *renovação* da literatura em uma ideia muito mais ampla e, necessariamente, mais abrangente. Com Freud incluído na discussão do *estranho*, o que era desvio de norma, reposicionamento, ressemantização e renovação se transforma também em incômodo, desconforto, grotesco, sempre gerando efeitos de percepção do novo, de produção de novos sentidos e reações. Por outro lado, a noção joyceana de *epifania* pode ainda acrescentar um terceiro elemento a essa discussão ou talvez, na práxis do escritor e dos que o seguiram, uma de muitas sínteses possíveis. Para Joyce a ideia religiosa da epifania (a manifestação corpórea de um deus, ou de Deus, no mundo) se transforma no símbolo para o momento em que a realidade, de quotidiana, revela-se pertencente ao inefável, apenas abordável na arte, nos termos da arte. Para ele, a literatura seria sua forma de expressar o inexpressável, o fato de que se pode perceber que mesmo o comezinho partilha da natureza do *estranho*, ou ao menos pode, se visto com esses olhos (removida aquela *película*), tornar-se *novo*. No nosso livro, no entanto, não buscamos necessariamente a filiação formalista nem a psicanalítica nem a joyceana como bases únicas. O que pretendemos, guiados por esse horizonte, é abordar de fato a intercessão entre as esferas do sensível e do virtual em que hoje nos movemos. A passagem cada vez mais fluida entre essas duas esferas faz do leitor, espectador, receptor de hoje um ser híbrido, cuja contraparte incontornável (autor, performer, produtor) buleversa as categorias estabelecidas da teoria da literatura. Um novo *estranho*? A prosaificação, a quotidianificação de todo *estranhamento* possível? Queremos pensar o mundo como um lugar em que o *estranhamento* se torna nosso hábitat e em que toda *familiaridade* passa a ser suspeita, ou, precisamente pela mesma via, um mundo em que a *familiaridade* passa a ser nosso ambiente, e em que todo *estranhamento* parece impossibilitado. Como *desfamiliarizar* algo em um mundo tão exposto a tanta informação tão vária, como mostrar o estranho a um leitor que tem um acesso tão pleno e tão abundante àquele estranho gerado pela realidade, a mais inescrupulosa das produtoras de sentido, como já mostrou Pirandello. Nesse lugar, nesse mundo a literatura só existe como interface entre múltiplos modos de percepção, como encruzilhada em que *realidade, fantasia, novo, conhecido* têm de se encontrar em busca de uma nova possibilidade de *epifania*. Porque, ao mesmo tempo, seu papel como produtora de *ostranênie* na linguagem, aquele que é ainda essencialmente o único fundo comum a toda a experiência, se vê cada vez mais necessário, conquanto talvez mais dificultado. Seja em *reality TV*, em formas híbridas de ficção e biografia, ficção e jornalismo, realismo e figuração, prosaísmo e epifania, epistolografia e crítica, metaficção e *new sincerity*, a literatura vem tendo de encontrar, ou criar, um novo caminho para o novo, uma estranha nova forma de gerar ou de apontar o estranho. Este livro pretende justamente dar ao público pesquisas feitas nessa ampla área (que não apenas estende os limites *na literatura*, mas de certa forma consegue estender os limites *da literatura*, ao buscar seu diálogo e seu intercruzamento com outras formas do fazer artístico), contribuindo para traçar um painel mais completo da curiosa realidade que a estranhamente familiar arte do modernismo, do pós-modernismo e do eventual pós-pós-modernismo que vivemos vem tendo de enfrentar e, de certa forma, superar para se manter *nova, relevante* e, por que não, *estranha*.

ESTRANHEZA E ESTRANHAMENTO
Aurora Fornoni Bernardini

Às três maneiras de estar no mundo ou "virtualidades fundamentais da existência humana", tal como as via Emile Staiger (Santanna, 2001, 1), retomando os três gêneros clássicos aristotélicos *lírico-épico-dramático* (o último abrangendo o *cômico* e o *trágico*), há tempos foi acrescentada mais uma que "une a comicidade ao trágico sentimento de desolação e de perda de referências do homem moderno" (Esslin, 2013, s/p) e que, por sua natureza híbrida, escapa a generalizações. De fato, o *cômico* e o *trágico*, subgêneros do *dramático*, ora se fundem, ora se alternam, ora emprestam seus procedimentos a esta virtualidade, tão típica de nossa época, a que nós denominamos *absurdo*.

Grande parte dos procedimentos do absurdo se encontra no cômico, que é sempre resultado imediato de alguma estranheza. Entre os autores que dele trataram (incluindo Vladimir Propp, de *Comicidade e Riso*, que eu mesma cotraduzi) vou escolher aqui alguns (Bergson, Pirandello, De Man, Baudelaire...) cujas obras teóricas considero nevrálgicas para se compreender o âmbito, o alcance e, principalmente, as técnicas dessa estranheza que virá a ser elevada a "fator construtivo" pelo Formalismo Russo.

1. Riso, humorismo e ironia

Em primeiro lugar, *Le Rire*, de Henri Bergson (1859-1941)[1]. Trata-se de um ensaio escrito em 1899, composto pela reunião

---

[1] Vali-me, em parte, aqui, de meu ensaio *O riso como lembrança* (Bernardini, 1997).

de três artigos. No primeiro, que define o "processo de fabricação" do cômico em geral e sua força de expansão, é focalizado, com exemplos retirados do folclore e da literatura, o cômico das formas e o cômico dos movimentos (dos gestos).

Sem demorar-me em frases que, um século depois, já se tornaram lugar-comum como "a emoção é inimiga do riso", ou "não há cômico fora do humano", vejamos porque se atualiza, quanto ao riso, o pensamento de Bergson, apresentando pontos de convergência muito interessantes (automatização — "mecanização" —, paródia, inversão, repetição, etc.), que serão aqui salientados, com conceitos equivalentes do Formalismo Russo (1910-1930).

Em primeiro lugar — diz o filósofo —, o riso se dirige à inteligência pura, em contato com outras inteligências. O riso precisa de certo eco, mas seu meio preferido é o da indiferença (nada de emoções envolvidas). Ri-se do que ocorre involuntariamente, *do que tem a rigidez do mecânico,* do que tem a estilização dos vícios que nos simplificam. O cômico é inconsciente. Quando não há tensão e elasticidade, o espírito sofre e o homem se limita ao automatismo fácil do hábito e é presa de certa rigidez em seu comportamento. A rigidez suscita o cômico e o riso é seu castigo. Uma fisionomia é cômica quando pertence a um indivíduo que tem nela toda sua vida cristalizada, como uma careta fixa, única e definitiva.

Quanto às formas e aos gestos, faz-nos rir tudo *o que tem a direção do mecânico.* Dois rostos idênticos juntos, qualquer rigidez aplicada à vida viva (um vestido ridículo, a ideia de que uma cor possa servir como disfarce, contrariando a lógica da razão, o automatismo de uma marionete), o sentido brusco da superposição (chamar a atenção do físico quando é o moral que está em causa, o acoplamento de dois fenômenos opostos). Diz Bergson: "O gesto congelado parece mais francamente maquinal quando se pode ligá-lo a uma operação simples, como se ele fosse entendido como mecânico. Sugerir esta interpretação mecânica deve ser um dos procedimentos favoritos da paródia" (Bergson, 1959a, 403).

Para melhor entender o funcionamento *paródia*, o crítico russo Iuri Tynianov sugere analisá-la junto com a estilização:

> Tanto a estilização quanto a paródia vivem uma dupla vida: atrás do plano da obra há um outro plano, o que vai ser estilizado ou parodiado. Só que na paródia é necessária a defasagem dos dois planos, o deslocamento de um em relação ao outro; a paródia da tragédia será a comédia (tanto por sublinhar seu aspecto trágico, quanto por substituí-lo pelo cômico), enquanto que paródia da comédia poderá ser a tragédia. Na estilização, ao contrário, ocorre a correspondência exata dos dois planos: do plano estilizante e do plano estilizado que se entrevê nele. Quando a estilização é motivada comicamente ou sublinhada, ela se transforma em paródia. [...] A substância da paródia consiste na *mecanização* de um simples procedimento, mecanização esta que só pode ser percebida, obviamente, apenas quando se conhece o procedimento que vai ser mecanizado. Sendo assim, a paródia desempenha um duplo papel: 1) mecaniza um determinado procedimento; 2) organiza um novo material que é justamente o velho procedimento mecanizado. A mecanização do procedimento pode acorrer graças a sua repetição, que não coincide com o plano da composição, ou com a *inversão das partes* (exemplo, a leitura de um poema do fim para o começo), ou ainda com o *deslocamento do significado mediante um jogo de palavras* (as paródias

escolares de poemas clássicos, obtidos pelo uso de refrões com duplo sentido), enfim, veiculando o significado por meio de procedimentos que o contradizem. (Tynianov, 1968, 139-150, grifos do autor)

Ao lado dos procedimentos da *desautomatização* (às vezes funcionando como "desnudamento") divulgados por Viktor Chklóvsky e, em sua grande parte, formulados por Roman Jakobson em *Novíssima Poesia Russa* (1921), que serão vistos mais adiante, vale a pena deter-se um pouco, como fizeram Bergson e Tynianov, sobre os efeitos também de estranheza produzidos pelo seu contrário: a *automatização*.

O segundo artigo de Bergson diz respeito ao cômico das situações e das palavras.

A fantasia cômica — diz Bergson — obedece às mesmas leis das harmônicas do som fundamental: quando um musicista produz o som de uma nota musical em seu instrumento, outras notas surgem por si sós, menos sonoras que a primeira e ligadas a ela por certas relações definidas, que lhe imprimem seu timbre e a ela se acrescentam. No caso do cômico, digamos que numa circunstância qualquer alguém seja ridicularizado por seu jeito "profissional"; pois bem, ele será potenciado por algum ridículo físico. Quando Molière — exemplifica Bergson — nos apresenta os dois médicos histriões de *O Amor Médico*, um deles fala lentamente, espaçando o seu discurso, e o outro gagueja. Habitualmente está no ritmo ou em alguma idiossincrasia da fala a singularidade física a completar o ridículo profissional.

Outra situação cômica por excelência é a da *repetição enquanto sentimento comprimido* que estende, ou, vice-versa, como ideia que se diverte a comprimir de novo o sentimento. Uma variante desta pode ser a personificação de dois partidos contrários, reunidos numa combinação mecânica, geralmente reversível: o efeito produzido é o de uma oscilação, de um desdobramento, de uma circularidade. O *Vaudeville* gravita em volta dessa ideia. Também as ideias de desproporção, distração existencial ou imperfeição individual ou coletiva que exigem um "correto" imediato, que normalmente não dá em nada, costumam provocar o riso. Neste caso, vale a definição que lhe dá Spencer, um dos grandes mestres de Bergson, citado por ele: "O riso é o esforço que de repente encontra a vácuo" (Bergson, 1959a, 427).

Além da repetição, o procedimento da *inversão* é um dos fundamentos do cômico de situação. Suas variantes e desdobramentos já foram estudados sobejamente por Mikhail Bakhtin, autor de *Cultura Popular na Idade Média: o contexto de François Rabelais* (Bakhtin, 2010). Entretanto, a partir da análise da poesia de Velimir Khlébnikov (1885-1922) (objeto de *Novíssima Poesia Russa*), serão elencados por nós os mencionados procedimentos e subprocedimentos levantados por Jakobson.

A terceira e última instância do cômico de situação seria, para Bergson, a assim chamada interferência de séries: uma ação é sempre cômica quando pertence, ao mesmo tempo, a duas séries diferentes de acontecimentos absolutamente independentes e pode ser interpretada como a superposição de dois sentidos diferentes ao mesmo tempo. É o caso do *trocadilho*, do *quiproquó*, de uma pequena comédia dentro de uma outra grande. O efeito é sempre o de certa mecanização da vida.

Quanto ao cômico das palavras, uma distinção deve ser feita, logo no início, entre o cômico que a língua imprime e o que a língua cria. Obviamente, o segundo é intraduzível. Enquanto o cômico é sempre risível, isso não ocorre com o *esprit.*

O *mot d'esprit* (modalidade do *esprit*, tomado no sentido estrito) pode ser obtido como que recorrendo a uma fórmula farmacêutica (adensar o *mot d'esprit* numa espécie de cena a ser visualizada; procurar a categoria cômica à qual pertence a cena;

reduzir a expressão a seus termos mais simples. Exemplo: "Sinto dor no seu peito"), sendo que a frase que o contém terá sido submetida, para tornar-se cômica, a um dos três procedimentos citados anteriormente para o cômico das situações: repetição, inversão, interferência de séries. (No caso da palavra, o procedimento de repetição funcionará, por exemplo, criando uma sensação de rigidez, até que o falante se "enrole" numa dobra de sua fala, e acabe dizendo o que não queria dizer. O caso da inversão implicaria, por exemplo, uma transposição cômica das proposições, como na frase "Por que você põe o terraço sob o meu cachimbo?" e, no caso da interferência de séries, seria possível obter-se um efeito cômico, por exemplo, transpondo a expressão natural de uma ideia em outro tom — do solene ao familiar, do coloquial ao técnico, etc. —).

O *esprit* tomado no sentido amplo, ao contrário, revela uma maneira dramática de pensar, faz os pensamentos dialogarem entre si como pessoas. Seu portador, o homem de espírito, tem algo de poeta. Como a criação poética exige certo esquecimento de si, o homem de espírito deve perder como que o domínio sobre suas ideias e deixar que elas conversem entre si, deve ver as coisas *sub specie theatri*.

Pertencem ao *esprit*, tomado no sentido lato, duas figuras muitos importantes: o *humor* e a *ironia*.

Ambas as figuras, segundo Bergson, pertencem ao gênero da sátira, sendo, porém, em alguns sentidos, uma o contrário da outra. No *humour*, descreve-se meticulosamente o mal que é, fingindo-se crer que é justamente assim que as coisas não deveriam ser. Na *ironia*, descreve-se o que deveria ser, fingindo-se acreditar que é exatamente o que é. Acentua-se o humour, ao contrário, rebaixando-se o mal que é, para nele notar suas particularidades negativas, com fria indiferença. Ao humour agradam os termos técnicos, os fatos precisos; à ironia, os elementos de natureza oratória.

Cabem aqui, agora, duas intervenções: a de Pirandello, quanto ao humorismo, e a de Paul de Man, quanto à ironia.

O *se* — diz Pirandello numa de suas muitas caracterizações do *humorismo* —, esta partícula que pode se inserir feito cunha em qualquer acontecimento para desagregá-lo, é o grande instrumento do humorismo, que consiste no sentimento do contrário, provocado pela particular atividade da reflexão, que é o contrário do sentimento, embora o acompanhe passo a passo, como a sombra acompanha o corpo (Pirandello, 1996, 15).

O *esprit* — diz Bergson — consiste, muitas vezes, em se prolongar a ideia de um interlocutor até o ponto em que ele passa a exprimir o contrário de seu pensamento. Ele é pego, por assim dizer, na armadilha de seu próprio discurso. Acrescentemos, agora, que essa armadilha é também, frequentemente, uma *metáfora* ou uma *comparação* cuja materialidade se volta contra ele (Bergson, 1959a, 442).

Observemos aqui que aquilo que Pirandello chama de humorismo corresponde ao que Bergson chama de *esprit* tomado, como ele quer, em sentido lato, enquanto que aquilo que Bergson chama de *humour* (utilizando o termo inglês) não passa de uma das modalidades do *esprit*.

Mais delicada é a questão da *ironia*. Em seu ensaio sobre a retórica da temporalidade, Paul de Man retoma a figura, como Bergson, a partir de Aristóteles: "dizer algo, para querer dizer outra coisa", mas vai mais além, mesmo após ter apontado a diferença específica da ironia em relação aos outros tropos, uma vez que a lei geral de Aristóteles pode-se aplicar a todos eles. Para tanto, de Man vai buscar numa obra esquecida de Charles Baudelaire, *De l'Essence Du Rire*, a citação:

> [...] pour qu'il ait le comique [...] il faut qu'il y ait deux êtres en présence; — que c'est spécialement dans

le rieur, dans le spectateur, que gît le comique; — que cependant, relativement à cette loi d'ignorance, il faut faire une exception pour les hommes qui ont fait métier de developper en eux le sentiment du comique et de le tirer d'eux-mêmes pour le divertissement de leur semblables, lequel phénomène rentre dans la classe de tous les phénomènes artistiques qui dénotent dans l'être humain l'existence d'une dualité permanente, la puissance d'être à la fois soi et un autre. (Baudelaire, 1962, 215)[2]

Pois bem, diz Paul de Man, a natureza dessa duplicação é essencial para a compreensão da ironia. Trata-se, na verdade, de uma relação interna à consciência, entre dois *selfs,* mas não intersubjetiva. *Le comique absolu,* ou a ironia, para Baudelaire, consiste numa relação entre o homem e aquilo que ele chama de natureza, em que o *dédoublement* designa, assim, a atividade de uma consciência pela qual o homem se diferencia do mundo não humano. Essa disjunção não ocorre apenas por meio da linguagem, enquanto categoria privilegiada, mas transfere o *self* do mundo empírico para o mundo constituído de e na linguagem — linguagem essa que ele encontra no mundo como uma entidade entre outras, mas que permanece única por ser apenas ela que pode diferenciá-lo do mundo. A linguagem, assim concebida, divide o sujeito em um *self* empírico, imerso no mundo, e um *self* que se torna como que um signo, ao tentar diferenciar-se e autodefinir-se.

---

[2] [...] para que haja o cômico [...] é necessário que haja dois seres em presença — uma vez que é particularmente em quem ri, em quem assiste, que está o cômico. Entretanto, é preciso — com respeito a essa lei de ignorância — abrir uma exceção para com os indivíduos que, por habito ou por ofício, desenvolveram dentro de si o sentimento do cômico e tirá-lo de dentro deles mesmos para o divertimento de seus semelhantes. Dito fenômeno entra na categoria de todos os fenômenos artísticos que denotam no ser humano a existência de uma dualidade permanente, a capacidade de ser, ao mesmo tempo, si próprio e um outro. (Tradução nossa)

Na descrição de Baudelaire, importa verificar que a divisão do sujeito em consciência múltipla se dá em correlação à ideia de queda. O fato de "cair" introduz no processo o ingrediente da ironia. No momento em que o indivíduo determinado pela linguagem ri de si mesmo, ao cair, ele está rindo da mistificação que ele fazia de si próprio. A queda, tanto no sentido literal quanto no teológico, recorda-lhe o caráter reificado, instrumental, de sua relação com a natureza, na medida em que esta pode, a qualquer momento, tratá-lo como uma coisa e ele, ao contrário, não tem o poder de transformar a ínfima parte dela em algo humano. Nesse sentido, a queda pode significar uma maior sabedoria, sabedoria esta obtida, porém, às custas de sua própria queda e não de outrem. Pois bem, o ser dúplice e irônico que o homem constitui por meio de sua linguagem parece poder vir a existir somente às custas de seu *self* empírico, caindo (ou surgindo) do estágio da acomodação mistificada, para o do conhecimento dessa mistificação. A linguagem irônica, portanto, divide o sujeito em duas partes: uma, empírica, que vive em estado de inautenticidade e a outra, existente apenas enquanto linguagem, que assevera o conhecimento dessa inautenticidade. (Isso não significa, porém, que se trate de uma linguagem autêntica; conhecer a inautenticidade não significa ser autêntico). Na verdade, por baixo do questionamento da autenticidade do nosso sentido de "estar no mundo", move-se um processo que não é nada indolor, que vai ganhando velocidade e que só termina quando a ironia tiver completado seu curso. Desde uma pequena exposição, aparentemente inócua, de um autofingimento, até o absoluto, de uma simples *litote* (diminuição: o oposto da hipérbole), até a "vertigem da *hipérbole*". E, como diz Baudelaire:

> Qu'est que ce vertige? C'est le comique; il s'est emparé de chaque être. Ils font des extraordinaires, qui dé-

montrent clairement qu'ils se sentent introduits de force dans une existence nouvelle... et ils s'élacent à travers l'oeuvre fantastique qui, a proprement parler, ne commence que là, c'est a dire "sur la frontière du merveilleux" (Baudelaire, 1962, 259-260).[3]

Ora, a "normalidade" só existe por que nós desejamos funcionar dentro das convenções de duplicidade e dissimulação, da mesma forma que a linguagem social dissimula a violência inerente às verdadeiras relações entre os seres humanos. Uma vez que a máscara é mostrada como máscara, o ser autêntico que está embaixo dela só pode beirar a loucura. Quando nós dizemos que a ironia se origina às custas do *self* empírico, nossa fala deve ser tomada suficientemente a sério para ser levada ao limite: a ironia absoluta é a consciência da alienação, que por sua vez é o fim de qualquer consciência; é a consciência da não consciência, uma reflexão sobre a alienação de dentro da própria alienação. Pois essa reflexão só é tornada possível pela dupla estrutura da linguagem irônica: o ironista inventa uma forma de si que é "louca", mas que não sabe de sua loucura; em seguida, ele passa a refletir sobre a sua loucura assim objetivada. Isso poderia querer dizer que a ironia, enquanto *folie lucide* (de Man, 1971, 216), que permite à linguagem triunfar mesmo nos casos extremos de autoalienação, pode ser uma espécie de terapia, uma cura da loucura por meio da palavra.

Só que o ironista, que assim conquistou essa espécie de liberdade, não pode esperar que ela o leve a uma reconciliação tipo "final feliz" entre mundo e espírito.

---

[3] Que vertigem é essa? É o cômico, que se apoderou de cada ser. Eles fazem [coisas] extraordinárias, o que demonstra claramente que eles se sentem introduzidos à força numa existência nova... e eles se atiram nos caminhos da obra fantástica que, dizendo-o propriamente — só começa lá, ou seja "na fronteira do maravilhoso". (Tradução nossa)

Quase concomitantemente à primeira duplicação do *self*, graças à qual um sujeito puramente "linguístico" subtrai o *self* original, uma nova disjunção deve ocorrer. O sujeito irônico fica tentado a construir a função da ironia no sentido de ajudar o *self* original, ligado ao mundo, e atuar como se ela existisse para o bem dele.

Ao contrário, o sujeito irônico deve ironizar de uma vez sua própria situação e encarar com distanciamento e desinteresse a tentação na qual está prestes a cair. Com isso, ele reafirma a natureza puramente ficcional de seu universo e conserva a diferença radical que separa a ficção do mundo da realidade empírica.

A dialética da autodestruição e da autoinvenção que, para Baudelaire, caracteriza a mente irônica, é um processo infindo que não conhece síntese. Em termos temporais, significa que a ironia engendra uma sequência temporal sem fim de atos de consciência... A ironia divide o fluxo da experiência temporal em um passado que é pura mistificação e em um futuro que permanece para sempre ameaçado de uma recaída no inautêntico. Ele pode conhecer essa inautenticidade, mas não pode superá-la... Tanto a alegoria quanto a ironia estão ligadas na sua desmistificação conjunta de um mundo orgânico, postulado num modo simbólico de correspondências analógicas, ou de um mundo de representações mimético, em que mundo e ficção poderiam coincidir. A ironia, em todas as citações de Baudelaire, aparece como um processo instantâneo que se dá num único momento, "a ironia é instantânea, como uma 'explosão', e a queda, é repentina". (de Man, 1971, 220-222)

Os últimos e mais irônicos trabalhos de Baudelaire, os *Tableaux parisiens* — segundo De Man —, vão ficando cada vez mais curtos e o clímax está sempre no breve momento de uma *pointe* final. Esse é o momento em que os dois *self*, o empírico e o irônico, estão presentes ao mesmo tempo, justapostos dentro do mesmo instante, mas como dois entes irreconciliáveis e disjuntos. A ironia é uma estrutura sincrônica, enquanto a *alegoria* apresenta-se como sucessão capaz de gerar a duração e a ilusão de uma continuidade que se sabe ilusória. Assim mesmo, as duas figuras, por mais distintas que sejam, em caráter e estrutura, são as duas faces de uma mesma e fundamental experiência de tempo. O jogo dialético entre as duas modalidades, bem como sua atuação recíproca com formas mistificadas de linguagem (tais como a representação mimética ou simbólica), que não se consegue erradicar, constituem — segundo o crítico — o que se chama de história literária.

"Movemo-nos em um campo de signos" — diz-nos agora Bergson, no final do *Le Rire,* chegando muito próximo ao pensamento de Nietzsche via Paul de Man[4] —, "vivemos numa zona intermédia entre as coisas e nós" (Bergson, 1959a, 461). Viver consiste em agir — explica o filósofo —, nós temos que apreender as relações úteis e esquecer as outras (o contorno das coisas, a cor, a forma). Isso seria factível se a realidade chegasse diretamente aos nossos sentidos e à nossa consciência; nossa alma vibraria em uníssono com a natureza e, nesse caso, não haveria utilidade nas obras de arte. Mas não é assim. Nós não vemos as coisas como elas são. Limitamo-nos, na maioria das vezes, a ler as etiquetas que estão coladas nelas. Essa tendência, nascida da necessidade (da "utilidade"), acentuou-se ainda mais sob a influência da linguagem. As palavras, que só notam das coisas sua função mais comum e seu aspecto banal, se insinuam entre elas e nós, mascarando a forma delas, se é que essa forma já não havia sido dissimulada por trás das necessidades que haviam dado origem à própria palavra. E isso não se refere apenas aos objetos externos: ocorre o mesmo com nossos próprios estados de espírito, que não desvelam o que têm de íntimo, de pessoal, de original.

---

[4] Leia-se, a esse respeito, o ensaio de Paul de Man sobre Nietzsche *Retórica dos tropos*, em seu livro *Alegorias da leitura* (1971).

Pois bem, a arte não adere à práxis da ação, da "utilidade". A arte tem como finalidade afastar os símbolos praticamente úteis, as generalidades convencionalmente feitas, tudo o que mascara a realidade, e nos colocar frente a frente... com a realidade. Essa pureza de percepção implica uma ruptura com a convenção útil, um desprendimento, enfim, uma certa imaterialidade de vida à qual se deu o nome de idealismo. É só pela força da idealidade que retomamos o contato com a realidade. A arte dramática não faz exceção a essa lei.

É no terceiro artigo, dedicado ao cômico do caráter, que Bergson exemplifica o poder de convicção da arte, bem como a individualização de seu objeto e a universalização de seu efeito. Enquanto na tragédia o que interessa é divisar estados de espírito, conflitos internos, e o refazer de uma ou várias vidas (não, porém, sua recomposição: a vida não se recompõe), através da visão de um poeta, na comédia trata-se de uma *observação externa*. O que interessa é ver o invólucro das pessoas: para rir devemos localizar o motivo na região média da alma e exercer um trabalho semelhante ao do médico[5]: observação externa e resultado generalizável.

Para a comédia, o meio mais apropriado é o da vida social, sendo o ridículo de uma pessoa algo que não a assimila, mas vive sobre ela como um parasita.

A disposição do caráter, na comédia, é profunda, para ser durável; superficial, para ficar no tom da comédia; invisível para quem a possui (o cômico é inconsciente); visível para os outros; corrigível imediatamente. A lógica da personagem cômica implica sempre *contradição*, é de um absurdo visível e determinado que deriva do cômico, mas não o cria, é efeito dele. Represen-

---

[5] Veja-se o adendo no final do ensaio, sobre as semelhanças entre os conceitos do Formalismo Russo e a novidade dos conceitos psicanalíticos, em excertos da brilhante síntese *Forma e Intensidade* de Didi-Huberman (1998, 201-230).

ta uma inversão especial do bom senso, algo como ver o que se pensa em lugar de pensar-se o que se vê. O curioso é que para Bergson o absurdo cômico é da mesma natureza do sonho: o espírito, apaixonado por si próprio, só procura, no mundo exterior, um pretexto para materializar suas fantasias. Os sentidos não estão completamente vedados, mas o sonhador, em vez de recorrer a todas as suas memórias para interpretar o que os sentidos percebem, serve-se do que percebe para dar corpo à lembrança preferida. Na comédia, o mecanismo seria este: partindo-se de uma dada forma do risível, outras formas, que não contêm o mesmo fundo da primeira, tornam-se também risíveis por sua semelhança exterior com a primeira. Na comédia também há, como no sonho, um *relaxamento das leis da lógica*, que nos descansa da fadiga de pensar, a partir do momento em que nos associamos ao protagonista, simpatizando com ele. E também há, como no sonho, obsessões cômicas que vão crescendo até o absurdo final, e um tipo de demência muito característico: a fusão de duas pessoas, uma das quais é o dormente (ou, *mutatis mutandis*, o ator da comédia), que se desprenderá de si próprio e ouvirá falar de si. Finalmente, quando a personagem cômica segue suas ideias automaticamente, é como se o fizesse em sonho. O riso cômico é uma correção feita para humilhar o outro (que é uma marionete, para nós), contando com a malícia ou a maldade que há no fundo de cada ser humano; nada deve ser procurado nele de justo e bom.

O riso (para terminar com uma imagem de Bergson) é, ele também — como a do mar —, uma espuma à base de sal. Como a espuma, é frisante. É a alegria. O filósofo que a recolher para saboreá-la encontrará nela às vezes, para uma pequena quantidade de matéria, uma certa dose de amargor (Bergson, 1959a, 483).

2. Estranhamento

Antes de iniciarmos quaisquer considerações a respeito de um dos atualmente mais famosos procedimentos da "estranheza" que vimos ter sempre existido no cômico e/ou no sério-cômico, o *Estranhamento*, (também traduzido como "Singularização") — que, segundo a definição de seu principal divulgador, o formalista russo Viktor Chklóvsky, seria "uma nova luz lançada sobre um objeto, criando o efeito de nos distanciar [ou estranhar] em relação ao modo comum [automatizado] como o apreendemos, o que nos permitiria uma nova [e mais dificultada] percepção" — queremos convir com escritores, poetas e artistas em geral, que não apenas sempre ele existiu na arte, mas é dela um fator essencial.[6] Para os fins deste estudo, limitar-nos-emos a analisar ocorrências e subdivisões do estranhamento em textos de poesia e de prosa literária.

Provavelmente o diagrama mais sintético e mais elucidativo sobre o funcionamento do estranhamento em poesia é o fornecido por Jakobson (1992, 130), em sua famosa fórmula de acordo com a qual função poética "projeta o princípio de equivalência do eixo de seleção sobre o eixo de combinação."

É justamente a projeção de um eixo sobre o outro, ou a similaridade [paradigmática] superposta à contiguidade [sintagmática], que confere ao poema sua feição plurívoca, graças ao estranhamento que se cria com o rebatimento. Exemplos são esclarecedores, como os fornecidos por Bradford, no capítulo de seu livro que tem o título de *The poetic function* (Bradford, 1994, 10-72). No entanto, para nosso uso vale, entre outros, o de Murilo Mendes, num dos versos (o oitavo, por exemplo) de

---

[6] Há hoje estudiosos que cuidam do estranhamento em outros domínios, como a História (Ginsburg, 2002) e a Política: *Dissent Estrangement and the Ruins of Utopia* (Boym, 2010).

seu poema *O pastor pianista*, todo ele tendo no estranhamento o fator de sua construção.

1 Soltaram os pianos na planície deserta
2 Onde as sombras dos pássaros vêm beber.
3 Eu sou o pastor pianista,
4 Vejo ao longe com alegria meus pianos
5 Recortarem os vultos monumentais
6 Contra a lua.
7 Acompanhado pelas rosas migradoras
    8 Apascento os pianos que gritam
    [...]

Situado na confluência dos dois eixos rebatidos, o sintagmático e o paradigmático, onde o repertório paradigmático (dos nomes, no caso) cruza a cadeia sintagmática no nome "pianos", o resultado parece desafiar as regras normais de qualquer lógica consecutiva: *apascento os pianos que gritam*, imaginou o poeta. "Os pianos" frustram qualquer expectativa "legítima", como poderiam ser os bovinos, equinos, ovinos, etc. É escuso dizer que, em poesia, o estranhamento é condição necessária, mas não suficiente.

Quanto à prosa, o estranhamento, através da desautomatização de uma situação qualquer, tem o condão de expor sua "verdadeira" natureza. Isso pode ser obtido de várias maneiras. Uma delas, levantada por Ginsburg (1997, 19) nos escritos do imperador Marco Aurélio (121-180 d.C.), o último dos cinco imperadores romanos considerados "bons", adepto do estoicismo, procuraria atingir uma mais perfeita percepção das coisas através da busca do princípio causal: a união sexual, por exemplo, para o imperador seria representada pela "esfregação de uma víscera e secreção de muco, acompanhada por espasmo". Sem ser tão

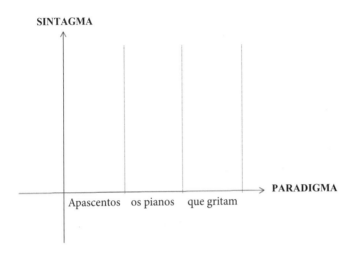

drástica, é do mesmo tipo a busca praticada por Tolstói e amplamente divulgada por Chklóvsky (1976), em que, por exemplo, quem assiste a uma ópera e não conhece o gênero (trata-se, no caso, de um cavalo), assim relata o que viu: "Uma mulher gorda abrindo e fechando a boca e um homem batendo nela com um pau". As impressões do tolstoiano cavalo *Kholstomer* são também exemplos do que Montaigne chamava *Naifveté originelle*, referindo-se ao olhar "virginal" dos índios ou das crianças. (Ginsburg, 1997, 25). Ou, num outro exemplo, o próprio Tolstói, ao descrever uma passagem da missa ortodoxa no seu romance *Ressureição*, descrição esta que foi usada como uma prova para a sua excomunhão, diz:

> O serviço divino consistia nisso, que um sacerdote, vestido com um traje especial de brocado, esquisito e muito incômodo, cortava uma porção de pedacinhos de pão e os colocava sobre um pratinho, depois os mer-

gulhava numa taça de vinho, pronunciando ao mesmo tempo muitos nomes e rezas.
(Tolstói, 1899 apud Ginsburg, 1997, 28)

3. Subprocedimentos do estranhamento

Como exemplo de alguns subprocedimentos do estranhamento — alguns deles pouco conhecidos ou formulados sob uma nova luz —, irei me referir, agora, a um texto famoso de Jakobson sobre a poética de Velímir Khlébnikov: *Novíssima poesia russa*, (curiosamente ainda inédita no Brasil)[7] que tem justamente o subtítulo de *Esboço primeiro: abordagens a Khlébnikov*, condensando aqui os momentos mais significativos, com a maioria dos exemplos retirados dos vários tomos das obras de Khlébnikov (no esboço original faltou a referência bibliográfica) e alguns outros exemplos de outros autores.

Cada fato da linguagem poética de nossa atualidade — diz Jakobson — é percebido por nós, inevitavelmente, sobre o pano de fundo de três momentos: a tradição poética presente e passada, a linguagem cotidiana atual e a tarefa [o objetivo, o escopo: *zadatcha*] que tem a poesia de apontar para o futuro. Esses três momentos devem ser restaurados ao se tratar dos poetas do passado. A causa da inconsistência das teorias rítmicas dos "modernistas" quanto ao passado é que, ao o estudarem, continuam impondo a ele seus hábitos estéticos e os métodos correntes de produção poética. Assim os poemas do passado acabam petrificados e domesticados, perdendo seu vigor antigo (os modernis-

[7] Existe a Dissertação de Mestrado de Sonia Regina Martins Gonçalves, *Roman Jakobson e a geração que esbanjou seus poetas* (2001) que contém a tradução quase completa do esboço, a qual consultei, (faltam alguns exemplos, conforme ela mesma informa) e a cuja fonte russa também me reporto: *Noviéchaia russkaia poesia* (Jakobson, 1921). Haroldo de Campos havia escolhido a tradução crítica de *Noviéchaia russkaia poesia* como um dos futuros títulos da coleção *Signos*.

tas leram nas estruturas métricas do pentâmetro jâmbico sem cesura de Púchkin a deformação moderna do verso sílabo-tônico!). A palavra em si, com valor próprio, que se forja e se tece por si só, pode ter relações com a idade da pedra, com tempos históricos passados e com o futuro do mundo. Na linguagem poética, as representações verbais atraem sobre si uma atenção maior. As ligações entre o sonoro e o semântico são mais estreitas (veja-se a riqueza das alterações fonéticas e morfológicas de certos slogans e das ocorridas nos próprios sobrenomes), enquanto as associações por contiguidade passam a um segundo plano. Mas, a partir daqui, a função poética afasta-se da emotiva, que pode ter estado presente em certos momentos iniciais de uma ou outra escola poética. A poesia — *um enunciado que visa a expressão* — é regida por leis imanentes: a função comunicativa, característica tanto da linguagem prática quanto da emotiva, é aqui reduzida ao mínimo. A poesia é indiferente em relação ao objeto do enunciado

Não são as interjeições nem as reportagens histéricas (decretadas por alguns futuristas italianos, no dizer de Jakobson) que formam a linguagem poética. "Se a arte figurativa é a configuração de material visual próprio, se a música é a composição de material sonoro, se a coreografia o é do gesto, então a poesia é a formação da palavra [ou 'a configuração do discurso' — *slovo* —] de valor próprio, que se tece a si própria[o]", como diz Khlébnikov (apud Jakobson, 1921).

Uma vez que — conforme o porta-voz formalista Víktor Chklóvsky se incumbiu de repetir amplamente no âmbito da Teoria Literária — a forma só passa a existir para nós quando a percepção é difícil, toda vez que há uma nova forma, ela condiciona um novo conteúdo. Ou seja, toda vez que há uma nova luz, lançada sobre um objeto, (que não precisa ser novo), ela desautomatiza sua percepção e ele passa a ser visto como se fosse pela primeira vez. Ora, essa nova luz é lançada sobre o objeto via procedimentos que são muitas vezes "realizações" de figuras de retórica, como gosta de chamá-los Jakobson. Sendo o procedimento "o único herói da ciência literária", a questão básica seguinte é a da aplicação e da justificação dos procedimentos.

Passemos a eles, tais como são transformados em fatos poéticos e justificados por Jakobson na poesia de Khlébnikov.

O primeiro procedimento literário levantado na obra de Khlébnikov (*pribakúlotchka* — algo como "pequenos acréscimos deslocados") diz justamente respeito a um tipo de estranhamento muito característico de obras de tipo folclórico, nas quais características ou ações de um ser ou objeto são atribuídos a outro por meio do *deslocamento*: "Eu ia andando, lá estava a isbá, entrei, a massa estava amassando a mulher, eu vi e a massa não gostou, ela segurou o fogão pela pá...", etc.

No poema de Khlébnikov *Marquesa Dezès*, durante uma exposição, os quadros ganham vida, depois as coisas próximas, enquanto as pessoas ficam petrificadas: "Mas por que o sorriso com a modéstia de uma aluna está pronto a responder: pois eu sou de pedra azul [...]" (IV, 234).

O segundo procedimento é a *metamorfose*. Muitas vezes, na poesia, aparecem paralelismos formais, não acompanhados por paralelismo semântico, do tipo: "não é pelo céu que as nuvens andam/é pelas alturas celestes".

Não é pela donzela que os jovens suspiram/é pela beleza da donzela". Em Khlébnikov: "Fica mais próxima a respiração do cavalo/E mais baixa a altura de teus chifres/E mais frequente a trepidação do arco [...]" (Matagal, II, 34). Outras vezes, a metamorfose realiza-se em projetar no tempo o *paralelismo invertido* (exemplo: a antítese): "Para o veado não há, não há salvação. Mas de repente surge nele uma juba. E a garra afiada do leão." (Matagal, II, 34).

Se o paralelismo invertido — diz Jakobson — nega a série

real em nome da metafórica, o *paralelismo negativo* nega a série metafórica em nome da série real: "Aqueles bosques nos morros não são bosques, são cabelos crescidos na cabeça eriçada do senhor dos bosques" (Gógol, *A terrível vingança*).

O funcionamento do paralelismo negativo e do paralelismo invertido via metáfora é mostrado por Jakobson em outro exemplo. Suponhamos, diz ele, que diante de nós esteja uma imagem real: uma cabeça. E que sua metáfora seja um tonel de cerveja.

O paralelismo negativo será então: "Esse não é um tonel de cerveja, mas uma cabeça". A explicação lógica do paralelismo é a *comparação*. "A cabeça é como um tonel de cerveja". Já o paralelismo invertido será "Não é uma cabeça, mas um tonel de cerveja".

Finalmente, a metamorfose, o desenvolvimento no tempo do paralelismo invertido: "A cabeça tornou-se um tonel de cerveja" (ela já não é uma cabeça, é um tonel de cerveja).

Obviamente, os paralelismos podem se explicar como realização da trama, além do que como realização da construção verbal de um texto. Exemplo sintetizado por Jakobson, a partir de *Diário de um louco*, de Gógol: um pombo e uma pombinha se acarinham; Dobrynia atira no pombo e na pombinha: não são os dois pombos que se acarinham, ele não atirou em ambos, mas atirou em Marinka dentro da torre alta, e matou o amigo querido de Marinka.

Passemos agora àquelas que Jakobson chama de "realizações" de algumas figuras.

Como *realização da comparação*, segue este exemplo, tirado da obra de Khlébnikov: *O erro da morte* (IV, 251 et seq.). A senhorita Morte diz que sua cabeça está vazia como um copo. O convidado pede um copo. A morte desparafusa a cabeça.

Já a *realização da metáfora* pode ser apreciada neste outro exemplo retirado de *Vladimir Maiakóvski: uma tragédia* (1913):

A um homem grande e sujo
Presentearam dois beijos.
O homem era desajeitado,
Não sabia
O que fazer com eles,
Onde colocá-los.

Ainda de Maiakóvski (1913) é o exemplo de *realização da hipérbole*:

Eu voava, como uma injúria.
A outra perna
Ainda corre na rua vizinha.

Se a *realização do oximoro* revela seu caráter verbal, não tendo seu objeto (exemplo: "o círculo quadrado"), a *realização do trocadilho* joga com imagens reais e com figuras verbais. Considere-se o seguinte exemplo, que Jakobson traz de *Anna Karenina:*

[...] ela {A.K.} trouxe consigo a sombra de Vrónski, — disse a mulher do encarregado. — E daí? Grimm tem uma fábula: um sujeito *sem sombra*, um sujeito a quem faltava a sombra. Era castigo por alguma coisa. Não consegui entender como isso pode ser um castigo. Mas, para uma mulher, deve ser desagradável ficar *sem sombra.* — Sim, mas as mulheres *com sombra* geralmente acabam mal... (Jakobson, 1921, grifos do autor)

Também em Khlébnikov, sempre tratando-se de deslocamento temporal, pode se observar a *realização do anacronismo*: Em *Estudamoça* (IV, 22 et seq.) encontramos a heroína, que estuda num colégio só para mulheres da nobreza, fundado em 1778, e o herói que é filho do boiardo Volodímerko (século 10).

O *deslocamento temporal*, tão frequente em literatura, pode aparecer como *motivado* (o sonho, em *Oblómov* — Gontcharov —), o desfecho iniciando o relato (em *A morte de Ivan Ilítch* — Tolstói —), etc. Já em Khlébnikov observa-se o *desnudamento* (não motivação, ausência de justificativa) desse mesmo deslocamento temporal: "Para ele não há barreiras no tempo. KA vai de sonho em sonho, atravessa o tempo e alcança os bronzes (os bronzes dos tempos). Aconchega-se comodamente nos séculos, como numa cadeira de balanço" (KA, IV, 47).

Outros desnudamentos praticados por Khlébnikov e exemplificados por Jakobson são os elencados abaixo (atente-se, porém, para o fato que o significado de "desnudamento" para este último é um pouco diferente do que entende Chklóvsky, que o considera algo como "por à mostra". Como já foi indicado, para Jakobson, além disso, ainda significa "não apresentar motivação ou justificativa").

Desnudamento da estrutura do enredo: No poema khlebnikoviano "I e E" (I, 83 et. seq.), por exemplo, os motivos básicos — o caminho atormentado do herói para realizar sua façanha e o da recompensa — permanecem absolutamente infundados.

Desnudamento do falso reconhecimento. Diferentemente da necessidade de ser ele sempre motivado, o que propõe Aristóteles, por exemplo, em *Sobre a arte da poesia* (Cap. XVI), o falso reconhecimento aparece em Khlébnikov (*O deus das virgens*, IV, 193) em seu estado puro. Veja-se o seguinte trecho aduzido por Jakobson:

> O preste olha com seus olhos tristes e desvairados e dirige-se devagar, abafando a barba, para o recém-chegado. Este olha de forma aberta e misteriosa e o preste inclina-se para ele e sussurra-lhe o segredo e de repente, gargalhando, roça-lhe os lábios com os seus. Mas aquele

ri. O preste cai, atirando-se para trás nos braços dos lacaios e morre. Não, isso ainda não. Por enquanto isso é apenas nossa imaginação.

Na *sintaxe*, Jakobson aponta uma série de figuras que aparecem em Khlébnikov. Exemplificamos aqui, para terminar, as mais frequentes que implicam mudança de lugar (metátese):
Lapso: coberta *pelo avestruz da pena* (II, 196).
Contaminação: provocando ela bebe o suco da bétula/mas às ovelhas brilham as lágrimas (I, 135). (Em russo há a contaminação dos finais *beriozy/sliózy* (da bétula/lágrimas), criando uma oposição absurda); Arde a espiga azul dos olhares (II, 54).
Anacoluto: (abandono da sintaxe normal para adotar outra de acordo com o pensamento do falante) Com o cabrito pulando no rochedo/tu ameaças, pois sozinho/ficou o penhasco (I, 87).
Alteração na concordância do número: desapareceram o trabalho, o negócio desapareceu (I, 122).
Alteração na concordância dos casos: na resposta ao pedido às corridas (II, 51).
Inversão: Altchak guarda o sagrado segredo/do terrível fim dela (em lugar de guarda sagradamente o segredo) (II, 53).
Uso indevido do caso instrumental: todos esses que tendo caído com os narizes [em lugar de "com os narizes caídos"] sabem/ onde entortado pelo focinho [em lugar de: com o focinho entortado], borrado pela fuligem/no reino dos bazares o barulho é coroado [Maiakóvski].
Transgressão do equilíbrio sintático: uso de termos em que o paralelismo (qualitativo e/ou quantitativo) não é equivalente: Olha perfidamente, com maldade e trotando (II, 122).
Omissão dos verbos: 1) O senhor aqui, fazendo o quê? (II, 85) 2) Tu, maravilhosa, deitando, na noite (II, 86).
Construção de epítetos pelo princípio da eufonia: E com os

olhos cheios de chama (II, 55); às vezes ocorre o *desnudamento do atributo*: coroa dourada de pétalas esperta (II, 55).

Comparações (introdução de elementos não motivados pelo desenvolvimento lógico da narrativa): Os terríveis olhos brancos erguiam-se para as sobrancelhas como a cabeça do morto pendurada pelas tranças (*Essir*, IV, 95).

Rede de analogias complexas: Da rua os enxames/das balas, como abelhas./Balançam as cadeiras,/branqueja o alegre. Pela rua comprida, como vôo de bala,/De novo a metralha,/ceifa, morde, com as balas uma vassoura de folhas. Abate/os pastores do dinheiro. (III, 162).

Dissociação de elementos da palavra e reconstrução de novos, por associação: *sokhrun, mokhrun* (contagem rimada das crianças, encontrável também em contos folclóricos, adivinhações, encantamentos, *tchastuchkas*).

Desnudamento do paregmenon (complexa construção tautológica em que há um núcleo básico igual e partes formais diferentes que se sucedem): Ride, ridentes! Derride, derridentes! (II, 35) Ou, vice-versa: o miolo é diferente, as partes formais, idênticas: Voando, o alegre auroreiro é caro ao céu,/Doce, pensa o tristonheiro (*Guerra-morte*, II, 16).

Criação de neologismos como renovação de sentido: A imensidão de intempérie... é relamportadora e negra (Exemplo de Semion Bobrov, 1763-1810).

Realização de neologismo abstrato (onde falta referência de objeto): Oh, cisnencanto! Oh, ilumínios (*O Grilo*, II, 37 — Trad. Augusto de Campos e Boris Schnaiderman).

Etimologia poética (sonora) (é a base dos trocadilhos, jogos de palavras e jogo de homônimos): *piat volkov volka voklóló* [cinco lobos arrastava o lobo — folclore letão].

Corte de palavras rítmico (e/ou introdução de uma palavra na outra):

> Diziam na calçada/
> Cor/
> Jogou-se nos pneus/
> Reio.
>
> (*No carro*, Maiakovski)

Jogo dos sinônimos que emancipam o sentido: É nu e pelado (*A Vila e o Silvano*, I, 129).

Emprego simultâneo da palavra no sentido literal e metafórico: Herdades noturnas, gengiscantem! (*Quatro pássaros*, II, 217). Ou, mais remotamente, lembrando o emprego jocoso Púchkin: "Alegra-te, Rus! Nosso Glinka/já não é barro [*glinka*], mas porcelana."

Desnudamento da rima (emancipação de seu poder sonoro da ligação semântica). "A rima provoca o poema. O espírito funciona a calembours", dizia no século 19, Charles Richet (1888). Só que, em nossa época contemporânea, seu uso é desnudado. Em Khlébnikov, quando existe motivação/justificação, ela pode ser transmental, como na famosa tradução de Haroldo de Campos/ Boris Schnaiderman (1968):

> Bobeóbi acantar de lábios,
> Veeomi cantar de olhos
> Piieo cantar de cílios
> Lieeei cantar do rosto
> Gsi-gsi-gseo o grilhão cantante
> Assim no batidor dessas correspondências
> Além tempo vivia o semblante.

Em nossa época e aqui, em que abundam poemas-confissões em que fenômenos sonoros pouco são lembrados, é salutar esse percurso nos exemplos de fenômenos em que a palavra chega a perder sua objetividade, depois a forma interior, e finalmente, mesmo sua forma exterior. A língua poética tende, no limite, à palavra fonética, e — como é óbvio — à linguagem transmental.

4. Adendo

Além de apresentar as semelhanças entre o "método formal" e o "método psicanalítico", os excertos da obra de Didi-Huberman (1998, 213-219) que sintetizamos em seus próprios termos, versam aqui sobre a questão da forma, tal como é vista pelo Formalismo Russo e tão mal entendida até hoje por tantos estudiosos apressados.

O *formalismo russo*, que reuniu, no começo do século 20, jovens estudiosos em torno de um chamado "método formal" cujas resistências que suscitou — e ainda suscita — são suficientes para dizer de sua persistente atualidade e, num certo sentido, de sua analogia com a novidade dos conceitos psicanalíticos que serão mencionados aqui. "Em ambos os casos, a noção clássica de sujeito era radicalmente atacada, em ambos os casos a noção de *formação* adquiria uma consistência teórica notavelmente precisa e fecunda".

[...] Cumpre, no entanto, reconhecer o caráter exemplar de um saber sobre as formas construído, não como efeito de alguma decisão de princípio, mas como efeito de uma resposta dialética a um "presente crítico" no qual os movimentos da vanguarda cubista, abstrata e futurista produziam obras a todo o momento "estranhas" e "singulares" para seus contemporâneos. [...] Ao mesmo tempo, acrescentavam, a forma artística tende a pôr em evidencia o caráter singular, fortemente reivindicado nas obras modernas, de sua construção. À "montagem" (montaj) *sobrepõe-se uma economia do "deslocamento"* (sdvig) *que não deixa de lembrar, é claro, o trabalho psíquico do "deslocamento"* (Verschiebung) *na construção do sonho. Em ambos*

também, o elemento de abertura polissêmica, o elemento de sobredeterminação, será o objeto de toda a atenção crítica.

Em ambos, ainda, a noção de trabalho exigirá pensar a forma como um processo de deformação, ou a figura como um processo de desfiguração. Freud, como sabemos, não dizia outra coisa ao afirmar que o trabalho do sonho "contenta-se em transformar" e, assim fazendo, utiliza todos os meios figurais para tornar cada forma lábil, orientável, reversível, deslocável, etc. Jakobson ou Chklóvsky tampouco diziam outra coisa quando enunciavam sua hipótese da "deformação organizada" — o que supõe que toda forma é formadora na medida mesmo em que é capaz de deformar organicamente, dialeticamente, outras formas já "formadas" —, ou então quando inferiam do "caráter heterogêneo e polissêmico do material" uma noção de trabalho formal extremamente dialética, feita de "deslocamentos orientados" e que culmina no seguinte paradoxo (também enunciado por Freud quando relacionava a plasticidade do sintoma com a dissimulação do fantasma inconsciente, por exemplo): é que toda forma autenticamente construída — pensemos de novo no cubo de Tony Smith — apresenta sua construção mesma como um "fenômeno de obscurecimento", um "ritmo prosaico violado", uma visibilidade perceptual — a que esperamos espontaneamente de um cubo, por exemplo — "estranhamente" e "singularmente" transformada.

A relação do sujeito com a forma se verá enfim, é sempre, nos dois quadros problemáticos, perturbada de parte a parte. Perturbada porque violentamente deslocada: deslocada a questão do belo e do julgamento de gostos; deslocada a questão do ideal e da intenção artística. Sempre uma coerção estrutural terá sido dialetizada com o lance de dados "estranho" de cada singularidade sintomática. E do choque desses dois paradigmas nasce a forma ela mesma, a produção formal que nos faz compreender — por ser uma dinâmica que é a única a poder explicá-los — que ela trabalha numa ordem de intensidade tanto quanto de extensão tópica. Toda a beleza da análise freudiana está em nos fazer tangível a intensidade singular das imagens do sonho através da disjunção do afeto e da representação, disjunção que nos faz compreender por que uma cena terrível, a morte de um ser querido, por exemplo, pode afigurar-se a nós absolutamente "neutra" ou "desafetada" num sonho — e por que, reciprocamente, um simples cubo negro poderá de repente mostrar-se de uma louca intensidade. Sabemos, por outro lado, que Roman Jakobson não estava tão distante desses problemas quando definia, dando aos psicanalistas um objeto eminente de reflexão, seu conceito linguístico de "embreante" (shifter) como uma espécie de função sintomática, indicial, na qual se sobrepõem — no espaço de uma palavra mínima, no espaço de uma intensidade ou de uma fulguração do discurso — a coerção global do código e a intervenção local, subjetiva, da mensagem.

Um terceiro momento estava, portanto, de antemão inscrito nessa elaboração teórica do formalismo. Poderíamos resumi-lo como reconhecimento da forma em sua contextualidade. É o ponto de vista ampliado do paradigma; ele busca enunciar o caráter metapsicológico, histórico e antropológico do trabalho formal enquanto tal. Ora, ainda que esse programa tenha sido formulado por Tynianov desde 1923, ele apresenta o aspecto menos compreendido do formalismo, à medida que a palavra "formalismo", trivialmente empregada, significa mais ou menos a recusa de compreender uma forma em seu contexto. É que a visão trivial só se prende aos dilemas e ignora a dialética, e assim confunde autonomia ou especificidade com tautologia. Os formalistas russos certamente afirmaram os caracteres autônomos e específicos de toda construção formal — mas jamais os encerraram numa concepção tautológica de obra de arte. Aliás, eles condenavam a estética da "arte pela arte". Jakobson, na Rússia, alternava as elaborações teóricas, as reuniões com os poetas ou os pintores de vanguarda e as pesquisas de campo — à maneira do etnolinguista

— *para recolher seus documentos de poesia oral. Tynianov tentava dialetizar a "integridade dinâmica" da forma — fator puramente sincrônico — com a dimensão diacrônica, sua "importância histórica" a reconhecer sempre, a reproblematizar em sua própria dinâmica. Quanto a Eikhenbaum, ele resumia todo o projeto dizendo que "a teoria reclama o direito de tornar-se história."*

Referências bibliográficas

ARISTÓTELES. Poética. In: *Os pensadores IV* (Tradução, comentários e índices analíticos e onomásticos de Eudoro de Souza). São Paulo: Victor Civita (Abril), 1973. p. 443-553.
BAKHTIN, M. *Cultura Popular na Idade Média*: o contexto de François Rabelais. (Trad. Yara Frateschi Vieira). São Paulo: Hucitec, 2010.
BAUDELAIRE, C. De l'Essence du Rire. In: *Curiosités esthétiques*: l'Art romantique et autres Oeuvres critiques. Paris: Garnier, 1962.
BERGSON, H. Le rire. In: _____. *Oeuvres*. Paris: Press Universitaires de France, 1959a. p. 161-378.
BERNARDINI, A. F. *Henrique IV e Pirandello*. São Paulo: Edusp, 1990.
_____. O riso como lembrança. *Revista de Estudos japoneses,* São Paulo, n. 17, p. 12-19, 1997.
BOYM, S. *Another Freedom* — The alternative History of an Idea. Chicago and London: The University of Chicago Press, 2010.
_____. The poetics and politics of estrangement: Viktor Shklovsky and Hanna Arendt. In: RENFREW, A.; TIHANOV, G. (Eds.) *Critical Theory in Russia and the West*. London and New York: Routlledge, 2010.
BRADFORD, R. *Roman Jakobson* — Life, language, art. London and New York: Routledge, 1994.

CHKLÓVSKY, V. A arte como procedimento. In: EIKHEN-BAUM, B. et al. *Teoria da literatura*: formalistas russos. Porto Alegre: Globo, 1976. p. 39-56.
DE MAN, P. The Rhetoric of temporality. In: *Blindeness and Insight*: essays in the rhetoric of contemporary criticism. New York: Oxford University Press, 1971. p. 187-222.
_____. Retórica de tropos. In: De Man, P. *Alegorias da leitura*. Rio de Janeiro: Imago, 1996. p. 125-141.
DIDI-HUBERMAN, G. *O que vemos, o que nos olha*. (Trad. de Paulo Neves). São Paulo: Ed. 34, 1998.
ESSLIN, M. Teatro do absurdo. Disponível em: <www.itaucultural.org.br/aplicexternas/...**teatro**/index.cfm?...cd>
GINSBURG, C. *Relações de força*. São Paulo: Companhia das Letras, 2002.
_____. *Occhiacci di legno*. Milano: Feltrinelli, 1997.
GONÇALVES, S. R. M. *Roman Jakobson e a geração que esbanjou seus poetas*. Dissertação (Mestrado em Teoria Literária e Literatura Comparada) — Universidade de São Paulo (USP), São Paulo. 2001.
JAKOBSON, R. *Lingüística e comunicação*. (Trad. J. Blikstein e José Paulo Paes). São Paulo: Cultrix, 1992.
_____. *Noviéchaia russkaia poesia. Nabrósok pervii (Novíssima poesia russa — esboço primeiro)* Praga: Tipografia A Política, 1921.
PIRANDELLO, L. *O Humorismo*. São Paulo: Experimento, 1996.
RICHET, C. *Essai de psychologie générale*. Paris: Alcan, 1888.
SANTANNA, C. Gaston bachelard: Le dramatique au sein du lyrique. *Cahiers Gaston Bachelard,* n. Spécial [Bachelard et l'écriture], Dijon, Université de Bourgogne, p. 63-77, mar. 2004.
SHKLOVSKY, V. *La teoria della prosa.* Torino: Einaudi, 1976.
TYNJANOV, J. Dostoevskij e Gogol (Per una Teoria della Parodia). In: _____. *Avanguardia e Tradizione*. Bari: Dedalo libri, 1968. p. 135-171.

ESTRANHAMENTO POR CORRESPONDÊNCIA
Myriam Ávila

Quem prevê não vê o que se aproxima, mas vê a direção rumo à qual o presente se afasta"
Vilém Flusser

"Sermos amigos em tal conjuntura injeta o sabor de aventura em algo quase insuportável, não achas?"
(Carta de Flusser a Milton Vargas)

Vilém Flusser, em carta enviada a Alex Bloch em 16 de dezembro de 1977, propõe o seguinte diagrama da história do espírito humano, em que cada grande período é marcado por um tipo de estranhamento[1]:

---
[1] Toda referência a cartas de Flusser neste texto é feita a partir do livro de Rodrigo Duarte *A pós-história de Vilém Flusser* (2012). Alguns dos livros de Flusser mencionados aqui foram lidos a partir do excelente mapeamento da questão feito por Duarte e sem esse elucidador panorama a presente reflexão teria sido impossível.

Aquele que vai do simples estar no mundo até o momento em que as imagens começam a querer se transformar em escrita consecutiva — o "estranhamento mágico"; o que vai do início da escrita alfabética até o surgimento das primeiras "imagens técnicas" — o "estranhamento intelectual", e, a partir do predomínio das imagens técnicas, o "estranhamento atual". A pressuposição é que entre o homem e o mundo haverá sempre uma separação, ou antes: que os signos promovem essa separação entre homem e mundo. Este é o ponto de partida da reflexão que este texto empreende. No entanto, a linhagem filosófica em que se insere a visão flusseriana da relação homem/mundo não será o nosso objeto, embora pudesse se mostrar bastante instigante, caso levantada por um estudioso da disciplina.

A questão que pretendo levantar aqui é bem mais colada no significante "estranhamento" e no uso específico que ele encontra em Flusser, por oposição à conformação teórica que o termo recebeu no território da linguística e da teoria da literatura. Cunhada por Chklóvski, a palavra tem sido aproximada, quase como sinônimo, de "desfamiliarização", embora a diferença entre o significado mais imediato de uma e outra não seja menos flagrante que sua semelhança. Se em ambas sufixo como prefixo propõem que certo esforço foi empreendido no sentido de afastar, criar uma distância de algo que tenderia a ser próximo, os radicais opõem-se de forma muito evidente — estranho x familiar. Ao contrário do "unheimlich" freudiano, que descobre o estranho no seio do familiar, tornando-o assustador, os afixos dos supostos sinônimos colocam em cena um ator consciente. Se passarmos a rastrear as possibilidades de formação por prefixação de palavras a partir do adjetivo "fremd", do alemão — Flusser usa "Verfremdung" no esquema acima — vemos que as mais frequentes, com as partículas "ent" e "ver", reforçam a ideia de corte, afastamento voluntário que a palavra "estranho", ou "estrangeiro" — não familiar — já traz em si[2]. Não se trata, então, de tornar algo estranho, mas de, diante do estranho, afastá-lo, criar uma distância com relação a ele.

Temos, portanto, três possibilidades de ocorrência do estranho: ou ele se desvela inesperadamente no meio do familiar, ou é criado a partir de um elemento familiar do qual se toma distância, ou, ainda, é algo desconhecido, um estrangeiro, que pode invadir um território que não lhe pertence, e do qual é conveniente se afastar.

Ora, o que tem isso a ver com o esquema desenhado por Flusser na carta a Bloch? Ali se desenha uma linha como sequência temporal progressiva. A linearidade, diz Flusser em *A escrita*, nós a aprendemos com o ato de escrever, com palavra a seguir palavra: ela nos insere no pensamento histórico, entendido sempre como linha. Sobre a linha desenhada do esquema aparecem, a intervalos, os marcos representados pelo mundo, as imagens, os textos e as tecno-imagens. Mas outras linhas, curvas, visitam a primeira com a mesma regularidade dos marcos imóveis, como em um movimento de costura, igual ao que prende a bainha no tecido: vai um pouco além das marcações, como a dar uma laçada, depois retorna em novo lanceio. Cada um desses nasce do impulso de afastamento da linha reta da história: é o Verfremdung, distanciamento ou estranhamento que se opera a partir do já fremd (alheio, estrangeiro): o mundo e seu devir. Cada instância de afastamento tem seu modo: o mágico, primeira forma de lidar com a estranheza do mundo, depois o intelectual — razão que ordena o informe — e, por fim, o atual, denominação que apenas assinala a temporalidade, sem um "temperamento" próprio (provavelmente ainda por se constituir).

---

[2] como na palavra desinfeliz, formação popular em que o prefixo *des* reforça a negatividade do prefixo *in*.

O esquema esboçado na carta é retomado no segundo capítulo de *Pós-história: vinte instantâneos e um modo de usar*[3], agora não mais em traço a mão livre:

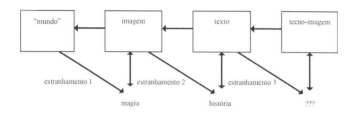

Modificações foram introduzidas. A informação visual recebe o auxílio das palavras para se tornar auto-explicativa. Mais do que as diferenças de concepção, o desenho por meio de instrumentos muda todo o apelo do esquema anterior: o traço corre sem tremuras, sem densidade, sem vida. Perde-se toda a ideia de costura, de gesto. Como panorama, lembra uma série de outdoors perfilados ao longo de uma rodovia, atrás dos quais uma paisagem é encoberta. Não se pode desprezar essa mudança em um filósofo que reflete sobre a inscrição manual e sobre a mimetização da escrita pelos aparelhos. No esquema impresso, não é só a percepção da imagem que se torna outra. O autor é aí só o projetista, enquanto a máquina executa o projeto de forma mecânica, da única maneira que pode: com linhas duras e iguais.

O homem, para dominar, primeiro simbolicamente, depois fisicamente o mundo, inventou a representação por meio de imagens icônicas e mais tarde por meio da escrita – combinação

---

[3] Esse mesmo esquema aparece também. em *Umbruch der menschlichen Beziehungen?*, escrito originalmente em alemão. Essa é uma prática comum na obra de Flusser: ele próprio reescrevia em outra língua livros que compusera primeiro em um primeiro idioma, sem que as duas versões coincidissem totalmente.

de signos convencionais. Ambas as formas lhe proporcionavam a condição imprescindível para controlar o seu ambiente: a distância. Ao mundo era dado o estatuto de alteridade; estranho, o mundo era estranhado para que sua estranheza se tornasse descritível.

Vista assim, a distância é uma virtude que funda a cultura e permite ao homem sobreviver em condições variadas e adversas. Essa distância, conforme o meio com que é criada (imagens, textos), conforma o pensamento mágico ou o pensamento racional, ou intelectual, ou histórico. A chegada das tecno-imagens deveria fundar um novo pensamento. Flusser assim o entende, mas não quer batizar a nova forma de se aproximar, afastando-se, do mundo. As tecno-imagens, no entanto, talvez não introduzam um modo de pensamento. Elas são, no fundo, simulacros, pois, como Flusser não deixa de perceber, simulam apenas serem imagens, sendo de fato escritas que tomam a aparência de imagens[4]. De fato, as imagens digitais são montadas sobre códigos e redutíveis aos mesmos. Para produzi-las, o homem se afasta do papel e delega o pensamento à máquina, que processa informações e as traduz em formas definidas contra a luz, que outra máquina transporta então para o papel, se esse for o caso, substituindo a mão humana.

Desde Gutenberg, a imprensa vinha operando esse segundo distanciamento entre o homem e a produção dos signos com os quais representa o mundo. No caso da escrita, a alienação é praticamente total, considerando-se que ela, marcada desde o início pela mediação de um instrumento, prescinde, com a impressão, da individualidade do gesto. No caso das imagens, o contato

---

[4] Embora Flusser não tenha tido vivido a disseminação da fotografia digital, a transmissão de imagens via televisão e computador já lhe permitia perceber o quanto da atual produção de imagens permanece alienada dos usuários dos aparelhos, cuja programação lhes é opaca, apesar de facultada a todos sua operação.

direto da mão permanece, em muitos casos, imprescindível na sua produção pelo pintor, pelo artista plástico, mas, a partir da possibilidade da reprodução técnica, passa a produzir resultados cada vez mais autoparódicos[5]. Para o escritor que, no ocidente, há muitos séculos não busca se expressar pela caligrafia, o texto, produzido de início pela escrita manual, pela datilografia ou pela digitação, deixa, ao ser publicado, de ser só seu para ser perfilhado pela figura do editor. Diz Flusser: "Em textos escritos, escritor e editor tramam para informar o leitor — para deixar-lhe uma impressão. Primeiro, a expressão do escritor; depois a contrapressão do editor; em seguida, a impressão da gráfica; por último, a impressão sobre o leitor. Essa é a dinâmica textual de Gutenberg". (*apud* Duarte, p. 364).

A maneira como Flusser concebe a dinâmica textual da era gutenberguiana parece propor duas constatações: a de que o processo gráfico, responsável pela impressão, não pode introduzir uma expressão (diferença homem/máquina) e a de que a mediação de outro ser humano entre a produção e a disponibilização do texto pode ser frutífera. No primeiro caso, a constatação um tanto banal e clichê se justifica pelo desenvolvimento posterior por Flusser do conceito de aparelho como máquina programada que pode vir a produzir textos sem interferência de um ser humano. Nesse caso, permaneceria a incapacidade de expressão da máquina, que não teria como escapar do programa a partir do qual compõe. Mesmo no modo randômico, o aparelho não teria como criar conhecimento (função nobre da arte, segundo o filósofo).

Se o editor atua como mediação entre criador e máquina, o fato de se tratar de uma pessoa permite que sua mediação, em condições ideais, resulte em diálogo, evitando que se tornem,

---

[5] Remeto à noção de parodização em "Epos e romance", de Bakhtin (1993, 399)

escritor e editor, "apenas funcionários dessas empresas de anestesias" que são as publicações voltadas para o mercado.

A intenção do presente texto, no entanto, não é persistir em oposições pouco produtivas entre instâncias estanques, mas pensar, com Flusser, o estranhamento como possibilidade que permite obter um distanciamento crítico com relação ao mundo, ao mesmo tempo em que representa o risco de hipostasiar a mediação em detrimento dos sujeitos envolvidos. Nuances atraentes e menos atraentes estão presentes no ato do estranhamento, como demonstra seu uso em sinonímia com o distanciamento (crítico) e a alienação.

O que foi exposto acima nos aproxima do tema da correspondência, já que a distância é a condição *sine qua non* da comunicação escrita. Para abordá-lo, é interessante primeiro lembrar passagens de *A história do diabo*, onde se trabalham os conceitos de acaso, inveja e avareza. Esse livro de Flusser apresenta uma visão originalíssima dos pecados capitais como sequência evolutiva da luta entre Deus (a eternidade e a necessidade absoluta) e o Diabo (a temporalidade e a contingência)[6]. O acaso é visto, nesse quadro, como aquilo que escapa ao controle da ciência, controle esse que nos instala "dentro de um ambiente de vidro": "Vivo dentro de um mundo que carece de realidade, porque carece da sensação do milagre" (Flusser, 2005, p. 118). Só o acaso pode nos trazer de volta essa sensação, no mundo desencantado que se rege por leis científicas.

A inveja e a avareza têm, em *A história do diabo,* uma relação especular uma com a outra, e ambas se ligam à escrita: "a palavra aparece aqui como pura expressão da inveja humana com relação a Deus, assim como a gramática aparece como manifestação da avareza" (Duarte,62). A interlocução verbal se dá pela ação conjunta dos dois impulsos que movem o escritor:

---
[6] Duarte, p.16-17.

> "O nosso intelecto individual, formado por inveja (palavras), e mantido por avareza (regras gramaticais), está em conversação[7], isto é, está ligado intimamente a outros intelectos.(...) As ligações que conduzem o meu intelecto a outros (aquelas que correspondem ao 'escrever') são a expressão da minha inveja. com elas pretendo reformular e reestruturar a realidade, e estender-lhe o escopo. São a fase criadora da conversação da qual participo. As ligações dos outros intelectos para o meu (aquelas que correspondem ao 'ler') são expressões da minha avareza. Com elas pretendo aumentar e consolidar a substância do meu intelecto" (Flusser,2005,150)

A inveja é, em síntese, inveja do princípio criador representado por Deus. O mundo é criado por Deus; o homem cria as palavras com as quais constrói/reconstrói o mundo. A avareza é a luta contra a dispersão das palavras. Para que elas não se percam, o escritor busca fixá-las em outros intelectos. A carta mostra-se um meio eficiente para tal, pois procura fisgar um interlocutor no momento em que os pensamentos se formam de maneira ainda provisória, usando a interlocução como apoio para seu desenvolvimento. O fato de se escrever a alguém, e a alguém que se conhece — não um leitor aleatório — fortalece o impulso da criação. Por isso a carta é extremamente importante para a obra de Flusser, como o é para outros escritores e filósofos. (Podemos argumentar algo semelhante no caso de escritores que mantêm um diário, onde simulam a interlocução como uma projeção de um outro eu. Muitos diários incluem ainda rascunhos de cartas a amigos).

---

[7] No original consta "conservação", considerado por Duarte um erro de imprensa. Ver nota em Duarte, 62.

Rodrigo Duarte, ao rastrear o conceito de pós-história em Flusser, acha imprescindível fazer uso da extensa correspondência entre o tcheco-brasileiro e seus amigos Milton Vargas e Alex Bloch. Nessa correspondência surpreendem-se os conceitos quase que em seu momento de concepção. Sua avareza é a do bebê que suga para sobreviver. O texto pronto, revisado e publicado, também procura pelo leitor, mas já como um avarento empedernido.

Favorecendo o desabrochar de ideias e conexões, a carta é aberta ao acaso, ao milagre, à não programação. Para estabelecer a ligação entre dois intelectos, ela vai, como os signos da escrita com relação ao mundo, criar uma distância entre eles. Se estão próximos no espaço, fisicamente presentes, o peso da presença impede a livre conversação, talvez atravancada por apelos aos sentidos da visão e da audição, principalmente. A voz inscrita no papel soa mais definida, mais apelativa. É interessante, a esse respeito, lembrar a noção de "equívoco epistolar", de Vincent Kaufmann. "Em vez de contribuir para aproximar, para comunicar, o gesto epistolar, segundo Kaufmann, 'desqualifica toda forma de partilha e produz uma distância graças à qual o texto literário pode sobrevir'"[8] A encenação da conversação[9] é mais útil a quem tece teorias ou ficções do que a conversa *unter vier Augen*. De novo, lembramo-nos da escrita diarística, que (os depoimentos são muitos) libera o escritor para o trabalho criativo. Júlio Castañon Guimarães, discorrendo sobre a correspondência no modernismo, aproxima-se da tese de Kaufmann ao "indagar se não seria exatamente por se constituir como encenação que a carta

---

[8] Tradução de Guimarães, 2010, 61.
[9] Guimarães corrobora a tese de Kaufmann a partir da observação de Alain Pagès de que "a correspondência, ao contrário do que se pensa, nem sempre é o lugar de um compromisso sincero: trata-se de uma encenação". (Cf. Guimarães, op. cit., 60)

abriria espaço, não para a confirmação de situações factuais, mas para o desenvolvimento da ficção" (Guimarães, 2010, 61).

Ficção e teoria são duas formas de representar a realidade segundo princípios que não são dados a priori na mesma. Segundo uma atraente imagem de Flusser, em *A história do diabo*, o protagonista de ambas as figurações é a aranha da vontade, que se apossa dos intelectos mais (os poetas) ou menos (os filósofos) ousados com o objetivo de expandir a teia do conhecimento. Como representações, ambas dependem de um *estrangement* (afastamento desfamiliarizante) da realidade (aquilo de que filosofia e ficção parecem falar) para se construírem. Pelas boas regras que os dominavam desde meados do século 19, esses dois discursos deveriam "abolir o acaso" em seus lançamentos de dados. No mundo pós-mallarmaico, o acaso começa a se instilar nas próprias trincheiras do pensamento lógico, nas teorias científicas e nas narrativas ficcionais, tirando o controle de suas articulações das mãos de seus criadores.

A nostalgia desse controle não cede ainda hoje, como mostram os romances mais lidos do nosso tempo[10]. O golpe do acaso sobre as ciências, mais lento e gradual, parece ter consequências mais duradouras, apesar das tentativas de domá-lo (retirar-lhe a sensação de milagre) com, por exemplo, uma Teoria do Caos. Contaminando todo o conhecimento com a relatividade das leis naturais, as novas tentativas de explicação do universo chegam a abalar todo tipo de critério de avaliação[11], atropelando e incapacitando gravemente o território da crítica literária. Hoje a teoria da literatura, cuja vinculação à ideia de valor não é imediata como a da crítica, não teme se contaminar pelos azares do acaso.

---

[10] Refiro-me à maioria dos best sellers, em cuja trama as ações se encadeiam de forma linear e causal, apesar do uso mais ou menos frequente de prolepses e analepses.

[11] Steven Connor faz um levantamento desse processo em *Teoria e valor cultural*.

Em consequência, deixa de se voltar apenas para as obras poéticas e ficcionais, abarcando escritas autobiográficas e esparsas, como os diários, as correspondências, as anotações. A escrita autobiográfica não totalizante, a que se compõe ao sabor das contingências e incoerências do cotidiano (diários e correspondência), contamina-se do inacabamento da vida, prescrevendo a noção de obra como todo acabado. Testemunha do momento, essa escrita, ainda que selecionada e organizada para a publicação, mantém o frescor das formulações provisórias, ignorantes do amanhã. Curiosamente, a noção de arte em Flusser aproxima-se da escrita de si por, tanto quanto esta, escapar do âmbito do controle representado pelos valores subjacentes a nossos hábitos discursivos, os quais pressupõem a precedência da continuidade sobre a precariedade. Em *Pós-história...*, Flusser aponta como característica definidora da arte "publicar o privado", permitindo que a cultura, diante da experiência do imediato, não se calcifique: "E a cultura não pode dispensar de tal magia: porque sem tal fonte de informação nova, embora ontologicamente suspeita, a cultura cairia em entropia" (FLUSSER,1983,142). "Inebriados pela 'arte' ", os teóricos também podem, segundo Flusser, "publicar experiência privada e criar informação nova" (Id.,143). Assim como a vida é o aval da arte, a arte é também o aval da vida. Flusser usa a palavra "gesto" para se referir a essa arte que é vida e a essa vida que é arte. Cada vez mais atraente à medida que cresce a desconfiança nas "grandes explicações"[12], o inacabamento da vida, mesmo restrita à experiência individual, ao invadir a escrita, dá-lhe, estranhamente, uma pertinência política: "Publicar o privado é o único engajamento na república que efetivamente implica transformação da república, porque é o único que a informa". (Id.ib.)

---

[12] Ou grandes narrativas, em Lyotard.

Decorre daí a importância da correspondência como posto de observação e glosa do mundo. Quanto mais este se estratifica em *discursos*, mais é importante que se criem situações de *diálogo* (os dois termos são antagônicos em Flusser), como aquelas representadas pela correspondência. Em carta a Milton Vargas[13], o filósofo se refere explicitamente ao papel do diálogo via correspondência na elaboração da obra:

> Sei que tais exigências minhas são invasões do teu tempo, da tua energia, e da tua maneira de ver as coisas. Você descobrirá, aliás, por entre as linhas do texto, o fio do argumento que vamos tecendo há tantos anos. Você está presente no texto, tal como te percebo, ora como aliado, ora como contestador das posições que defendo. E é a você que pretendo dedicar o ensaio, mas não sei ainda como formularei a dedicação. (*apud* DUARTE, 143)

As expressões "não sei ainda" e "ensaio" são representativas da postura ensejada pelo diálogo, pela correspondência. Lembremos que muitos textos filosóficos e críticos foram escritos, não por acaso, em forma de cartas. Sentindo o declínio da prática da correspondência, Flusser afasta a melancolia com a previsão do surgimento de um outro tipo de intercâmbio, via computador, que hoje (ele não chegou a viver esse tempo) sabemos ser o e-mail e as redes sociais:

> Desaprenderemos a arte de escrever cartas, ainda sem ter aprendido a nova arte da intersubjetividade, a arte computacional. Subtraem-se as cartas (...) e nós caímos

---
[13] Datada de 12/01/1981.

> na massa sem referência; não obstante, pressentimos que os meios de comunicação de massa começam a se ramificar em mídias intersubjetivas por meio das quais há troca de correspondências. Apenas essa vaga noção, para o que a palavra esperança é forte demais, permite-nos aguardar o ocaso das cartas e dos correios. (Flusser, 2010, p. 130)

A correspondência é, assim, o meio de produção de um distanciamento crítico que enseja, ao mesmo tempo, a publicação do privado, forma de criação de informação em uma sociedade que tende a se petrificar em discursos. Flusser reconhece o papel do privado em sua própria escrita, ao comentar, em carta a Vargas, a propósito de *Pós-história...*: "Trata-se, como vejo agora, de autobiografia inconsciente (como o é, aliás, todo livro)" Essa formulação já aparece em Valéry (Poesia e pensamento abstrato): "Na verdade, não há teoria que não seja o fragmento cuidadosamente preparado de uma autobiografia".

Se a vida, modo de interagir com o mundo, está na raiz de toda teoria e se a arte consiste em tornar público o privado, é preciso que haja uma profunda imbricação entre a arte e seu tempo para que ela seja autêntica:

> Tais articulações são indispensáveis, porque suas mensagens integram-me no meu contexto social, político, cultural, e trans-humano, (se quiser, nas múltiplas dimensões da "realidade") [...]. Tais articulações me desafiam a comportar-me de determinada maneira. Em outras palavras: a falta de articulação estética no meu ambiente me aliena e tira todo sentido da minha vida, e isso é negativamente o critério da autenticidade da arte. (*apud* Duarte, p. 107)

Combatendo com veemência a ideia de arte "sorvida na solidão", Flusser enfatiza o papel do diálogo estabelecido pela arte com o ambiente:

> A atitude passiva de consumo perante a arte é sintoma de incomunicação entre "artista" e "sociedade", e, com efeito, é o que está se dando. Considere, pelo contrário, a situação no tempo das catedrais, (ou dos templos gregos, ou das máscaras Ibo, ou das lâmpadas Esquimó, ou qualquer outro tempo). Não havia miséria estética, porque havia "estilo", isto é: a arte penetrava o ambiente. Isso integrava a sociedade em sua "realidade" e esta se comportava em sintonia com as mensagens estéticas que recebia. (*apud* Duarte, p. 109)

A notar, nesse trecho de carta a Vargas, há não somente a importância do ambiente de uma época como *habitat* para a arte, mas também o tom ensaístico[14], prospectivo, em que se destacam os muitos termos entre parênteses, apontando para a pouca determinação de seus significados e para a impaciência e imprecisão que o gênero epistolar permite. Vamos aos pulos, parece dizer o "estilo" flusseriano, no qual a teoria se integra ao ambiente (a carta), contentando-se com a possibilidade de provocar uma resposta. Nascendo, muitas vezes, de uma troca de correspondência, a teoria em Flusser parece não apenas fazer uso desse meio, mas aprende com ele a apreciar suas qualidades intrínsecas, que passa a distinguir também em outro tipo de escritos e mesmo em gestos do cotidiano, nos quais habita uma potência estética. Numa época "pós-histórica" como a nossa, a cultura deixa de se expressar em "obras", como, segundo ele, no caso da realidade brasileira:

---

[14] Ver em Duarte, p.139, a defesa que Flusser faz do ensaio curto, em carta a Vargas (20/08/1980).

Na realidade o ritmo fundamental não se manifesta principalmente em "obras" (...), mas nos gestos do dia-a-dia, gestos esses que injetam um elemento ritual e sacral no cotidiano que distingue radicalmente o ambiente brasileiro de outros. O andar rítmico das meninas e moças, os passos de dançarinos dos rapazes na rua [...], o uso da máquina de escrever nos escritórios como se fossem tambores, a transformação de martelos em atabaques [...] tudo isto é manifestação de uma profunda cultura. (*apud* Duarte, 2007, p. 269)

Assinalando o "rasquachismo"[15] da cultura brasileira, Flusser também destaca o gesto em si como mais expressivo que a obra[16]. Embora não tenha chegado a esta formulação, podemos inferir que, nessa visão da cultura, a curva em Aleijadinho e Niemeyer seria mais eloquente do que as obras maiores em que se insere.

Pode-se tomar esse viés também como a proposta de uma "arte menor"[17] e, para os nossos propósitos aqui, de uma "literatura menor", no sentido de acolher o fragmento e o inacabado como o que nos preserva da "miséria estética". Instruída pela arte de escrever cartas, essa proposta quer entender o gesto estético

---

[15] Uma espécie de "arte da gambiarra", o termo é usado na crítica de arte norte-americana para se referir a obras de imigrantes latinos que fazem uso desviante de quinquilharias e refugos da pequena indústria. A principal referência a respeito é Rasquachismo : a Chicano sensibility , de Tomás Ybarra-Frausto.

[16] Na verdade, em um livro de 1991, Flusser procura derivar do gesto, que ele define como "o movimento de um corpo ou de uma ferramenta conectada a um corpo, para o qual não há explicação causal satisfatória", toda uma fenomenologia. (ver Referências Bibliográficas).

[17] Theodor Adorno, na *Teoria estética*, faz o elogio do que chama "os gêneros baixos": "As obras de arte são tanto um imobilismo como um dinamismo; gêneros abaixo da cultura aprovada, como os quadros nas cenas de circo e nas revistas, e até já os jogos de água mecânicos do séc. XVII, são confissões do que as obras de arte autênticas ocultam em si como o seu *a priori* secreto. (1988/97)

minimal, por assim dizer, como aquilo que melhor nos distancia do mundo de modo a melhor nos integrarmos a ele. Nos termos do desenho reproduzido no início deste texto, o estranhamento atual, que Flusser sugere ser obtido pela intermediação das tecno-imagens, teria como contrapartida o gesto como estranhamento e simultânea apreensão do mundo em sua versão linear.

Nesse sentido, retomo uma tese que apresentei no texto "Homens estranhos e as mulheres que os evitam" (o qual se segue a este, como apêndice), segundo a qual o construto estético[18] mais instigante do nosso tempo é o rock. O rock se torna aí mais um conceito que uma referência exclusiva a canções e performances divulgadas sob esse rótulo e inclui manifestações verbais e plásticas que, tendo como referência o universo pop e o lixo cultural, extraem da banalidade o inesperado. A tese segue a argumentação de Bakhtin em "Epos e romance", segundo a qual o romance era o único gênero que entendia o tempo presente, por tratar-se "do único gênero que ainda está evoluindo no meio de gêneros já há muito formados e parcialmente mortos":

> Ele é o único nascido e alimentado pela era moderna da história mundial e, por isso, profundamente aparentado a ela, enquanto que os grandes gêneros são recebidos por ela como um legado, dentro de uma forma pronta, e só fazem se adaptar – melhor ou pior – às suas novas condições de existência. (Bakhtin, 1993, p. 398)

Hoje é o romance que assume o aspecto de legado e, já não mais dotado dos ossos flexíveis que Bakhtin identificava nele,

---

[18] ver a respeito a formulação "construto estético-social" em Duarte, R. 2007, p. 258-261.

tenta se adaptar às novas condições de existência. O romance, profundamente ligado ao formato livro – ele nasce com a escrita – não tem a mesma agilidade que as formas curtas e de apreensão imediata para "penetrar o ambiente" e informá-lo esteticamente. Sem querer prever a morte do romance em um mundo povoado de zumbis, é preciso reconhecer que a arte de hoje, em sua necessidade de recolher, devorar e devolver as vozes da rua (e/ou das vias virtuais) tem mais chance de se dar em gêneros curtos, fragmentários e precários, como o rock.

Em outras palavras, o rock, nascendo em pleno ambiente tecnológico, compreende-o com nenhum outro gênero, ou "estilo" (entendido por Flusser como integração ao contexto,). Perfeitamente adaptado à máquina, consegue, entretanto, driblar a programação pela mesma máquina[19], trazendo a sensação de milagre ao seio da indústria cultural. Flusser poderia estar se referindo a esse fenômeno quando fala da música de câmara por oposição à orquestral[20]. Nessa última, seriam imprescindíveis o regente, com todas as conotações que a palavra traz, e o público em postura respeitosa e controlada. Na música de câmara, ao contrário,

> todo instrumento toca por si, como se fosse solo, e precisamente por isto precisa coordenar-se exatamente com todos os outros instrumentos.
> [....]
> São eles simultaneamente emissores e receptores, individual e coletivamente, da mensagem que elaboram. Essa mensagem não tem substrato, não é "obra", por isso

---

[19] Uma demonstração dessa tese seria longa demais para o escopo deste texto. Ver alguns exemplos em Homens estranhos e mulheres que os evitam
[20] Em *O universo das imagens técnicas*, último capítulo, *passim*.

ninguém pode querer possuí-la. A fita gravada que resulta do jogo pode ser infinitamente multiplicada e facilmente destrutível; no entanto, é memória "eterna". A mensagem elaborada durante o jogo significa o próprio jogo – seria absurdo querer procurar por outro significado. (2008,145)

O rock partilha da natureza da curva que distingue a pós-história da história linear e que o esquema desenhado por Flusser na carta a Bloch representa bem. Se o estranhamento é a maneira privilegiada de voltar-se para o mundo, se a carta é o meio privilegiado de provocar o estranhamento, a curva é o gesto privilegiado pelo qual ele se opera. A curva que não se completa em círculo e não conhece um ponto de chegada definitivo é a curva da vida em tangência com a história. Apenas a arte que assume esse gesto consegue, em um mundo "aparelhado" – o mundo dos "funcionários" – nos salvar da miséria estética.

Referências bibliográficas

ADORNO, Theodor. *Teoria estética*. Trad. de Artur Morão. Lisboa: Edições 70, 1988.
BAKHTIN, Mikhail. *Questões de literatura e de estética*. A teoria do romance. Trad. Aurora F. Bernadini et al. São Paulo: UNESP/Hucitec, 1993.
CONNOR, Steven. *Teoria e valor cultural*. Trad. Adail U. Sobral e Maria Stela Gonçalves.
DUARTE, R. "Sobre o construto estético-social". *Revista Sofia*, vol. Xl- n° 17 e 18 – 2007, pp. 239-263
_____. *Pós-história de Vilém Flusser*. Gênese-Anatomia-Desdobramentos. São Paulo: Annablume, 2012.

FLUSSER, Vilém. *Pós-história. Vinte instantâneos e um modo de usar*. São Paulo: Duas cidades, 1983.
_____. *Gesten. Versuch einer Phänomenologie*. Düsseldorf: Bollmann, 1991.
_____. *O universo das imagens técnicas. elogio da superficialidade*. São Paulo: Annablume, 2008.
_____. *A escrita. Há futuro para a escrita?* Trad. Murilo J. da Costa. São Paulo: Annablume. 2010.
_____. *A história do diabo*. São Paulo: Annablume, 2005.
GUIMARÃES, Julio Castañon. *Entre reescritas e esboços*. Rio de Janeiro: Topbooks, 2010.
KAUFMANN, Vincent. *L'equivoque epistolaire*. Paris: Minuit, 1990.
VALÉRY, Paul. *Discurso sobre a estética/Poesia e pensamento abstrato*. Trad. Pedro Schachtt Pereira. Lisboa: Vega, 1995.

HOMENS ESTRANHOS
E AS MULHERES QUE OS EVITAM
Myriam Ávila

> It's not 'cause I wouldn't,
> It's not 'cause I shouldn't,
> And, Lord knows, it's not 'cause I couldn't,
> It's simply because I'm the laziest gal in town.
> (Cole Porter)

Kwame Appiah, no capítulo "O pós-colonial e o pós-moderno", de *Na casa do meu pai*, lembra que "a oposição entre a cultura refinada e a cultura de massa só existe em campos em que há um corpo significativo de instrução ocidental formal". Embora se refira à África, podemos trazer essa reflexão para a produção cultural brasileira. Nas áreas de menor tradição erudita, como as das artes plásticas e da música (mencionadas também explicitamente por Appiah) essa indefinição fica mais clara se não tentarmos isolar o popular em uma suposta pureza "de raiz", mas voltarmo-nos para o que de fato se produz nas ruas, para o contemporâneo. Seria entretanto possível, em um campo muito mais definido e auto-regulado em termos de trocas simbólicas, como é o literário, perceber uma dissolução em andamento entre o popular e o erudito? A questão tem uma infinidade de ângulos, que não poderão ser desenvolvidos satisfatoriamente neste texto. Uma primeira dificuldade que se coloca é a definição do literário em um cenário de hibridismo generalizado como o de hoje. O título deste texto já aponta para esse aspecto ao apropriar-se de um verso (o único que se pode distinguir em uma sequência de articulações fonéticas não semantizadas) da canção intitulada *Mercado Central*, da banda pexbaA.

Hoje, no Brasil, a canção popular, mais do que nunca, apresenta-se como uma mediação entre uma esfera mais refinada de criação textual e outra mais espontânea, não necessariamente nascida de uma tradição popular. Não é incomum encontrarmos professores universitários e poetas que participam de ou compõem para uma banda. Inúmeros jovens que querem se lançar em uma carreira literária entendem-se também como letristas. A fascinação que exerce sobre a sociedade hoje esse território híbrido, no qual texto e som se conjugam para obter um efeito único, vem em grande parte da possibilidade de atingir um público que a literatura jamais conquistou, com uma rapidez a que a arte puramente verbal não pode aspirar. Desde os anos 60 vemos multiplicarem-se os casos de namoro entre os poetas "sérios" e a canção de origem plebeia. Já antes, com Manuel Bandeira e Jayme Ovalle, a música de rua atraiu o poeta brasileiro. Na segunda metade do século 20, o consórcio entre melodia e poesia passa pelos irmãos Campos e Leminski, por exemplo, sendo o caso extremo o de Vinícius de Moraes, que abandona o trabalho poético *tout court* pela canção de cunho popular. No século 21, a co-existência do poeta e do letrista intensifica-se. Produzir textos unicamente escritos é como perder o contato direto com a vida, como comentarei mais adiante.

A diferença entre o cenário modernista e o de hoje, é que o popular assumiu na segunda metade do século 20 outra conotação, que a denominação "pop" evidencia bem. Não se trata mais de buscar o autêntico, a raiz, a pureza daquilo que pode ser tomado como representativo de um caráter nacional, mas de optar por uma leveza, um descompromisso, uma pluralidade, uma falta de acabamento e coerência que permitem beber de toda fonte e misturá-las todas. O projeto de simplificação da linguagem poética levado a cabo por Mário de Andrade, Oswald e Manuel Bandeira, principalmente, mostra seus melhores resultados não na poesia das gerações seguintes, que retomam o trabalho com a palavra em termos mais prismáticos e sutis, e sim na excelente música popular dos anos 60 e 70. Mas é nessas décadas, também, que nossa música sofre um influxo externo da maior importância, com os Beatles e diversas outras manifestações do rock internacional. Letras simples e melodias primárias juntam-se aí para criar fenômenos inusitados de identificação em massa. Para a poesia tradicional — agora falando já de uma perspectiva mais ampla, não restrita ao Brasil — o efeito é o mesmo que Mikhail Bakhtin, em "Epos e romance", descreve com relação ao advento do romance entre os gêneros clássicos:

> A ossatura do romance enquanto gênero ainda está longe de ser consolidada, e não podemos ainda prever todas as suas possibilidades plásticas. (....) Trata-se do único gênero que ainda está evoluindo no meio de gêneros já há muito formados e parcialmente mortos. Ele é o único nascido e alimentado pela era moderna da história mundial e, por isso, profundamente aparentado a ela, enquanto que os grandes gêneros são recebidos por ela como um legado, dentro de uma forma pronta, e só fazem se adaptar — melhor ou pior — às suas novas condições de existência. (1993, 397-8)

Se, com relação ao romance, sua juventude e maleabilidade devem-se ao fato de ser ele o único gênero nascido posteriormente à escrita e aos livros, o mesmo se dá com o rock, único gênero musical nascido posteriormente aos instrumentos elétricos e aos discos[1]. Os demais podem, ou apegar-se ao ambiente acústico — mas, mesmo assim, terão de se submeter a uma reprodução eletrônica — ou adaptar-se aos novos meios de produção sonora.

Verificamos o mesmo processo dentro do âmbito visual: a narrativa cinematográfica toma em grande parte o lugar do romance e este se torna, em sua tentativa de fazer face às mudanças, cada vez mais cinematográfico. A grande maioria dos romances escritos hoje só alcança sua plena realização com a adaptação ao cinema. Caso se refugiem em técnicas resistentes à tradução visual, arriscam-se a adquirir, como diz Bakhtin, um caráter de estilização:

> Em geral, qualquer comedimento estrito de um gênero a si próprio, salvo a vontade do autor, começa a dar sinais de estilização, às vezes mesmo de estilização paródica. Na presença do [romance como] gênero dominante, as linguagens convencionais dos gêneros estritamente canônicos começam a ter uma ressonância diferente. (1993, 399)

A citação que se segue parece-me ainda mais sugestiva, se aplicada à predominância do rock:

> O romance [leia-se rock] introduz uma problemática, um inacabamento semântico específico e o contato vivo com o inacabado, com a sua época que está se fa-

---

[1] O argumento aparece em "Rocks e fados", de A. Américo Lindeza Diogo, p.47: "O que o discurso supõe é a realidade universal do estúdio que foi sendo construído para o *rock* e para a estética do *rock* e da familiaridade com o estúdio".

zendo (o presente ainda não acabado). O [romance] é o único gênero em evolução, por isso ele reflete mais profundamente, mais substancialmente, mais sensivelmente e mais rapidamente a evolução da própria realidade. Somente o que evolui pode compreender a evolução. O romance tornou-se o principal personagem do drama da evolução literária na era moderna precisamente porque, melhor que todos, é ele que expressa as tendências evolutivas do novo mundo, ele é, por isso, o único gênero nascido naquele mundo e em tudo semelhante a ele. (1993, p. 400)

O problema que se coloca para a teoria literária, a partir de tais constatações, é que o rock não pertence à esfera da literatura, nem pode, como as antigas canções dos provençais, por exemplo, ser tomado apenas como construção verbal, isolada da estrutura musical. Poder-se-ia dizer, assim, que o que o rock coloca em xeque não são os demais gêneros, mas o sistema literário como um todo. A literatura envelhece diante do rock.

Quando falamos de literatura, temos, no entanto, que distinguir dois sistemas: o narrativo e o poético. Se, no momento descrito por Bakhtin, o romance — majoritariamente narrativo — sobrepuja o poético, fazendo da representação a rainha do dia, por oposição à linguagem (mimese x semiose), hoje podemos dizer que o poético volta com força total com a tendência antinarrativa que invade inclusive o cinema, pela influência do clip, filho do rock. A narrativa mais recente ou assume um caráter paródico ao retornar ao romance oitocentista, ou aproxima-se de procedimentos propriamente poéticos, como a parataxe, as repetições e os paralelismos, não por influência da poesia erudita, mas pela emulação dos textos de circulação cotidiana, em sua maioria veiculados em conjunção com a música e com as imagens. O que se insinua aqui é que vai se tornando impossível pensar a literatura como território delimitado ou pensar no trabalho com a palavra como isolado do pensamento musical e/ou visual. As formas híbridas parecem agora mais capazes de lidar com um mundo híbrido. O que se perde aí é a noção de literatura como domínio próprio, ou seja, o que se perde aí é a noção de literatura. Que essa perda alimenta os piores temores dos estudiosos, atesta-o um livro como *A literatura em perigo*, de Tzvetan Todorov. Um breve olhar para a gênese da literatura mostra, entretanto, que sua constituição como domínio próprio foi demorada e institucional, e que o trabalho de decidir o que fazia ou não parte dele não foi nunca tranquilo[2].

O namoro da literatura com as formas "baixas" ou híbridas na modernidade já tem, ele mesmo, uma longa história. Basta lembrar que Baudelaire, ao elaborar uma teoria da modernidade, volta-se para um desenhista ilustrador de agudo olhar para a moda e os modismos.[3] Exemplar é o inclassificável *Alice no país das maravilhas*, de Lewis Carroll, que já começa com a alegação de que um livro sem figuras e sem diálogos não vale o esforço de ser lido. Cesário Verde escreve seu poema "Contrariedades" em contraponto à lavadeira que, nunca tendo frequentado o teatro, repete a ária de uma ópera recente, já caída "na boca do povo". T.S. Eliot vê, com certa perplexidade, seu *Waste Land* ser invadido pela fala e as personagens da rua, que ali trafegam sem

---

[2] Se pudermos passar sem uma delimitação à priori do literário, muitos de nossos problemas se resolverão e teremos tranqüilidade teórica para nos acercarmos de novos objetos e mesmo lançarmos olhares retroativos a objetos já estabelecidos. O perigo envolvido seria, talvez, o de aplainarmos toda a cena e nos vermos privados do prazer, responsabilidade e privilégio da escolha e da crítica.

[3] Ou, melhor dizendo, sua apreciação das ilustrações de Constantin Guys levou-o a refletir sobre a modernidade.

timidez entre referências mitológicas e clássicas e outras banais e kitsch.

Para nossa argumentação, não interessa tanto que todas as obras citadas acima sejam reconhecidas como literárias, mas que se reconheça nelas a impossibilidade de fugir da trivialidade de um cotidiano que é cada vez mais determinado por instâncias invisíveis e ininterpeláveis e se assenta cada vez mais no provisório e no passageiro. O trivial, o cotidiano e mesmo o obsceno já frequentavam a literatura desde a antiguidade; o grotesco e o vulgar dão o sabor das ruas também em Shakespeare. Mas a partir do século 19, já consolidada a revolução industrial, esse deixa de ser o outro lado da vida, aquele que serve de contraponto e realce à nobreza e ao sublime, para constituir uma verdadeira pasteurização da existência em um mundo que já se representa naquele século como globalizado (lembremos as exposições mundiais). O nonsense de Carroll, certamente a manifestação mais *rock and roll* do oitocentos, é o primeiro a por em pauta na literatura aquilo que Theodor Adorno denominou mais tarde "mundo administrado".

Depois de meio século de revolução industrial, é a cultura que assume também as características de uma indústria. A reprodutibilidade técnica da obra de arte fornece as condições para essa "comodificação" do produto cultural. O teórico da indústria cultural Theodor Adorno via esse processo como "uma instância que se empenha na [....] submissão total [da arte] à cultura mercantilizada" (Duarte, 2010, 68) e propunha como seu antídoto as "obras de arte negativas", com o que se referia à vanguarda artística na forma como a conheceu a primeira metade do século 20, produtora de "antimercadorias culturais por excelência" (Duarte, 2010, 73). Adorno não viveu a tão falada pós-modernidade, ou terá vivido, com muito desencantamento, apenas seus primórdios. O estado de coisas pós-moderno, lembra Appiah, a partir de formulação de Fredric Jameson, caracteriza-se pelo desaparecimento da oposição entre alto modernismo e cultura de massa. A funcionalidade do intratável e do ofensivo aos valores dominantes muda, garantindo que nada se apresente mais como uma ameaça substancial (Appiah, 142), o que se pode perceber, por exemplo, pela comerciabilidade da cultura punk rock. Nada estaria a salvo da voracidade da indústria cultural.

Para Adorno, o caráter formalmente cifrado da "arte genuína" garantiria sua não digestibilidade pelos mecanismos de comodificação. Porém, o que se pretende argumentar aqui é que uma arte que se mantém à margem da indústria cultural provavelmente não saberia traduzi-la, ou seja, deixaria de viver integralmente a miséria do nosso tempo, perdendo então sua vitalidade. Como diz Thomas Mann em *Tonio Kroeger*, é um erro "imaginar que é possível colher apenas uma folhinha, uma única do loureiro da arte, sem ter de pagar por isso com sua própria vida." Walter Benjamin adverte, do mesmo modo, que a narrativa só ganha autoridade quando mergulhada na vida do narrador. É preciso sujar a arte[4] (Affonso Ávila) no mais mesquinho da pasteurização cultural do mundo administrado para que ela tenha o que dizer sobre esse mundo. Não se tome essa posição como uma defesa da obra de tese. Não se trata de dissertar, na arte, sobre a desartificação ou a desertificação atual. Mas deixar-se penetrar até a medula pela vulgata da arte hoje, apostando que as fábricas dessa indústria também hão de produzir seus refugos — peças defeituosas, antifuncionais: rock.

Gostaria de trazer à cena aqui algumas obras que, nascidas de um total descompromisso ou de um compromisso muito distraí-

---

[4] Ver o poema de Affonso Ávila: "&/ de vez em quando é preciso sujar a água/ &/ de vez em quando é preciso sujar a alma/ &/ de vez em quando é preciso sujar a arte" (*Cantaria barroca*, s/p.)

do com a grande arte, configuram verdadeiros "engasga-lobos" da cultura. Ao separar essas obras, estarei necessariamente exercendo uma escolha crítica, distinguindo nelas alguma qualidade valorativa. Essa qualidade será aquilo que Adorno descreveu como "anseios por emancipação" (Duarte, 2010, 68). Estes não seriam incorporados mais apenas pela obra vanguardista radical — que se vai tornando hoje uma paródia de si própria, mas por algo que Rodrigo Duarte denomina "construto estético-social", do qual, segundo esse autor, o hip hop seria um exemplo (Duarte, 2007, 258-261). Ou seja, podemos identificar anseios por emancipação em construtos que — em uma determinada configuração social — adquirem uma relevância estética inesperada.

A questão toda é bem mais complicada do que a presente exposição pode fazer crer. Todas as reflexões aqui colocadas de forma grosseira e incipiente tentam apenas criar uma moldura para uma série de objetos não identificados, ovnis da cultura do século 21 que só têm em comum trazerem um gérmen de vida em um cenário de outro modo praticamente deserto. Não seria possível listá-los neste texto de forma consistente. Alguns são totalmente rendidos à produção industrial, como o punk dos Ramones[5], outros difundidos para-artesanalmente por editoras *cartoneras*, como a poesia de Douglas Diegues. Gostaria de lembrar ainda obras tão diversas quanto a história em quadrinhos portuguesa *A pior banda do mundo* e os vários e estranhos livros de Sérgio Medeiros. Esses pedaços resistentes que boiam em meio à sopa lavoisier do *anything goes* contemporâneo mostram-se emancipadores por sua intransitividade, que lhes permite atravessar o estômago de avestruz da indústria cultural sem se degradar.

---

[5] Contrariamente a Appiah, acredito que a apropriação do punk pela indústria cultural foi superficial e incompleta.

Como na Inglaterra vitoriana os limericks de Edward Lear cantaram personagens inusitados, cujas tentativas de mimetismo — seja aos demais homens ou aos animais — eram sempre mal sucedidas, *A pior banda do mundo* traz a público criaturas que encontram sua razão de ser na mesquinharia e burocracia cotidianas: são os colecionadores de senhas de atendimento, os frequentadores do depósito de refugos postais, os membros da Liga para a erradicação da má poesia (que conta com apenas meia dúzia de sócios). Criaturas invisíveis para a sociedade do espetáculo, erros de cálculo, peças defeituosas. Assim como o lobotomizado (*I've got no mind to loose*) da canção dos Ramones, o herói das causas perdidas da canção do Cidade Negra (que promete falar a verdade mas não tem a mínima ideia de qual seja ela), o "lesado" dos Modern Lovers que resume sua compreensão do mundo à palavra *girlfriend* (soletrada com certa dificuldade) e os personagens de Douglas Diegues, dançarinos de *cumbia* em ruas duvidosas. Enquanto isso, Sérgio Medeiros dá distraidamente as costas aos humanos, passando a descrever os estranhos hábitos das coisas e das plantas, estas últimas tentando manter sua altivez de seres vivos em meio a sacos de plástico, rótulos de garrafa, cadeiras, postes, potes. O grande ícone desse tipo de produto estranho e resistente à domesticação continua, entretanto, sendo o *Homem iorubá com bicicleta*, que motivou a profunda reflexão de Appiah sobre a questão africana na filosofia da cultura.

Nesse sentido, a canção do pexbaA de onde vem o título desta comunicação é de uma adequação singular. O Mercado Central, com sua confusão de aromas e maus cheiros, a profusão de mercadorias de todo tipo, formando um verdadeiro repositório de quinquilharias da pequena indústria, é o espaço por excelência da perplexidade contemporânea. Ali se encontram em perfeito desajuste os homens estranhos e as mulheres que os evitam, igualmente refratários à sistematização. Do outro lado, já o diziam os versos de Murilo Mendes, "tem outras vidas vivendo da minha vida" e, entre tantos itens, "as colunas da ordem e da desordem".

Referências Bibliográficas

APPIAH, Kwame A. *Na casa de meu pai*. A África na filosofia da cultura. Tradução: Vera. Ribeiro. Rio de Janeiro: Contraponto, 1997.
BAKTHIN, Mikhail. *Questões de literatura e de estética*: (a teoria do romance). São Paulo: Ed. UNESP; Hucitec, 1988.
DUARTE, Rodrigo. Sobre o constructo estético-social. In: *Sofia*, vol.XI, nos.17 e 18, 2007.
_____. *Indústria cultural*. Uma introdução. Rio de Janeiro: FGV, 2010.

ÁGUA
Caetano Waldrigues Galindo

Prelúdio

Trata-se de uma curiosa sucessão de desfamiliarizações[1]. De processos em que o que se espera de uma situação, de um enunciado, de uma publicação, é curiosamente subvertido, enviesado, gerando resultados inesperados e singularmente potencializados. Trata-se de uma curiosa sucessão de perversões do sólido, do soído, que, como sói, engendra, se não o novo, ao menos o diferente.

Primeiro. Em 2005, o escritor David Foster Wallace foi convidado para fazer o *commencement speech*, o discurso de formatura de uma turma do Kenyon College, nos Estados Unidos.

Poucos gêneros discursivos devem ser mais codificados e menos dotados de potencial, digamos, encantatório, que um dis-

---

[1] Duas notas, na verdade. Primeiro, começo o texto preferindo uma adaptação do termo inglês *defamililarization* que, para os meus fins, talvez no texto todo, pode cumprir uma função mais adequada. É bem verdade que *estranhamento* se calca mais firmemente na semântica e mesmo na morfologia do russo *ostranênie*, mas como os processos descritos seja por uma seja por outra versão do termo podem diferir significativamente, e como pretendo trabalhar aqui, precisamente nessa fronteira de variabilidade, posso até me dar o luxo de variar o uso. A segunda nota se refere ao fato de que aqui, como também em outros trechos, eu aceito correr o risco da acusação de vulgarização, no mau sentido. Ou seja, de estar usando uma versão conceitualmente "frouxa" do termo, de estar me apoiando mais em um sentido de uso comum de linguagem. Que fique claro que aceito esse risco precisamente por *confiar* nesse procedimento. E, de resto, difícil ser acusado de desfamiliarizar a desfamiliarização.

curso de formatura, e é um considerável tributo às capacidades de Wallace o fato de que sua fala não apenas cumpriu sua missão naquele dia, mas, quase imediatamente, transformou-se numa espécie de sucesso viral na internet. Ele tinha demonstrado que mesmo dentro das convenções de um gênero "cansado" (e é típico do lugar discursivo em que ele repetidamente se coloca[2] o fato de ele abrir seu discurso precisamente com uma reflexão sobre as exaustas convenções do gênero) pode-se fazer algo relevante, novo, fresco. E o que é duplamente curioso é que seu procedimento se baseava, se agora quero ser rigoroso, não exatamente numa perversão daquelas convenções, numa releitura que apresentasse algo *ao invés* de um discurso de formatura, mas sim numa subversão daquelas mesmas convenções, baseada por sua vez numa radicalização das mesmas premissas que, um dia, teriam sido frescas, e que agora se veem rançosas, tediosas.

Mostrar o quanto pode haver de rígido e até de absurdo, no mínimo por anacronismo, nas convenções do gênero já pode ser um primeiro passo para seguir a trilha do estranhamento; mas o momento mais definitivo teria sempre que ser aquele em que se decide, depois daquela demonstração, empregar as mesmas convenções, agora despidas de qualquer véu de familiaridade inercial. E o que ele realizou no seu discurso se aproxima mais do que será o tema desta análise: uma desfamiliarização cujo efeito final não é meramente o de tornar estranho o diário, mas o de repotencializar o que se domesticou por excesso, um estranhamento, portanto, em certa medida, gerado por uma refamiliarização daquilo que, de tão empregado, perdeu-se por trás das aparências.

Segundo. Poucos meses depois do suicídio de Wallace, o pequeno texto do dito discurso acabou sendo publicado em for-

---
[2] Ver adiante.

mato de livro (num exercício de incrível, digamos, *generosidade composicional*, que conseguiu fazer com que cada página contivesse pouco mais de meia dúzia de linhas, para justificar o *livro*). Era um livro, objeto, que praticamente não se esforçava para esconder o inocultável, sua "não livridade" como discurso.

Um objetinho também estranhamente ambíguo, e ambiguamente estranho.

O *livro*, que veio à tona no começo de 2009, se chama *This is Water: Some Thoughts, Delivered on a Significant Occasion, about Living a Compassionate Life* (*Isto é água: algumas ideias, apresentadas numa ocasião significativa, sobre levar uma vida compassiva*), um título que já pode sinalizar o projeto de Wallace naquela precisa ocasião significativa e, me adianto aqui, também em toda sua obra como escritor.

Pois teria sido muito fácil para o autor ainda jovem (ele contava 45 anos quando falou com aqueles alunos), no auge de sua fama nos círculos mais *descolados* da mídia e da indústria editorial (seu *magnum opus*, o romance *Infinite Jest*, tinha sido publicado em 1996, e nesse intervalo ele já havia publicado uma das duas coletâneas de ensaios que o transformariam numa das vozes mais conhecidas da imprensa americana e, além disso, dois novos livros de contos, dentre os quais o último, *Oblivion*, de 2004, pode muito bem ser sua maior realização), se entregar a uma espécie de autocomplacente brincadeira entre amigos com os graduandos, mostrando ser um deles e concedendo-lhes o privilégio de se considerarem unidos, em espírito, referências e humor, por exemplo, ao grande escritor.

Teria sido muito fácil se servir de sarcasmo e tiradinhas de cultura pop para reafirmar o lugar daqueles meninos no mundo, confirmar sua posição, dar-lhes o que de fato queriam numa situação como aquela: acolhimento, apadrinhamento. Seria a ocasião perfeita para a persona pós-moderna mais característica, de piscadelas irônicas e maçônicos passes de pertencimento a um clube.

Longe disso, no entanto.

Muito embora uma formatura seja um dos últimos momentos em que os envolvidos desejem se ver como alvo de uma efetiva *pregação* ética, e muito menos ainda pretendam eles mesmos se entregar a uma reavaliação *moral* de sua vida, o texto de Wallace se apresenta como uma real reflexão sobre a compaixão, colocando essa questão nos termos de uma escolha; de sermos capazes de escolher o que pensar, sobre o que pensar.

E ele se abre com uma piada.

> Estão lá esses dois peixinhos jovens nadandinho e eles acabam encontrando um peixe mais velho que está indo pro outro lado, que os cumprimenta com a cabeça e diz "Bom dia, meninos. Como é que está a água?" E os dois peixinhos jovens nadam mais um pouco, até que um deles olha pro outro e diz "Que raio é isso de água?"[3] (Wallace, 2009, 3-4)

A piada tematiza de várias maneiras o que pretendo alcançar aqui. Primeiro, formalmente, por representar um uso eficaz e poderoso de um meio aparentemente exaurido, lugar-comum, vápido, tépido, vão. Ou seja, uma revisão de um gênero que o leva não necessariamente para longe, mas talvez para mais perto de sua instrumentalidade original (ao menos se levamos em consideração certas leituras psicanalíticas do chiste e do humor em geral). Segundo, conteudisticamente, por razões óbvias.

Mas mesmo em uma visão mais geral, cabe usar esse *This is*

---
[3] Todas as traduções são minhas.

water como mote inicial. Afinal, seu tema principal é a liberdade de escolhermos o que pensar, o que ver, como ver. A necessidade de fugirmos do que ele chama de *configurações de fábrica*, que nos levam a reagir de maneiras automáticas diante do mundo.

É essa, talvez, a definição de *estranhamento* que eu busco aqui.

Em que o processo de desfamiliarização passa a ser visto como uma manifestação de liberdade, ao espanar certas superfícies, mostrar os padrões mais ricos que estavam ocultos sob o tempo, desde sempre, e nos dar a possibilidade da escolha.

De novo.

Véus

Na formulação original do conceito de *ostranênie*, de Chklóvsky, é possível se dizer que a questão toda se referia a uma técnica, ou um conjunto de técnicas que tinha por objetivo nos fazer ver de uma forma radicalmente nova algo aparentemente muito familiar, fazendo com que assim pudéssemos efetivamente desautomatizar nossa percepção da realidade e, por conseguinte, *ver* de fato aquilo que antes apenas nos cercava, invisível e imperceptível. Ar. Água.

Trata-se da ideia de forçar uma nova percepção, um outro olhar, marcado violentamente como estranho, e violentamente marcado, que contudo, por essa mesma estranheza, ressaltasse (transformasse, transtornasse) o comezinho, o cotidiano, o básico. Depreende-se portanto das formulações de Chklóvsky que lhe parecia necessário desviar-se do normal para aprender o normal. Estranhar o familiar, o *heimlich*. Afastar-se para poder ver de perto.

Wallace escrevia um século depois dele, e acredito que podemos extrair da pequena parábola sobre a água (nos limites de um texto dessa extensão, claro) uma postura em certa medida inversa, ainda que no limite simétrica àquela. Antípoda e especular. Contrária e convergente.

Trata-se não mais de forçar o viés, a refração, para que possamos reperceber a maravilha do que está diante de nossos olhos, mas de tentar forçar o apagamento das barreiras e dos desvios de qualquer natureza, para que possamos perceber o impacto direto daquilo que nos acostumamos a ignorar.

A mirada de Chklóvsky é a de quem aperta os olhos e observa de canto para ver de forma diferente. Para artisticizar e, consequentemente, esteticizar, estranhar e gerar uma nova imagem. Revelar o mistério.

A mirada do peixe de Wallace é a que sensatamente diz "ora, olha". Se não há mistério.

A *ostranênie* de Chklóvsky é um processo de desvelamento que depende da *criação*, da *imposição* de um novo véu, ou no mínimo de uma nova perspectiva. Um processo ativo de construção de uma lente que permita ampliar, bizarrificar, distorcer, diferenciar o reto geométrico para que se possa finalmente dedicar a ele uma *nova* atenção. Já a *aquização* do peixe de Wallace, afinal, é um efetivo processo de desvelamento. Muito mais simples. Muito mais direto. Menos artificial porque menos artificioso e, consequentemente, haveremos ainda de ver, menos dependente (e quiçá até seu contrário) da figura do artista, do "toque de midas" da musa. Antes de fazer *novo* o conhecido, o que se busca é lembrar que é *velho* o hoje esquecido.

Porque pode muito bem ser que aquele século que separa os dois autores tenha de fato colocado os dois em situações completamente diferentes.

Estrategicamente posto entre o apogeu do romantismo e o nascimento das vanguardas e do modernismo, Chklóvsky via um mundo pronto a celebrar o poder transformador da arte e do artista, sua capacidade de nos *mostrar* um novo mundo. (E nem começo aqui a pensar em contextos econômicos e históricos, por exemplo.)

Wallace, contudo, aparece em cena depois de um século todo de modernismos (com quaisquer nomes que se lhes deem), depois de todo um século em que aquela mesma ideia quase demiúrgica a respeito de arte e artistas pôde talvez gerar consequências, para a literatura, algo viciadas: algo viciantes[4].

O estranhamento de Chklóvsky era apanágio e definição do *faber*. A desfamiliarização que estamos encontrando em Wallace é toda do domínio prosaico do bom-senso. Elas estão uma para a outra como a metafísica estaria para a moral.

Como transformar isso em arte?

Como transcender o bom-senso e fazer dele arte? Como sublimar o aquário? Eis parte da grande cruzada em que Wallace estava envolvido.

Parêntese

Definitivamente não cabe aqui essa discussão no que ela pode merecer de espaço, discurso e complexidade. Coloquemos as coisas meramente nestes termos, que servem neste momento apenas para este trabalho e que, daqui para a frente, representam apenas uma forma estritamente pessoal de considerar algumas

---

[4] Talvez não seja descabido (mas certamente, se cabe, cabe apenas em nota) lembrar que isso pode ter pertinência direta para o surgimento e o impacto do *manifesto Reality Hunger*, de David Shields, que embora não questione diretamente o poder do artista, apenas agora metamorfoseado em arranjador de tésselas de realidade, advoga (ele se subintitula realmente manifesto) por uma superação da *ficção* através do recurso à realidade, curiosamente constituída, também, pelo passado e o patrimônio artístico.

coisas referentes a certa literatura, talvez dominante, do século 20, com a finalidade de encaixar o projeto de Wallace de maneira mais coerente.

A hipótese seria a de que o discurso de viés (que entre suas subespécies incluiria o discurso velado mencionado acima) aparece de inúmeras maneiras nas poéticas modernas. Seja através da colagem, da recontextualização do objeto-texto apropriado, do método mítico de Joyce e Eliot, seja, muito especialmente, através de algum tipo de refração discursiva que, na imensa maioria das vezes, assume as vestes do discurso irônico.

Um discurso que enviesa, mais do que um discurso enviesado.

O próprio Wallace chegou a se manifestar mais de uma vez a respeito dessa prevalência do enunciado irônico no contexto (pós-)moderno da literatura americana e mundial. Em um trecho de seu famoso ensaio sobre a televisão americana, *E unibus pluram*, ele chega mesmo a citar o ensaísta cultural Lewis Hyde, dizendo que "a ironia só tem emprego emergencial. Com o tempo, ela se torna a voz do enjaulado que passou a gostar da cela" (Wallace, 1997, 67).

O problema que Wallace parecia diagnosticar, no entanto, ia um tanto além dessa condenação da ironia como recurso algo inercial. Pois ele via, nesse discurso enviesado, a semente de um uso mais insidioso:

> Pense, por um momento, nos rebeldes e nos golpes de estado do Terceiro Mundo. Os rebeldes do Terceiro Mundo são excelentes para expor e derrubar regimes corruptos e hipócritas, mas parecem perceptivelmente menos competentes na tarefa simplória e não negativa que é a de estabelecer uma alternativa superior de governabilidade. Os rebeldes vitoriosos, na verdade, parecem

> ter mais talento para usar seus talentos rebeldes e aguerridos para evitar que outros se rebelem contra eles — em outras palavras, eles apenas viram tiranos melhores.
> E não se iluda: a ironia nos tiraniza. O motivo de nossa ironia cultural generalizada ser ao mesmo tempo tão poderosa e tão insatisfatória é o fato de que um ironista é *inimputável*. Toda a ironia norte-americana é baseada em um implícito "Eu na verdade nem estou falando sério." Então qual é realmente o discurso da ironia como norma social? Que é impossível falar sério? Que talvez seja uma pena ser impossível assim, mas, tipo, se liga de uma vez e acorda pro mundo? O mais provável, eu acho, é que a ironia de hoje acabe por dizer: "Que coisa mais *rasa* você me perguntar o que eu *realmente* quero dizer." Qualquer um que tenha o colhão herético de perguntar a um ironista o que ele de fato representa acaba parecendo um histérico ou um puritano. E aí repousa a opressividade da ironia institucionalizada, o rebelde que fez um sucesso excessivo: a capacidade de proibir a *pergunta* sem dar atenção a seu *conteúdo*, quando empregada, é uma tirania. É a nova *junta*, usando a mesmíssima ferramenta que denunciou seu inimigo para se proteger. (Wallace, 1997, 67, grifos do autor)

É claro que esse juízo precisaria de uma análise muito mais detida. Mas o que interessa aqui é apenas propormos que *esse* autor parecia ter chegado a essa conclusão e, portanto, que podemos pensar nesses termos para avaliar algo de sua produção posterior.

Diferente de um autor que precisasse causar estranhamento para gerar uma nova visão da realidade concreta (ou de uma semiose mais direta), Wallace aparentemente se via, já em 1997, em um contexto que havia feito do viés uma poética e que, a seu ver, tornava talvez necessária uma nova gramática do falar direto. O que me interessa ver aqui é como ele, também, terá sido capaz de empregar as mesmas armas de seu *inimigo* para derrubá-lo.

Homens

Infinite Jest, como o romance até aqui mais consagrado dessa geração, é uma obra talvez complexa demais para que se tente sistematizá-la em termos tão específicos quanto os que tento empregar aqui. Mas a produção de Wallace, pós-*Infinite Jest*, parece toda cheia de momentos em que ele tentou empregar todo o arsenal que o mesmo pós-modernismo lhe legara para buscar essa via alternativa, essa alternativa em que seu discurso via a possibilidade não necessariamente de negar a tradição de que provinha, mas sim, em alguma medida, de superá-la, sintetizá-la. Se aquele improvável discurso de formatura em 2005 pode ter ficado como o símbolo mais claro dessa fala reta, se sua produção ensaística teve oportunidade de refletir sobre esse assunto e, também, de refletir essas preocupações, os contos de seus dois últimos livros também ofereceram um — adequado — local de experimentação.

O conto *Good Old Neon*, de *Oblivion* (2004), por exemplo, muito relido depois da morte do autor, trata todo ele de uma personagem que, definitivamente obcecada pela ideia de que toda sua vida até ali foi composta de um elaborado jogo de aparências (e o mero fato de que sua vida, por todos os índices de aparência, é afinal de contas um sucesso, não apenas não pode consolar como, na verdade, é mais um índice de frustração: mais uma aparência), a ideia de que parece incapaz de se entregar a qualquer experiência — pessoal, empresarial, profissional, amorosa, espiritual, religiosa — sem transformá-la em um virtuosístico jogo de fachada, em que, sente, nada de autêntico estava envolvido, decide finalmente cometer suicídio e passa todo o conto se torturando com planos que possam fazer com que seu suicídio pareça (e esta é a medida da crueldade desse tipo de convolução retórica) um ato legítimo, autêntico, reto, tentando evitar que seu suicídio soe como um gesto espetacular, para chamar atenção.

Ele (é um homem) acaba decidindo que seu suicídio deve parecer um acidente, o que terá o paradoxal efeito de fazer com que sua última tentativa de evitar um mundo de aparências através de uma cuidadosa reflexão (o avesso da espontaneidade sincera, portanto) condene-se também a ser um simulacro de verdade. Cansado de um jogo de parecer, em desespero, ele se defronta com a dificuldade de sair de cena de maneira autêntica, e percebe que a premeditação é a única maneira de ensaiar a espontaneidade. Que a verdade aparentemente precisa ser inventada; que a morte será portanto igual à vida.

Mais do que isso, em um dado momento é a mesma voz do autor (uma personagem chamada David Wallace, que pode ser o narrador, ou pode ser o autor, ou o autor do conto) que parece irromper no conto, tentando iconizar essa desesperada tentativa de tocar um interlocutor:

> E você acha que isso te transforma numa fraude, a parcela minúscula que os outros podem chegar a ver? É claro que você é uma fraude, é claro que o que as pessoas veem nunca é você. E é claro que você sabe disso, e é claro que você tenta controlar qual parte eles veem se você sabe que é só uma parte. Quem é que não ia fazer isso?

O nome disso é livre-arbítrio, Sherlock. Mas ao mesmo tempo é por isso que é tão bom se desmontar e chorar na frente dos outros, ou rir, ou falar em línguas, ou cantar em bengali — não é mais o teu idioma, não está sendo espremido por um buraquinho. (Wallace, 2005, 179)

Pouco se pode falar de uma ânsia, de um *desejo* de comunicação, como o que pode levar a figura tradicional do artista demiurgo a empregar uma das ferramentas de seu arsenal para produzir um determinado efeito, criado, instituído. O que se vê nessa produção mais tardia de Wallace está muito mais próximo de um efetivo *desespero* diante da impossibilidade, muitas vezes decorrente da institucionalização desses mesmos procedimentos retórico-estéticos, de se finalmente mostrar o óbvio, o gritante, o real, que deveria ser imediado, imediato.

Se a *ostranênie* pode ser sintetizada na produção de um artefato estético, a angústia de Wallace parecia se encaminhar para a paradoxal necessidade de gerar um artefato estético que ultrapassasse sua condição de artefato, de construto, de objeto transcendido em estética.

O desespero de dizer, tendo sempre que falar. De significar, tendo sempre, ainda, que semiotizar. De tocar, tendo ainda, sempre, que literarizar. O desespero da busca pela verdade através da constatação de que mesmo o caminho que leva para longe da falsidade é um caminho de *fingimento*. O desespero de quem percebe que o caminho *cômodo* fornecido pela *ostranênie* como método, como (produtiva) ferramenta, precisa ser superado pela tentativa mais direta de expor o que não pôde, não pode e talvez não possa ser visto de frente.

Se Fernando Pessoa (ou Bernardo Soares, um dos fingimentos que serviam àquela busca) aparentemente se *consolava* declarando que "já que não podemos extrair beleza da vida, busquemos ao menos extrair beleza de não poder extrair beleza da vida. Façamos da nossa falência uma vitória [...]" (Pessoa, 1982, 519)[5], Wallace aparentemente se via em situação paralela, com a troca de *beleza* por *verdade*. Mas se é mais fácil se consolar com a beleza da impossibilidade da beleza, é de fato desesperador buscar consolo na verdade da impossibilidade da verdade.

Aqui esse desespero pela necessidade de falar diretamente ainda está representado *dentro* da narrativa. Em um momento anterior, contudo, essa investigação se dirigira ainda mais diretamente à própria *forma* da narrativa.

Octeto

Como um todo, o livro *Brief Interviews with Hideous Men* é provavelmente a obra mais *experimental* de Wallace. O local em que, logo depois do imenso sucesso de crítica de seu segundo romance, ele se deu mais direitos, tentou formas mais diversas e, quem sabe, pôde até naufragar mais vezes.

Da micronarrativa de *A Radically Condensed History of Postindustrial Life*

> UMA HISTÓRIA RADICALMENTE CONDENSADA DA VIDA PÓS-INDUSTRIAL
>
> Quando eles foram apresentados, ele soltou uma piadinha, na esperança de que ela gostasse dele. Ela riu intensissimamente, na esperança de que ele gostasse dela. Aí cada um deles foi sozinho de carro para casa, olhando direto para a frente, com a mesmíssima torção no rosto.

---

[5] Devo a Márcio Mattana essa citação.

> O sujeito que tinha apresentado os dois não gostava muito de nenhum deles, embora agisse como se gostasse, já que se esforçava sempre para manter boas relações o tempo todo. Nunca se sabia, afinal, não era mesmo não era mesmo não era mesmo. (Wallace, 1999, 0)

à elaborada reencenação da história da televisão americana sob a ótica dos mitos de Eco, Narciso, Tristão e Isolda em *Tri-Stan: I Sold Sissee Nar to Ecko*, passando pelas idiossincráticas e variadíssimas *entrevistas* que dão nome ao volume e, inclusive, pela narrativa mais tradicional (e realizada com virtuosismo) de peças como *Forever Overhead*, o livro reinvestiga as possibilidades do conto como *medium* narrativo mas, também, como espaço de reflexão, inclusive de autorreflexão.

Essa reflexão, contudo, se dá aqui menos através de uma voz narradora que se pergunta (privilégio [?] mais tipicamente do ensaio), e mais via um sistemático procedimento de interrogação do leitor, realçado, por exemplo, pela supressão da voz entrevistadora em todos aqueles diálogos com variados homens hediondos, o que gera um efeito de sentido que coloca o leitor no papel de enunciatário, de destinatário daquelas réplicas. E isso, em determinados momentos (penso na *entrevista número 46*, por exemplo: *Você já leu Victor Frankl?*) pode ter efeitos violentíssimos:

> Eu não estou dizendo que aconteceu comigo ou com a minha mulher e nem estou dizendo que aconteceu mesmo mas e se tivesse acontecido? E se eu fizesse isso com você? Bem aqui? Te estuprar com uma garrafa? Você acha que ia fazer alguma diferença? Por quê? Você é o quê? Como é que você sabe? Você não sabe porra nenhuma. (Wallace, 1999, 124)

Mas o ponto mais interessante, porque mais voltado a essa intersecção entre narrativa, reflexão e, por que não, reflexão-sobre-a-narrativa, é de fato o "conto" ou sucessão de "contos" intitulado (ou intitulada) *Octet*. Que se abre assim:

> PROVA SURPRESA 4
> Dois drogados terminais em estágio avançado estavam sentados, encostados no muro de um beco, sem nada para injetar e sem como nem onde estar, aonde ir. Só um tinha um casaco. Estava frio, e os dentes de um dos viciados terminais estavam batendo e ele suava e tremia de febre. Ele parecia muito doente. Cheirava muito mal. Estava encostado no muro com a cabeça nos joelhos. Isso aconteceu em Cambridge, Massachusetts, num beco atrás do Centro Comunitário de Coleta de Latas de Alumínio nas primeiras horas do dia 12 de janeiro de 1993. O viciado terminal com o casaco tirou o casaco e se aproximou do viciado terminal muito doente e pegou e estendeu o casaco tanto quanto podia por sobre eles e aí se aproximou ainda mais e se apertou todo contra ele e pôs um braço em volta dele e deixou que ele vomitasse no seu braço, e eles ficaram desse jeito encostados no muro, juntos, a noite toda.
> Pergunta: Qual deles sobreviveu. (Wallace, 1999, 131)

E segue se estruturando dessa maneira, como uma série de provas que questionam a pessoa que lê, entregando-lhe a responsabilidade (e a responsabilidade sobre essa responsabilidade) de resolver dilemas éticos complexos e, acima de tudo, de encarar o quanto de ético e de moral está envolvido no que pode a princípio parecer mera adequação narrativa. Pensarmos em que medida a justiça poética ou a coerência de um arco narrativo podem na verdade refletir o que pensamos sobre o mundo será o efeito inexoravelmente gerado pela sucessão das provas surpresas.

E já seria um material suficientemente interessante.

O fato, no entanto, é que o *Octeto* sequer tem oito provas (como o leitor mais atento teria percebido, aliás, ele se abre com a prova '4'), e duas das que nos são apresentadas são na verdade reelaborações de um mesmo texto que, em nota de rodapé, o autor (O autor? Parece curiosamente inadequado recorrer aos eufemismos de praxe.) confessa não ter funcionado em sua primeira versão. E essa primeira intromissão autoral na verdade se transforma na tônica da segunda metade do *Octeto*, quando aquela voz irrompe definitivamente na página para, simultaneamente, confessar o aparente fracasso daquele experimento ético-literário e, por que não, tentar transformar o fato de que o experimento fracassou em uma nova ferramenta de interrogação.

Pois o relevante aqui é que os contos não pretendiam efetivamente gerar algum efeito em quem os lia, mas sim perguntar algo a essa pessoa, em um processo que, de certa maneira, deve ser antiliterário. O relevante aqui, o decorrente daquele mesmo desespero de que se falava lá atrás, afinal, é que o objetivo real das perguntas do *Octeto* não é o de gerar um belo efeito retórico-estético, não é o de criar um inteligente jogo textual de aparências, uma bela dança de vieses e véus jamais tentada anteriormente, não é *dançar*. O que David Foster Wallace quer aqui é, aparentemente, se dirigir de fato a mim, a você, que lemos o conto, e nos fazer as perguntas que encena.

Mas essa tentativa, como a demanda da fala reta, como a busca da verdade, como a morte real do fingidor, é natimorta. A angústia do personagem de *Good Old Neon*, afinal, surge precisamente dessa constatação: de que além das cortinas são palcos atrás, e infinitas cortinas. De que a tentativa de dizer através da linguagem (e tanto mais na literatura) qualquer coisa que se pretenda não medida pelo instrumento que a cria, que a veicula, que a entrega, é na verdade não só (como nesse caso) um fruto possível de um autêntico desespero pessoal, moral, ontológico, mas também (e necessariamente) fonte maior de maior desespero, por inane, por vã, absurda.

A literatura, afinal, mesmo que nos permita enxergar algo pelo buraco da fechadura é, definitivamente, um buraco pelo qual espremos o que dizemos, e é exatamente esse buraco que Chklóvsky examina. E seu efeito.

Wallace parecia intrigado diante da impossibilidade, nesse cenário, glorificado por um século de alto modernismo, daquilo que a retórica clássica, depois a bíblica e, no mesmo coração da modernidade, Michel Foucault, vieram a chamar de parresia, o discurso direto, honesto e, claro, arriscado.

Como ser direto?

Como ser sincero em literatura (talvez o pior dos mundos) e, mais ainda, na literatura e na arte de um tempo tomado por aquele prevalente discurso irônico nivelador que Wallace já desnudara em seu ensaio sobre a televisão, originalmente publicado em 1993?

É palpável, nos trechos finais, a angústia da "voz narradora", mesmo quando contempla uma solução.

> [...] agora te ocorre que você podia simplesmente perguntar. À leitora. Que você podia meter a cara pelo buraco parietal que "a 6 não está funcionando como Prova Surpresa" [...] e tal já criou e se dirigir diretamente à leitora e lhe perguntar claramente se ela está sentindo algo como o que você sentiu.

> A pegadinha com essa solução é que você vai ter que ser 100% honesto. Ou seja, não apenas sincero: quase nu. Pior que nu — mais para "desarmado". Indefeso. "Esse negócio que eu estou sentindo, eu não sei dar um nome assim de cara, mas parece importante, você sentiu também?" — esse tipo de pergunta direta não é para os fracos. Para começo de conversa, ela fica perigosamente perto de "*Você gostou de mim? Por favor goste de mim*," e você sabe mais do que bem que 99% de toda a intermanipulação humana e do virtuosismo de merda que rola por aí rola exatamente porque a ideia de dizer essas coisas assim direto é considerada meio obscena. A bem da verdade um dos únicos tabus interpessoais que a gente ainda tem é esse tipo de interrogação patética e direta de uma outra pessoa. Parece patético e desesperado. É assim que a leitora vai ver. E vai ter que ser assim. Não tem jeito. Se você der as caras e perguntar o quê (e *se*) ela está sentindo, não pode haver nada acanhado ou performativo ou falso-honesto-pra-ela-gostar-de-você na história. Uma coisa dessas ia acabar com tudo. Está vendo? Qualquer coisa menos que a completa sinceridade nua, indefesa e patética, e você está de volta ao dilema pernicioso. Você vai ter que se dirigir a ela 100% de chapéu na mão. (Wallace, 1999, 154)

E finalmente percebemos que o fracasso do *Octeto*, a confissão desse fracasso e a transformação do fracasso (e da confissão do fracasso) no mesmo instrumento do possível sucesso da forma narrativa e, ao mesmo tempo, de seu programa moral, representam mais perfeitamente do que qualquer digressão racional, ensaística ou crítica (*mea culpa*), o dilema que buscava retratar (e contornar) e sua solução (em sentido silogístico e químico).

O *Octeto* fracassa para poder se realizar como pode.

Se os rétores e os evangelistas puderam pensar fundamentalmente no que possa haver de corajoso no discurso parrésico, Foucault[6] soube muito bem ver que o olhar do século 20 (21) sobre essa possibilidade tem de se considerar *sub specie angustiae*. O que Wallace talvez tenha nos dado seja uma das mais diretas manifestações desse impasse, assim como um dos melhores diagnósticos da situação e de suas possíveis vias de sondagem, inquirição, investigação.

E o curioso, aqui, é pensarmos em que medida ele pode ter demonstrado uma reversão de marcha de certos mecanismos de estranhamento na literatura ao mesmíssimo tempo em que reafirmava clamorosamente a necessidade daqueles mecanismos. Pois se ele talvez tenha revertido o processo da *ostranênie* tradicional, relegando a um segundo plano o enviesamento do olhar que se dirige ao objeto e confirmando, em alguns níveis, a necessidade pós-moderna de enviesar o olhar de leitores e autores sobre o próprio objeto literário, ele o fez frisando incessantemente, por seus mesmos resultados, a validade e a necessidade de um mecanismo (qualquer) que faça com que nos forcemos, via chamada-à-realidade, agora, a rever o que pensávamos conhecer e a ver de fato o que sequer enxergávamos.

E isso pode ter que ser uma nova e estranha espécie de metaestranhamento. Que, como se dizia antes, pode não mais buscar estranhar para fazer ver, mas sim fazer ver em sua simplicidade o que já está lá. Como que refamiliarizar via desfamiliarização. A diferença agora, após o fim do século do modernismo, é o fato de que parte da névoa que talvez encubra nosso olhar sobre o

---

[6] E devo exclusivamente a Sandra M. Stroparo essa noções.

mundo conforme vislumbrado cotidianamente, sobre o mundo conforme representado por nossa arte, e também, e talvez principalmente, sobre a arte que nos representa nosso mundo, derive precisamente dos mecanismos formais, estéticos, de estranhamento, enviesamento e, diga-se de uma vez, de sofisticação que gradualmente cultivamos e empilhamos sobre todos esses objetos.

A diferença agora, acabado o *Octeto* de Wallace, é que talvez os autores que compartilhem dessa mesma angústia tenham de recorrer a processos de estranhamento, radicalizados (a forma da maioria dos textos de *Breves entrevistas...* atesta essa necessidade, e a forma do *Octeto* muito especialmente), para tentar derrubar um determinado tipo de vício causado precisamente por mecanismos de estranhamento.

Que a parábola dos peixes pareça se referir muito mais a uma ideia de revelação, epifânica em sentido religioso que em sentido joyceano, literário, que ela pareça impor ao peixe mais velho muito mais o papel do enunciador da koan que do criador de poemas, talvez signifique precisamente a dificuldade da empresa de Wallace naquele momento. Talvez sua impossibilidade. Talvez sua inutilidade, diriam alguns.

O fato, além disso, de que ele retorna a um tipo de conto muito mais *tradicional* em seu livro seguinte, que muito possivelmente, como afirmei acima, é sua obra mais bem-sucedida, pode também servir como testemunho dessa mesma conclusão.

O fato, no entanto, de que ao menos entre 1993 e 2005, exatamente no período que engloba a publicação do romance que tem se tornado o grande clássico de toda uma geração de escritores (ao menos), um dos maiores escritores americanos das últimas décadas tenha não apenas se feito essas perguntas, mas comunicado algumas delas e, muito mais ainda, tenha tentado dar uma forma a essas perguntas enquanto perguntas e enquanto narrativas, deve ficar como demonstração dos tempos estranhos que vivemos (presente ou passado?), em que o estranhamento parece realmente tão onipresente que talvez precisemos recorrer a ele para vencê-lo, talvez precisemos usar de um viés para desviar do viés e ver a realidade.

Cobrir o véu de Maya.

E ver a água.

Referências bibliográficas

CHKLÓVSKY, V. Art as technique. In: LEMON, L. T.; REIS, M. J. *Russian formalist criticism*: four essays. Lincoln, NE: University of Nebraska Press, 1965.

FOUCAULT, M. *Le gouvernement de soi et des autres*: cours au Collège de France, 1982-1983. Paris: Gallimard/Seuil, 2008.

PESSOA, F. *Livro do desassossego por Bernardo Soares*. Lisboa: Ática, 1982.

WALLACE, D. F. E Unibus Pluram. In: _____. *A supposedly Fun Thing I'll Never Do Again*. Nova Iorque: Little, Brown & Company, 1997.

_____. *Brief Interviews with Hideous Men*. Nova Iorque: Little, Brown & Company, 1999.

_____. *Oblivion*. Nova Iorque: Little, Brown & Company, 2004.

_____. *This Is Water:* Some Thoughts, Delivered on a Significant Occasion, about Living a Compassionate Life. Nova Iorque: Little, Brown & Company, 2009.

O ESTRANHAMENTO NA ARTE E DA CRÍTICA
Sandra M. Stroparo

1. A *poiesis* e a arte contemporânea

Em uma entrevista recente, o filósofo Giorgio Agamben se manifestou sobre a questão — ou a crise — da Arte. Situa nas vanguardas e, exemplarmente, em Marcel Duchamp, as raízes de sua frustração com o estado de coisas da Arte atual, pois vê naquele momento a pretensão de novas definições sobre a natureza da arte — definições, aliás, das quais ele discorda veementemente. Embora longa, a citação é importante:

> Duchamp talvez tenha sido o primeiro a se dar conta do beco-sem saída em que a arte estava presa. O que ele faz quando inventa o *ready-made*? Ele pega um objeto quotidiano qualquer, por exemplo, um urinol, e, ao introduzi-lo no museu, força esse objeto a se apresentar como uma obra de arte. Naturalmente — a não ser pelo breve instante que dura o efeito do estranhamento e da surpresa — na verdade nada aqui ganha presença: nem a obra, porque se trata de um objeto quotidiano qualquer, produzido industrialmente, nem a operação artística, porque não há ali qualquer poiese, qualquer produção — e nem mesmo o artista, porque aquele que assina o urinol com um pseudônimo irônico[1] não age como artista mas,

---
[1] Duchamp assinou a obra como "R. Mutt".

se tanto, como filósofo ou crítico ou, como gostava de dizer Duchamp, como "alguém que respira", uma simples pessoa. Em todo caso é certo que ele não pretendia produzir uma obra de arte, mas liberar o caminho da arte, presa entre museu e mercantilização. Como se sabe, o que acabou acontecendo no entanto foi que um grupo, ainda ativo, de hábeis especuladores e de tolos transformou o *ready-made* em obra de arte. E a assim chamada arte contemporânea apenas repete o gesto de Duchamp, enchendo de não-obras e de *performances* os museus, que não são nada mais que órgãos do mercado, destinados a acelerar a circulação de mercadorias, que, como o dinheiro, chegaram hoje ao estado de liquidez e querem ainda valer como obras. É essa a contradição da arte contemporânea: abolir a obra e ao mesmo tempo se investir de seu valor. (Agamben, 2012, s/p)

O que Agamben não aceita no já tão incensado e canonizado Marcel Duchamp? Sob seu ponto de vista, a ausência de uma *poiesis*, de uma "produção", não deveria permitir ao *ready-made* o estatuto de Arte. Ora, mas não é essa uma das principais questões para a Arte do século 20?

A crítica e a filosofia da arte — muito mais que os "órgãos do mercado" que manipulariam, segundo Agamben, os conceitos e os gostos — já encontraram várias maneiras de compreender e reconhecer a arte da vanguarda e a arte pop a partir de 1970. Depois de discutidas as questões em torno da originalidade (Rosalind E. Krauss), e aceitas as redefinições conceituais propriamente ditas (Arthur C. Danto), obras como as de Marcel Duchamp e Joseph Beuys passaram a orientar novos artistas e críticos, bem como seus "órgãos" afins, como as galerias e os museus. Podemos considerar, portanto, que a arte "inventada" no século 20, ainda que com algumas recusas veementes, alterou nossa percepção e aceitação da "produção" e, no limite, da *poiesis*.

Arthur Danto, citando George Dickie, afirma que "a obra de Duchamp não é o urinol, mas o gesto de expô-lo" (Danto, 2005, 150). E, se no gesto é que reside a obra, ela é de fato muito diferente das obras da tradição que eram usadas para julgá-lo. Ainda Danto, arrumando a casa: "A extrema heterogeneidade do termo 'obra de arte', sobretudo nos tempos modernos, tem de tempos em tempos formado a base para a negação de que a classe de obras de arte tenha um conjunto definidor de atributos, daí a afirmação [...] de que a arte, tal como os jogos, seja na melhor das hipóteses uma classe de semelhança de família." (Danto, 2006, 214).

A leitura de Agamben, portanto, transforma Duchamp mais em crítico do que em artista, fazendo de sua obra mais protesto do que arte. Se desejamos resguardar, no entanto, sua integridade estética, devemos considerar não só sua consolidação crítica e as leituras contemporâneas, como também a influência e a subsequente presença desse "gesto" artístico em outras — hoje muitas — obras.

Para isso, compreender o "estranhamento" gerado em um filósofo importante como Giorgio Agamben é fundamental. Embora os argumentos dele se fundamentem em conceitos da tradição da arte — a *poiesis* —, a negação do estatuto artístico do *ready-made*, hoje, parece confirmar que o "estranhamento", nos moldes desenvolvidos pela arte moderna, ainda não foi completamente absorvido como matéria estética.

Se nos afastamos da discussão sobre a arte contemporânea e buscamos outros momentos em que encontramos recusas — e consequente negação do status de arte — a certas obras modernas, chegamos facilmente ao período imediatamente anterior às vanguardas, no momento em que hoje reconhecemos o nascimento da Modernidade.

2. O estranho Simbolismo: o início da modernidade literária em Mallarmé

"E o que podemos desaprovar, o que desaprovam na nova escola? O abuso da pompa, a estranheza da metáfora, um vocabulário novo em que as harmonias se combinam com as cores e as linhas: características de toda renascença"[2]. Em 1886, Jean Moréas publicou o Manifesto Simbolista no jornal parisiense *Le Figaro*. A retórica de manifesto do texto não o impede de tratar das principais questões que lhe interessam: uma nova linguagem, seu posicionamento na história da arte e, já de início, como vemos na epígrafe, a elaboração de respostas às críticas que alguns poetas vinham recebendo.

Como que a referir muitas das opiniões da crítica sobre os poetas da época, o manifesto não teme a afirmação da estranheza, do diferente, da recusa ao convencional daquele momento, fazendo disso exatamente sua moeda. Moréas descreve a "nova escola", ainda há pouco chamada "decadente", como uma renascença poética: não apenas uma nova voz, mas um novo momento, um novo *modus operandi*. E, para um novo modo, uma nova linguagem. "O abuso da pompa, a estranheza da metáfora, um vocabulário novo [...]" são observações que descrevem e posicionam as obras de vários autores que podem ser incluídos sob essa definição.

Estamos prestes a assistir o alvorecer das vanguardas e de sua consequente modernidade, mas, ao contrário de escolas poste-

---
[2] Todas as traduções são minhas, exceto quando indicado.

riores, o manifesto simbolista parece apenas buscar legitimar e consolidar obras e autores já conhecidos, alguns até mesmo bastante estabelecidos àquela altura, mas que ainda se viam a descoberto, sem a égide de uma escola, de uma proposta que os justificasse e explicasse. Ao fazer isso, o manifesto também recusa as acusações de "obscuridade" feitas a esses poetas por "leitores inconsequentes".

Considere-se, por exemplo, a revista *Le Parnasse Contemporain*, cujo primeiro número, de 1866, foi o palco de estreia para os poemas de Stéphane Mallarmé, que teve também alguns publicados no segundo número. Ao chegar ao terceiro número, em 1875, os diretores da revista — Théodore de Banville, François Coppée e Anatole France — geraram o que se chamou de *Affaire du Parnasse*, ao rejeitar o poema do Fauno de Mallarmé, sendo que o que "vazou" da seleção foi a frase de Anatole France: *On se moquerait de nous!* (Rirão de nós!).

Mas houve outros "leitores inconsequentes". A rejeição a algumas características dessa poesia nova gerou em alguns críticos uma reação igualmente nova, pois sua recusa se expressava sob acusações de obscuridade e afirmações de que essas obras eram incompreensíveis. O que sabemos hoje, com a confortável perspectiva de mais um século, é que essas críticas tratavam de aspectos que em pouco tempo não seriam mais chamados de decadentes ou simbolistas, mas que seriam especialmente considerados Modernos, e que o estranhamento produzido por eles viria a ser reconhecido, consistentemente, como parte de sua essência e, no limite, sua própria literariedade.

E Mallarmé, dentre os poetas da época, é certamente o melhor exemplo da realização de uma poesia cuja linguagem foi imediatamente percebida como "diferente", aceita por uns e rejeitada por outros, mesmo antes de seus maiores textos serem conhecidos. Alguns desses leitores geraram inclusive pequenas polêmicas, réplicas e tréplicas públicas, numa mídia impressa bastante ativa como era a mídia francesa da época, sedenta por embates literários. Mas o poeta em nenhum momento se deixou abalar por opiniões adversas ou mesmo recusas à sua obra, enfrentando as leituras não favoráveis com a consciência de quem carregava uma nova bandeira.

Em carta para Villiers de L'Isle Adam, em 31 de dezembro de 1865, Mallarmé afirma ter o plano de sua obra e de sua teoria poética, que consistirá em "gerar impressões as mais estranhas, claro, mas sem que o leitor esqueça, por elas, por nem um minuto, o prazer que lhe concederá a beleza do poema" (Mallarmé, 1959, 192-194).

Mallarmé *sabia*, mas a crítica demorou um pouco mais... Embora louvada em seu próprio tempo, a obra do poeta custou um pouco a formar uma fortuna crítica que oferecesse caminhos e possibilidades de leitura e que organizasse, por exemplo, as muitas versões de seus poemas. O tempo demandado para isso foi o mesmo para as vanguardas e a tomada definitiva da arte pelos ares modernos. Mallarmé, embora fosse um predecessor, passou, na primeira metade do século 20, pelo mesmo processo de lenta compreensão e aceitação.

Na verdade, a crítica realmente contemporânea às vanguardas foi a que melhor respondeu a alguns aspectos de inovação que essas obras apresentavam. Embora estivesse trabalhando com a tradição da literatura, o Formalismo Russo chegou a formulações que viriam a possibilitar muito da recepção mais específica que a estética moderna exigia.

O que não podemos deixar de anotar é que essas formulações dos anos 10 e 20 do início do século 20 se deram no ativíssimo, à época, mundo intelectual russo e que seus textos de fato levaram algumas décadas para serem lidos na Europa ocidental. Foi principalmente a partir dos anos de 1960, com a publicação de vários textos dos formalistas russos apresentados por Tzvetan Todorov e prefaciados por Roman Jakobson, que o estruturalismo tomou força na crítica literária e os textos dos formalistas, que a essa altura já contavam com quase meio século de vida, passaram a ser considerados mais amplamente. Seus textos, claro, já tinham muitos leitores, mas só passam a ser realmente difundidos depois de traduzidos.

Dentre as formulações interessantes descobertas está a de Viktor Chklóvsky e seu conceito de estranhamento. Dois textos de Chklóvsky fazem parte desse conjunto traduzido: *A construção da novela e do romance* e *A arte como processo*. Desenvolvido em 1917, esse último texto apresentou o conceito de *ostranênie*, que chamamos aqui de estranhamento ou desfamiliarização, e que se tornou provavelmente um dos conceitos mais interessantes e funcionais de que a teoria literária do século 20 se serviu.

E como acontece a todo conceito longamente comentado, alguns de seus argumentos originais acabam se transformando em outros e outros e o conceito se modifica à medida que se enriquece. Certamente aquilo a que a maioria dos críticos ou professores de literatura se refere, hoje, quando fazem uso do termo estranhamento, incorpora algumas leituras e releituras dessa trajetória, o que prova, na verdade, a força e a funcionalidade do conceito, não sua invalidação. Muito além da literatura, a crítica de artes plásticas já se apossou também do conceito e, assim como na literatura, ele parece ter se transformado num grande guarda-chuva conceitual, atendendo a toda uma perspectiva estética que vai das vanguardas às instalações e performances mais recentes.

Mas, partindo do teórico original, Chklóvsky não cita Mallarmé, e tampouco as vanguardas. Sua atenção, inclusive, como se percebe pelos exemplos que escolheu, dirige-se especialmente para a prosa: os dois textos citados mais tarde realmente farão parte do volume *Sobre a teoria da prosa*, mas o caráter geral do texto é abrangente e, claro, estende-se para toda a literatura.

3. O que pensavam Tolstói e Proust

O texto de Chklóvsky cita, no entanto, Liev Tolstói. O autor de *Guerra e paz* é lembrado extensamente para exemplificar a tese desenvolvida. Para o crítico, como formalista, o interessante é demonstrar de que técnicas específicas o autor se serve para alcançar seus fins e como elas se apresentam enquanto essencialmente literárias e particularizam o uso da linguagem que merece, ali, ser estudada com um instrumental portanto igualmente particularizado.

Chklóvsky afirma que o uso normal, comum, da linguagem, da mesma forma que os hábitos mais frequentes, embota a percepção e "automatiza" a sua recepção. Aquilo que é descrito pela linguagem não se faz de fato perceber, a não ser como generalização ou, como diz o crítico, como um "objeto empacotado": sabemos que ele existe, mas não o enxergamos verdadeiramente. Assim, continua, o objeto "enfraquece", perde em intensidade e efeito, economiza as "forças perceptivas".

Em suas palavras:

> Assim, a vida desaparece, transformando-se num nada. A automatização traga os objetos, os fatos, os móveis, a mulher e o medo da guerra. Se toda a vida complexa de muitas pessoas se desenrola inconscientemente, então é como se essa vida não tivesse existido. E eis que para se ter a sensação da vida, para sentir os objetos, para sentir que a pedra é pedra, existe aquilo a que se chama arte. [...] O processo da arte é o processo de singularização do objeto como visão e não como reconhecimento; o processo

da arte é o processo de singularização dos objetos e o processo que consiste em obscurecer a forma, em aumentar a dificuldade e a duração da percepção. O ato de percepção em arte é um fim em si e deve ser prolongado; a arte é um meio de sentir o devir do objeto, aquilo que já se 'tornou' não interessa à arte. (Chklóvsky, 1987, 81-82)

E daí, o exemplo do romancista. Chklóvsky observa que Tolstói decide descrever o "objeto" como se o visse pela primeira vez, inventando especialmente um modo de fazer isso. Não se trata de um mero recurso retórico de demonstração de surpresa ou espanto, mas de uma segura e minuciosa exposição em que, por exemplo, o vocabulário utilizado não é o primeiro e mais objetivo que se esperaria de uma descrição ou nominação objetiva, mas sim de segundos ou terceiros nomes possíveis de outros objetos que se relacionam, em algum grau, com o objeto descrito.

O teórico escolhe então mostrar como em um texto sobre o castigo pelo chicote, infligido a supostos criminosos, o romancista omite a palavra chicote, mas descreve em pormenores o "ato" do castigo, os corpos expostos, o grau da violência... A questão para Tolstói era, obviamente, desbanalizar a cena, vivificá-la em pormenores, como se só em algum momento já ao meio da leitura o leitor pudesse se dar conta de que aquilo era o que ele já presenciara provavelmente muitas vezes, ou ao menos que aquilo era parte integrante de sua estrita sociedade e, portanto, igualmente de sua responsabilidade.

Em resumo, o método de Tolstói envolve "nunca chamar coisas complexas pelo seu nome mais aceito, mas sempre desintegrar uma complexa ação ou objeto em seus componentes indivisíveis. O método desnuda o mundo dos rótulos presos a ele pelo hábito e por convenção social, dá a ele uma aparência 'descivilizada', como deve ter parecido a Adão no dia da criação." (Mirski apud Stacy, 1977, 2).

Outro exemplo, especialmente interessante do ponto de vista da construção narrativa, é o conto *Kholstomer*, que usa a perspectiva narrativa de um cavalo que demonstra, espantado, como é curioso ser uma das "posses" de alguém e dever servir a esse indivíduo incondicionalmente, seja ele merecedor ou não de seu título de "dono" ou, o claro desejo crítico de Tolstói, "patrão".

O esforço aqui é, hoje, incontornavelmente, de relativização histórica. Tolstói como autor e Chklóvsky como leitor foram inovadores e perspicazes. Para nós, leitores de hoje, essas descrições são interessantes porque esses não são recursos especiais ou diferentes e não soam particularmente originais ou criativos, justamente porque já há mais de um século eles se integraram plenamente ao que compreendemos por linguagem literária, e foram extensiva e excessivamente usados em outros meios, do cinema à publicidade. Deslocamentos narrativos como o presente no texto do cavalo, ou minúcias descritivas que alcançam uma esteticamente poderosa ampliação — e amplificação — de objetos ou realidades banais, são uma espécie de validação automática do artefato literário.

É interessante, no entanto, considerarmos que ao mesmo tempo em que Tolstói sofisticava o trabalho narrativo, suas considerações gerais sobre literatura estavam presas a uma perspectiva que, do ponto de vista poético, era pouco mais que retrógrada. Se podemos partir do senso crítico comum de que Mallarmé é um dos principais nomes da literatura moderna, autor de uma obra que permaneceu como influência importante até a segunda metade do século 20, veremos que a leitura que Tolstói fez de sua obra o coloca tanto mais em relação ao século 19 quanto Mallarmé está em relação ao século seguinte.

Tolstói, com grande trânsito pela França e sua cultura, dominava a língua francesa — como, aliás, toda a aristocracia russa da época — e mantinha-se atualizado quanto à literatura do momento. Em 1896, no jornal *Le Gaulois*, Henri Lapauze publicou o artigo *Une soirée chez Léon Tolstoï*, em que narra em tom de anedota um encontro com o romancista. Tolstói teria lido um poema em um jornal e perguntado, em tom jocoso, o que ele queria dizer, já que não tinha entendido nada. A resposta a isso teria sido: "Mas é um dos poemas mais célebres de Stéphane Mallarmé!", ao que Tolstói responde: "Que seja. Mas vocês ao menos compreendem o sentido? Eu não. Nem um ponto, uma vírgula." Mais adiante, Lapauze mostra que outros autores franceses foram também criticados por Tolstói, e observa: "Então, é assim que escrevem seus jovens homens de letras? Eles não acham então que nossa língua, tão bela, tão nobre e pura, seja suficiente? É realmente necessário que eles a torturem e que nós nos torturemos a nós mesmos? É ainda mais pena que aquele que escreveu tenha, com certeza, talento." (Mallarmé, 1983, 175). A anedota foi retomada por Lapauze em livro, *De Paris au Volga*, acrescentada da informação de que se tratava do poema *M'introduire dans ton histoire* e da observação: "Ah! a literatura francesa pode se gabar de ter ultimamente um belo grupo de 'nebulosas'" (Mallarmé, 1983, 175).

Mallarmé, por sua vez, pouco mais de uma semana depois da publicação dos comentários do escritor russo, e consultado pelo próprio redator do jornal, escreve uma carta em que comenta o fato:

> [...] Talvez seja muito tarde, mas sua carta me encontrou em trânsito. As apreciações de Tolstói, em relação à língua de hoje, Senhor, me parecem exatamente as que precisamos aceitar dele, gênio amplo e simples, objetivo na expressão da ideia; não é por acaso que o grande escritor aprendeu, disseram-me, francês em Stendhal. O estrangeiro deve conhecer nossa língua por seus grandes traços típicos exteriores, a partir dos clássicos e sua descendência; mas o senhor percebe

que fazendo assim nós nos ocuparíamos em reforçar essa língua absoluta, no lugar de realizar, por nossa própria conta e risco, experiências individuais, tentando, se possível, autenticá-las? (Mallarmé, 1983, 175-176)

O jornal publicou a carta de Mallarmé sob o algo cínico título de *Curieux billet*. O que nos interessa aqui é a segurança demonstrada pelo poeta nesses poucos comentários. O autor parece passar incólume pela crítica adversa, com a clareza que só mais tarde foi apreendida pela crítica e que deixava explícito o seu trabalho de pesquisa e experiência com a língua, num esforço de "autenticação", poderíamos também dizer legitimação, literária desses resultados.

Dando provas de que esse era um assunto que de certa forma o obcecava, Tolstói publicou em 1897 um livro importante, *O que é arte?*, no qual desenvolve longamente suas polêmicas opiniões sobre as artes. No décimo capítulo, a arte contemporânea, em especial a literatura, é o tema, e Mallarmé é de novo usado como exemplo. Esse texto se tornou acessível para os franceses já no mesmo ano, graças à tradução feita desse capítulo por Tarrida del Mármol[3] para uma revista, *La Revue Blanche*.

O título *Les décadents* foi escolhido pelo tradutor para no-

---

[3] Uma nota que se justifica pelo interesse da personagem: nascido em Cuba, Fernando Tarrida del Mármol envolveu-se em movimentos políticos anarquistas em Barcelona, de onde se exilou depois dos processos repressivos violentos de Montjuïc. Passou alguns anos na França, outros na Bélgica, e terminou seus dias em Londres. Traduziu o texto de Tolstói a partir de seu original. Chama nossa atenção essa personagem ativamente ligada aos movimentos políticos da época pela própria existência dessa tradução, simultânea à publicação do original, e a qualidade editorial da revista que a acolhe, *La Revue Blanche*, que tinha denunciado em primeira mão, na França, graças a Tarrida, a violenta repressão do governo central espanhol na Catalunha. Essa revista foi bastante importante para os intelectuais da época e representou uma grande acolhida para o simbolismo e as discussões em torno dele.

mear o trecho que repete a palavra "decadente" várias vezes no texto com toda sua força pejorativa. Claro que, para Tolstói, já convertido a uma espiritualidade onipresente, a suposta ausência de crença desses autores seria uma justificativa inicial para essa arte obscura e seus rasgos, diz ele, impuros e "pornográficos". Mas a principal questão para Tolstói parece ser o fato de que essa poesia é incompreensível.

> Como resultado da descrença das pessoas de alta classe, sua arte se tornou pobre de conteúdo. Mas, além disso, ao passo que se tornava cada vez mais exclusiva, ela se tornou ao mesmo tempo mais e mais complexa, fantasiosa e sem clareza. [...] Recentemente não só a imprecisão, o mistério, a obscuridade e a inacessibilidade às massas passaram a ser consideradas mérito e condição de poeticidade das obras artísticas, mas o mesmo acontece com a imprecisão, a indefinição e a ineloquência (Tolstói, 2002, 115-116)

É importante notar que "descrença", aqui, é de fato a descrença religiosa, o desapego pelo sagrado que o século 19 engendrou, num caminho que vai de Hegel a Nietzsche, passando por Schopenhauer. Para Tolstói, já tocado por uma fervorosa devoção religiosa nesse momento de sua vida, essa é uma questão fundamental.

Após criticar Baudelaire e Verlaine, tratando o último como sucessor do outro, Tolstói chega a Mallarmé, "[...] considerado o mais importante dos jovens poetas, que diz diretamente que o charme de um poema consiste em se ter de adivinhar seu significado, e que sempre deve haver algum enigma em um poema", e apresenta seu soneto À la nuit accablante tu, a que retruca afirmando que "Esse poema não é excepcional em sua incompreensibilidade. Já li diversos poemas de Mallarmé; eles são todos destituídos de sentido." (Tolstói, 2002, 126).

Tolstói cita em seguida um longo trecho do famoso texto *Sur l'évolution littéraire*, de Jules Huret, produzido a partir de uma entrevista com Mallarmé e publicado em 1891, minuciosamente revisado pelo poeta, no jornal *L'écho de Paris*. Esse texto foi um marco para o Simbolismo francês. No trecho citado por Tolstói, Mallarmé defende a alusão e, portanto, o mistério na poesia, ao contrário do ideal Parnasiano, e diz: "É o perfeito uso desse mistério que constitui o símbolo: evocar pouco a pouco um objeto para mostrar um estado de alma, ou, inversamente, escolher um objeto e dele retirar um estado de alma, por uma série de decifrações. [...] Deve sempre existir enigma em poesia, é o objetivo da literatura — não há outros — *evocar* os objetos." (Mallarmé, 2003, 700, grifo do autor).

Depois de lamentar a literatura, a pintura e a música, outros nomes são objeto de crítica de Tolstói. Pissarro, Manet, Monet, Renoir, Sisley, Redon, Liszt, Wagner, Berlioz e Brahms — note-se que o conjunto é bastante incoerente — fazem fila no texto para receber os apupos russos. Já quase ao final, pretendendo resumir finalmente o que pensava dessa arte, Tolstói acaba confirmando seu pertencimento a um século 19 e suas concepções de mundo e de arte, em oposição exata ao que o século 20 vai defender para si:

> Um homem do povo lê um livro, olha um quadro, ouve uma peça ou uma sinfonia e não sente nada. Dizem-lhe que isso acontece porque ele não sabe como entender a obra. Prometem a um homem mostrar um certo espetáculo — ele vai e não vê nada. Dizem que

isso acontece porque sua visão não está preparada para esse espetáculo. [...] Voltaire disse: 'Todos os gêneros são bons, fora os tediosos.' (Tolstói, 2002, 140-141)

Voltaire à parte, Tolstói não percebe que a grande diferença para a concepção de arte do século 20 é o fato de que ela justamente compreende antes o homem do povo como Homem, considerando, portanto, que seu acesso deve ser garantido a qualquer forma de arte assim como à igualdade de direitos que lhe assegure condições de vida e educação. Garantir ao "homem do povo" o acesso à arte é também garantir ao artista sua liberdade de pesquisa e criação[4]. E, note-se: é de pesquisa que Mallarmé fala, na carta em resposta à revista, quando trata de "experiências individuais". Em sessenta anos, é ainda dessa mesma pesquisa que estariam falando nossos poetas concretos. Antes ainda de Mallarmé, Baudelaire já anunciava em *As flores do mal* que os poetas iriam consumir "seus dias em estudos austeros" para alcançar a beleza. (Baudelaire, 1980, 15)

O trabalho de pesquisa foi crucial para Mallarmé e será fundamental para a arte do século 20 tanto quanto sua própria ousadia e criatividade. Picasso criou a partir de estudo e pesquisa; o Surrealismo constrói-se com a pesquisa da tradição artística e da psicanálise; e, cinquenta anos depois, é ainda de pesquisa que estariam falando nossos poetas concretos.

O texto de Tolstói, hoje, claro, padece da doença dos que perderam. Sem discutir aqui a importância de sua obra romanesca, podemos situar seu texto sobre arte em seu próprio tempo e lugar. Mas, como dito acima, é interessante perceber que a

---

[4] É claro que essa questão é muito maior, e com implicações históricas variadas dependendo do país que enfoquemos. Rejeitar o ponto de vista de Tolstói não significa rejeitar o seu "homem do povo", mas antes a discriminação propriamente dita.

imprensa francesa tenha dado espaço para o texto e espaço para uma resposta a ele. Se deixarmos de lado o aspecto mercantil daquela *presse française*, podemos admirar o vigor dos participantes da discussão e dos periódicos que os acolheram.

Mas, mais que isso, devemos prestar atenção na natureza do ataque a uma nova literatura e ao fato de que Mallarmé parecia personalizar e reger a orquestra dessas mudanças todas naquele momento.

E a história completa não terminou aí. Em 1898, o tradutor de russo Ély Halpérine-Kaminsky (imigrado e correspondente russo) publica uma versão resumida do livro de Tolstói (publicará uma versão completa mais tarde) e pede a vários artistas e intelectuais citados que se manifestem sobre o texto. Mallarmé é um deles e embora mande logo sua resposta, ela só será publicada meses após sua morte, em 1899:

> Senhor, o texto resumido, às vezes uma paráfrase, retirado pelo senhor de uma grande obra sincera, em que Tolstói discute a própria existência da Arte, mostra uma fidelidade clarividente: o senhor admitirá, entretanto, que não julgo sobre os fragmentos luminosamente escolhidos e traduzidos, já que não possuo a obra integral, uma meditação poderosa que custou quinze anos. Temeria qualquer interpretação errônea como é o teor, por exemplo, do que aqui leio de um de meus poemas. Omitindo trechos onde o Tratado se especializa, para reter as páginas cobertas de desinteresse e generalidade, parece-me que o ilustre apóstolo atribui à Arte, como princípio, uma tal qualidade que é antes sua consequência. A Arte, com efeito, é essencialmente *comunicativa*; mas de fato, também, só *exclusiva* — adoto os termos.

Difusão *para quem queira*, depois de um retiro, ou isolamento, para começar. À parte isso, o instinto religioso permanece um meio ofertado a todos para dispensar a Arte, ele a contém em estado embrionário e a Arte só emana, por si só ou pura, distraída dessa influência. (Mallarmé, 1983, 221-222, grifos do autor)

Essa carta é bastante citada nos estudos de Mallarmé e é fácil perceber por quê. Mallarmé relativiza elegantemente a necessidade «comunicativa» que Tolstói atribui à arte, e que será objeto de discussão ainda no século seguinte, mesmo no Brasil, saindo-se com uma de suas fórmulas enigmáticas que, apesar disso, funciona muito bem no contexto. Além disso, a carta oferece, três meses antes de sua morte, uma posição do poeta quanto à ideia de Arte e religiosidade: ou optamos pela arte, ou pela religião. Embora a religião de alguma maneira "contenha" em estado embrionário a Arte, ela só "emana", cresce, passa a existir de fato quando se afasta da influência religiosa.

Quanto à suposta obscuridade, Mallarmé já tinha falado bastante sobre isso: ele defendia o mistério, o enigma, o uso do símbolo, o viés... Na verdade, toda essa discussão não passava de uma polêmica requentada para, provavelmente, garantir mais vendas à revista aproveitando a fama estabelecida de Tolstói e Mallarmé. Em seu *Divagations*, de 1897, os textos do capítulo chamado *Offices*, que tratam especificamente de questões ligadas à religiosidade — cristã e predominantemente católica —, já haviam sido publicados em revistas e jornais, entre 1892 e 1896, assim como *Mystère dans les lettres*, de 1896, veiculado inicialmente em *La Revue Blanche* em resposta ao texto *Contre l'obscurité*, de um ainda não famoso Marcel Proust, que tinha sido publicado meses antes na mesma revista. Mas essa é outra reação ao "estranhamento" gerado pela obra de Mallarmé...

Proust tinha a essa altura 25 anos e estava escrevendo alguns dos textos que seriam reunidos mais tarde no volume *Contre Sainte-Beuve*[5]. *Contre l'obscurité* é publicado pouco tempo depois de seu primeiro livro, *Les plaisirs et les jours* (poemas em prosa), mas já mostra um autor bastante seguro e disposto a comprar briga com os artistas estabelecidos de então[6].

O texto é muito interessante e minucioso, embora comece com pura provocação: "'Sois da escola jovem?' pergunta a todo estudante de vinte anos que faz literatura todo senhor de cinquenta que não faz literatura. 'Eu confesso que não compreendo, é preciso ser iniciado... Além disso, nunca houve tanto talento; hoje quase todo mundo tem talento.'"

O futuro grande romancista levanta vários argumentos que os próprios simbolistas teriam usado para comentar e justificar sua linguagem, suas obras, e os comenta, um a um, esboçando na verdade um longo manifesto sobre o que ele próprio compreendia como sendo literatura, poesia e linguagem literária.

> Mas é tempo de tratar do erro estético que quero assinalar aqui e que me parece desprover de talento tantos jovens originais, se o talento é de fato mais que a

---

[5] As edições brasileiras de *Contra Sainte-Beuve* consultadas não apresentam esse texto.

[6] Ao enviar o tal texto para *La Revue Blanche*, revista porta-voz dos simbolistas e modernos, ele oferece uma leitura prévia a Lucien Muhlfeld, secretário de redação e grande admirador de Mallarmé. Segundo esse último, Proust agira de forma muito cortês (*d'une courtoisie charmante*), oferecendo o texto previamente para possibilitar uma resposta. O resultado disso é um texto do próprio Muhlfeld, intitulado *Sur la clarté*, em que os argumentos de Proust são discutidos, estendidos e, podemos dizer, já que a modernidade "venceu" a batalha, derrubados. Esse texto foi publicado nas páginas seguintes ao texto de Proust. (Cf.: Mallarmé, 1983, 201). O texto de L. Muhlfeld está disponível em: <http://gallica.bnf.fr/ark:/12148/bpt6k15532c.image.r=la+revue+blanche.langFR.f74.pagination>, p. 73-82. Acesso em: 18 abr. 2010.

originalidade do temperamento, quero dizer o poder de reduzir um temperamento original às leis da arte, ao gênio permanente da língua. Esse certamente falta a muitos, mas outros, suficientemente dotados para adquiri-lo, parecem sistematicamente não pretendê-lo. A dupla obscuridade que resulta disso em suas obras, obscuridade de ideias e imagens, por um lado, obscuridade gramatical por outro, é justificável em literatura? (Proust, 1896, 69)[7]

O argumento mais forte de que se serve para descrever o "erro estético" é o que afirma que a poesia deve tocar nossos sentimentos, por razões que vão do frisson do reconhecimento íntimo da língua materna aos mais instintivos sentidos; deve fazer ressoar em nós uma reação ao que foi dito no texto. Assim, uma linguagem inteiramente nova redundaria apenas em um *estranhamento* linguístico, um momento anterior ainda a qualquer fruição estética.

Já que nos disseram que não se pode separar a língua da ideia, aproveitaremos isso para fazer notar aqui que se a filosofia, onde os termos têm um valor relativamente científico, deve falar uma língua especial, a poesia não pode fazê-lo. As palavras não são signos puros para o poeta. Os simbolistas serão sem dúvida os primeiros a concordar que o que cada palavra guarda, em sua figura ou em sua harmonia, do charme de sua origem ou da grandeza de seu passado, tem sobre nossa imaginação e sensibilidade uma força de evocação ao menos tão grande

---

[7] Reafirmando seu caráter de revista aberta à discussão cultural, o artigo seguinte é justamente o de Muhlfeld.

quanto sua força de significação estrita. São as afinidades antigas e misteriosas entre nossa língua materna e nossa sensibilidade que, no lugar de uma linguagem convencional, como é o caso das línguas estrangeiras, fazem um tipo de música latente que o poeta pode fazer ressoar em nós com uma doçura incomparável. Ele rejuvenesce uma palavra tomando-a em uma acepção antiga, ele desperta harmonias esquecidas entre duas imagens distintas, a todo o momento nos faz respirar com delícia o perfume da terra natal. Lá está, para nós, o charme natal do falar da França — o que parece significar hoje o falar do Sr. Anatole France, já que ele é um dos únicos que velam sobre ela ou que ainda sabem dela se servir. O poeta renuncia a esse poder irresistível de despertar muitas belas adormecidas em nós se fala uma língua que não conhecemos, onde adjetivos, se não incompreensíveis, pelo menos recentes demais para não nos serem mudos, sucedem, em proposições que parecem traduzidas, advérbios intraduzíveis. Com a ajuda de suas glosas, chegaria talvez a compreender seu poema como um teorema ou como um rébus. Mas a poesia pede um pouco mais de mistério e a impressão poética, que é completamente instintiva e espontânea, não será produzida. (Proust, 1896, 71)

Não fosse pelo tom crítico, poderíamos tomar esse texto justamente como uma ótima síntese descritiva. De qualquer forma, é impressionante como, desde aquele momento até as recusas do século 20, os argumentos das reações negativas são basicamente os mesmos. Esses argumentos nos dão um belo exemplo das proporções da mudança e do choque que ela gerou: o simbolismo e o modernismo, ao alterarem o uso estético da língua, da criação plástica e sonora (pensemos nas críticas de Tolstói aos pintores e músicos), geram reações violentas que vão além da mera rejeição e tentam na verdade negar a possibilidade do status estético das obras.

A leitura de Proust, no entanto, não é nada simplória. Embora ele próprio não exemplifique, aponta com percuciência aspectos de fato presentes na linguagem poética de Mallarmé; não é uma queixa generalizada em relação à obscuridade. Sofisticadamente, Proust vai tentando mostrar que os recursos de exceção, a transformação da linguagem, a demanda por uma pretensa pureza, seriam estratégias antipoéticas. Proust rejeita, nessa poesia, suas "ressignificações".

Mas a última afirmação já nos bastaria, hoje, para recusarmos a discussão proustiana: "a impressão poética, que é completamente instintiva e espontânea"... À época, ciente do poder retórico do jovem escritor, Mallarmé responde de uma forma que poderíamos chamar de quase violenta — se consideramos seus padrões invariavelmente corteses e gentis — e faz em seu texto referência a "eles". Posiciona-se, critica, responde.

"Puras prerrogativas estariam, desta vez, à mercê dos baixos farsantes." Assim começa *Mystère dans les lettres*, que seguindo Proust aproveita o uso da palavra "mistério" justamente para defendê-lo. Esse mistério colocado como a grande característica, o grande valor que o poeta e a poesia teriam para oferecer: nele estaria aquilo a que a poesia deveria aspirar, o que deveria buscar, aquilo que ela deveria, no limite, ser. À alegada "incompreensibilidade" dos poetas contemporâneos Mallarmé responde:

> Sei, de fato, que eles [eles, aí incluídos leitores e críticos que se posicionam contra a poesia defendida pelo poeta] se empurram para a cena e assumem, no desfile, eles, a posição humilhante; já que alegar obscuridade

— ou o ninguém entenderá se eles não entenderem e eles não entendem — implica uma renúncia anterior a julgar. (Mallarmé, 2003, 230)

Usando, a sua maneira, a mesma retórica argumentativa do texto de Proust — que ele toma, não sem razão, como uma acusação —, Mallarmé responde a pontos como "mistério", "música", "sintaxe". E chega à conclusão: "Prefiro, frente à agressão, retorquir que alguns contemporâneos não sabem ler [...]" (Mallarmé, 2003, 234).

Depois desse tipo de enfrentamento, fica fácil compreender por que os comentários de Tolstói, dois anos mais tarde, não geraram mais reações ou respostas longas da parte de Mallarmé. Ele já havia dito bastante, especialmente para seus padrões.

4. Enfim

É importante e interessante perceber que as redes de relações entre os artistas se desenvolviam e mantinham como relações pessoais, obviamente, mas também em torno de espaços de publicação variados, sustentados pelo sucesso do mundo burguês da França *fin-de-siècle*, sedento não só por informações novas, mas também por uma arte, ou uma discussão em torno dela, que validasse seu ainda novo status de classe no poder. Assim, se acessamos a correspondência dos artistas e alguns desses textos de imprensa, suas réplicas e tréplicas, percebemos como a arte — e isso acontece do final dos oitocentos às vanguardas —, que passava por um momento de modificações e criação de novos conceitos nem sempre prontamente aceitos e compreendidos em sua própria época, afirmou-se apesar das recusas.

De qualquer forma, a crítica aos poucos procurou várias maneiras de lidar com suas incompreensões iniciais. O estranhamento virou uma espécie de guarda-chuva conceitual, hoje talvez largo demais, se considerarmos suas definições iniciais, mas bastante apropriado para a heterogeneidade da produção estética atual. Veja-se, por exemplo, o texto do curador Paulo Reis, professor de Artes Visuais da Universidade Federal do Paraná, para a exposição "Estranhamento do mundo", ocorrida no Museu de Arte Contemporânea do Paraná, em 2002:

> Esta exposição, tendo por ponto de partida a ideia de estranhamento, apresenta-se como um espaço para a discussão e reflexão artísticas, lugar da tensão do inusitado e da permanente ressignificação das coisas. Faz também uma aposta no papel da arte como entendimento de nossa época. Podemos afirmar que um dos propósitos, ou constituintes, da linguagem artística é a possibilidade de fazer estranhar a nós mesmos e ao meio em que vivemos [...]. Estranhar, numa acepção ampla, é experimentar o novo, o não conhecido, e é também não reconhecer o que nos é familiar (O Estranho, Sigmund Freud), experimentando outros sentimentos quando se desconstrói nossa lógica cotidiana. [...] [É construir outras relações espaço-temporais e ter consciência da limitação de nossos parâmetros de entendimento e de nossa razão historicamente construída.] Mudar a perspectiva de nosso olhar, experimentar outros pontos de vista na apreensão do mundo e, assim, compreender a densidade dos tecidos do real. [E é poder olhar para nós mesmos com novos e distanciados olhos e, ao entender que o eu é um outro (Rimbaud), observar-nos criticamente em nossa fragmentada condição contemporânea.] (Reis, 2002, s/p)

Ou seja, o estranhamento é hoje parte integrante do que se compreende por arte e, ainda mais, é um instrumento da própria arte em sua relação com o mundo. "Ressignificar" o mesmo é criar o novo, num caminho aberto por Mallarmé e Duchamp, e recusado, quanto a isso, por Tolstói, Proust e Agamben.

Referências bibliográficas

AGAMBEN, G. Amo Scicli e Guccione. [16 de agosto, 2012]. Trad. Caetano W. Galindo. Sicília: *Ragusa News*. Entrevista concedida a Peppe Savà. Disponível em: <http://www.ragusanews.com/articolo/28021/giorgio-agamben-intervista-a-peppe-sava-amo-scicli-e-guccione>. Acesso em: 27 mar. 2013.
BAUDELAIRE, C. *Oeuvres complètes*. Paris: Robert Laffont, 1980.
CHKLÓVSKY, V. A arte como processo. Trad. do texto francês de Isabel Pascoal. In: TODOROV, T. (Org.) *Teoria da Literatura I, textos dos formalistas russos*. Lisboa: Edições 70, 1987.
DANTO, A. C. *A transfiguração do lugar-comum*: uma filosofia da arte. Trad. Vera Pereira. São Paulo: Cosac Naify, 2005.
_____. *Após o fim da arte:* a arte contemporânea e os limites da história. Trad. Saulo Krieger. São Paulo: Odysseus Editora, 2006.
KRAUSS, R. *The originality of the avant-garde and other modernist myths*. Cambridge, MA; London, UK: The MIT Press, 1986.
LAPAUZE, H. *De Paris au Volga*. Paris: Lemerre, 1896.
MALLARMÉ, S. *Correspondance I*. Paris: Gallimard, 1959.
_____. *Correspondance VIII*. Paris: Gallimard, 1983.
_____. *Oeuvres complètes*. v. 2. Paris: Gallimard, 2003.
MARCHAL, B. (Org.). *Mallarmé:* mémoire de la critique. Paris: Presses de l'Université Paris-Sorbonne, 1998.

MORÉAS, J. Um manifeste littéraire. *Le Figaro,* França, p. 151, 18 set. 1886. Disponível em: <http://gallica.bnf.fr/ark:/12148/bpt6k2723555/f2.image.r=Le%20Figaro%20:%20journal%20litt%C3%A9raire.langFR>. Acesso em: 25 jun. 2014.

REIS, P. Estranhamento do mundo. Disponível em: <http://www.itaucultural.org.br/estranhamento/curador.htm>. Acesso em: 01 abr. 2013.

PROUST, M. Contre l'obscurité. In: *La Revue Blanche.* Paris: 2º sem 1896. Disponível em: <http://gallica.bnf.fr/ark:/12148/bpt6k15532c.image.f70.tableDesMatieres>. Acesso em: 15 abr. 2010.

STACY, R. H. *Defamiliarization in language and literature.* Syracuse: Syracuse University Press, 1977.

TOLSTÓI, L. *O que é arte?* Trad. Bete Torii. São Paulo: Ediouro, 2002.

A CANTORA CARECA E A TRAGÉDIA DA LÍNGUA
Dirce Waltrick do Amarante

Não se pode dizer de uma coisa que ela é,
pois ela é aquilo que é, essa coisa,
inútil explicar: mas pode-se dizer que ela não é,
deve-se mesmo afirmar.
Eugène Ionesco

O romano naturalizado francês Eugène Ionesco (1909/1912 - 1994)[1] afirmava que, ao tornar-se adulto, passou a não gostar de teatro, pois, conforme alegava, a presença física (Hayman, 1976, p.17) dos atores e a sua interpretação no palco, "aparentemente gente séria fazendo um papelão" (Ionesco, 1964, p. 16), deixava-o constrangido: "a atuação me embaraçava: ficava embaraçado pelos atores. As situações me parecem totalmente arbitrárias. Sentia que havia algo falso nisso tudo. Uma performance teatral não tinha nenhuma magia para mim. Tudo me parecia mais propriamente ridículo, mais propriamente penoso." (Idem, ibidem, p. 15)

---

[1] O ano de nascimento de Ionesco é muitas vezes questionado. Em algumas antologias e biografias do autor consta que ele nasceu em 1912. Noutras afirma-se que nasceu em 1909 e que, portanto, estaríamos comemorando este ano o centenário do seu nascimento. As edições da Gallimard, por exemplo, registram ora uma data, ora outra. Há quem diga que essa dúvida foi gerada intencionalmente pelo próprio Ionesco, que nasceu de fato em 1909, mas teria se achado muito velho, comparado à "nova geração de dramaturgos" da qual ele fazia parte, e por isso ele teria diminuído três anos de sua idade.

Ao entrar num teatro, a julgar pelos depoimentos do dramaturgo, era como se Ionesco enfrentasse duas realidades antagônicas, incapazes de se harmonizar: de um lado, a realidade do palco, arbitrária ou empolada demais, de outro, a realidade concreta, pobre e vazia. Segundo Richard Coe, estudioso da obra do dramaturgo, "resolver essa confusão entre realidade e 'realismo' é a primeira intenção declarada do teatro de Ionesco". O próprio Ionesco afirmava que

> A verdade da ficção é mais profunda, mais carregada de significados que a realidade do dia-a-dia. Realismo, quer seja socialista ou não, reflete pouco a realidade. Ele a contrai, atenua e a falsifica; não leva em conta nossas verdades básicas e nossas obsessões fundamentais: amor, morte, perplexidade. Ele [o realismo] apresenta o homem de uma perspectiva reduzida e estranha. A verdade está em nossos sonhos, na nossa imaginação. (Coe, 1970, p. 2)[2]

Na infância, ao contrário do que lhe ocorreria na vida adulta, Ionesco foi um grande admirador do teatro, principalmente do teatro de bonecos. Talvez porque ali ele visse, de modo simplifi-

---

[2] A respeito da relação entre realidade e realismo no palco, Ionesco costumava criticar o teatro do dramaturgo alemão Bertold Brecht, embora reconhecesse a sua importância, pois ele não entendia, conforme frisava, seu método "confuso" de distanciamento do ator, segundo o qual este não deveria simplesmente *vivenciar* seu personagem, mas deveria, isso sim, apresentar os elementos do drama e permitir que os espectadores tomassem as suas decisões. Para Ionesco, o método de Brecht era ainda mais "caricato" (dentro de uma concepção dramática séria e não grotesca) que o teatro tradicional. A título de curiosidade, se Ionesco criticava Brecht, Roland Barthes afirmava, quase na mesma época, e também na França, só ter se aproximado do teatro por causa do dramaturgo alemão. Barthes, como se sabe, começou sua carreira como crítico e estudioso do teatro, inclusive do chamado teatro do absurdo.

cado e caricaturado, a diferença entre "realismo" *falso* e realidade *concreta*, ou seja, talvez ali estivesse a "verdade grotesca e brutal", que depois ele exploraria em suas peças teatrais:

> Minha mãe não conseguia me arrancar do teatrinho de bonecos do Jardim de Luxemburgo. Eu ficava ali, e podia ficar, fascinado, dias inteiros. O espetáculo de bonecos me prendia, como hipnotizado, à vista daquelas marionetes que falavam, andavam e brigavam. Era o espetáculo do próprio mundo, o qual, de forma inusitada, improvável, porém mais real que a realidade, se apresentava diante de mim de modo infinitamente simplificado e caricaturado, como se para sublinhar sua verdade grotesca e brutal. (Esslin, 1968, p. 119)

Já reconhecido internacionalmente como dramaturgo, a partir dos anos 60, Ionesco costumava declarar: "Quando eu me pergunto: 'Por que escrevo peças?', eu sempre me sinto muito confuso e não tenho nenhuma ideia do que responder. Às vezes, parece que comecei a escrever para o teatro porque eu o odiava. Gostava de ler literatura e ensaios e costumava ir ao cinema. Ocasionalmente, ouvia música e visitava galerias de arte; mas eu quase nunca ia ao teatro." (Ionesco, 1964, p. 15)

Poder-se-ia pensar, então, que o acaso (a julgar pelas declarações anteriores) teria sido o responsável pela transformação do jovem escritor num dos grandes nomes da dramaturgia moderna. Sua primeira peça, por exemplo, segundo Ionesco, teria nascido casualmente. Em 1948, residindo na França, Ionesco resolveu estudar inglês e passou a copiar frases inteiras de um livro didático, que era bastante usado pelos franceses para aprender inglês, *L'anglais sans peine*, com o objetivo de decorar as frases:

> Comecei a trabalhar. Copiava conscienciosamente frases inteiras do meu manual com o objetivo de decorá-las. Ao relê-las atentamente, o que aprendi não foi inglês, mas algumas verdades surpreendentes: que, por exemplo, há sete dias na semana, coisa que eu já sabia; que o chão é em baixo, o teto no alto, coisas que eu também já sabia, porém às quais eu nunca havia dedicado séria consideração, ou talvez das quais eu me havia esquecido, e que me pareciam, repentinamente, tão estarrecedoras quanto indiscutivelmente verdadeiras." (Esslin, 1968, p.122-123)

Nas lições de seu manual de inglês, também apareciam personagens que dialogavam entre si:

> Para grande surpresa minha, Mrs. Smith informou ao marido que eles tinham vários filhos, que moravam nas redondezas de Londres, que o sobrenome deles era Smith, que Mr. Smith era empregado num escritório, e que tinham uma empregada, Mary, que, como eles mesmos, era inglesa ... E eu gostaria de salientar a natureza irretorquível, perfeitamente axiomática, das declarações de Mrs. Smith, bem como a maneira integralmente cartesiana do autor de meu primeiro livro de inglês; pois o que havia de notável nele era a rotina eminentemente metódica de sua busca da verdade. Na quinta lição chegam os Martin, amigos dos Smith; os quatro começam a conversar e partindo de axiomas básicos elaboram verdades mais complexas: 'O campo hoje está mais quieto do que a grande cidade' ... (Ibid., p. 123)

Tais falas e personagens foram, como sabemos, incorporados à peça de estreia do dramaturgo franco-romeno, cujos protagonistas são, como na lição de inglês, Mr. e Mrs. Smith, o casal Martin, a empregada, Mary, e o Comandante do Corpo de Bombeiros.

Como afirma Martin Esslin, "ali [no livro didático de língua inglesa] estava, portanto, uma situação cômica, e já em forma de diálogo: dois casais a se informarem mutuamente de coisas que deviam ser óbvias para todos". Aos poucos, no entanto, as afirmações simples que constavam do livro didático foram perdendo, segundo Ionesco, sua identidade primitiva e começaram a "fermentar", ou seja, "as frases feitas e os truísmos (...), que outrora faziam sentido, muito embora agora se tivessem tornado ocos e fossilizados, transformaram-se em pseudofrases feitas e pesudotruísmos; esses se desintegram em loucas caricaturas e paródias, e por fim a própria linguagem se esfacelou em fragmentos desconexos de palavras." (Ibid., p. 123)

Os exercícios das lições de inglês de Ionesco transformaram-se, aos poucos, em cenas de uma peça ou, como dizia o dramaturgo, de uma "antipeça"[3], ou seja, "na paródia de uma peça, na comédia de uma comédia".[4] Embora as coisas possam, evidentemente, não ter sido tão simples como o autor gostaria de nos fazer crer, dessa experiência com a língua estrangeira nasceu, em

---

[3] O termo antipeça, neste caso específico, nasce nos anos 1950, quando Ionesco a empregou como subtítulo de *A cantora careca*. Para Patrice Pavis o antiteatro (como consta do verbete de seu *Dicionário de Teatro*), ou antipeça, é aquela que nega os princípios da ilusão teatral, recusa a imitação ou assume uma posição crítica perante a tradição. Mas esse tipo de teatro não é uma invenção do nosso tempo, já que toda época "inventa suas contrapeças", bastaria citar, entre outros exemplos, o futurismo, o surrealismo. (Pavis, 2003, p. 16)

[4] PAVIS, Patrice. *Dicionário de Teatro*. São Paulo: Perspectiva, 2003, p. 124 Tradução sob direção de J. Guinsburg e Maria Lúcia Pereira. São Paulo: Perspectiva, 2003.

parte, *A cantora careca*[5], ou *L'anglais sans peine* (*O Inglês sem dificuldade*, ou *O inglês sem esforço*, segundo outra tradução também possível), título inicial da peça. Ionesco pensou em chamá-la também *L'heure anglaise* (*A hora inglesa*), numa alusão, talvez, ao papel do relógio e de suas badaladas na trama da peça. O título definitivo, *A cantora careca*, só foi encontrado mais tarde, quando os ensaios da peça já estavam avançados, em Paris.

Num dos ensaios da peça, um ator teria trocado uma das falas de seu personagem, "o bombeiro", dizendo inesperadamente "*cantatrice chauve*" ("cantora careca") no lugar de "*institutrice blonde*" ("professora loira"). A frase do diálogo do bombeiro, nessa parte, dizia o seguinte: "**BOMBEIRO:** ... tomara por esposa uma professora loura, também chamada Maria, cujo irmão se casou com uma outra Maria, também professora loura ...".[6] Ionesco era propenso a aceitar a contribuição do acaso, assumindo uma postura muito debatida na França e alhures, como se sabe, desde que Stéphane Mallarmé, no final do século 19, declarou, no seu famoso poema verbo-visual *Um lance de dados* (1897), ainda hoje lido e estudado como referência, que "Nada abolirá o acaso", nas artes, no pensamento e nas ciências. Foi o que fez Ionesco, acolhendo o acaso e passando a intitular a sua peça *A cantora careca*. (Esslin, 1968, p. 125) Em seguida, como que para justificar de forma irônica o título, o dramaturgo acrescentou uma pequena menção à sua "nova personagem" na cena

---

[5] *A cantora careca* estreou no *Théatre des Noctambules*, em 11 de maio de 1950, sob a direção de Nicolas Bataille, ocasião em que a peça foi recebida friamente pela crítica e com indiferença pelo público. Bataille dirigiu o espetáculo até recentemente (ele morreu em 2008), segundo informações divulgadas pela imprensa, no Théâtre du Poche, em Paris.

[6] São minhas todas as traduções de fragmentos de *A cantora careca*. Para a tradução completa, consultar <http://qorpus.paginas.ufsc.br/teatro-na-praia/edicao-n-010/a-cantora-careca-eugene-ionesco/>. Acesso em 30/04/2014.

X: **BOMBEIRO** (*se dirige à saída, depois pára*): A propósito, e a cantora careca? / *Silêncio geral, constrangimento.* / **SRA. SMITH:** Ela está sempre com o mesmo penteado!"

No entanto, quando perguntado sobre o porquê da sua peça de estreia se chamar *A cantora careca*, Ionesco disse uma vez que "uma das razões pelas quais *A cantora careca* recebeu esse título foi porque nenhuma prima-dona, com ou sem cabelo, aparecia nessa peça. Esse detalhe deve ser suficiente." (Ionesco, 1964, p. 177)[7] Obviamente, as declarações de Ionesco, se num primeiro momento servem para ilustrar seu método ou sua postura frente ao teatro e à dramaturgia da época, não esgotam, numa leitura mais atenta, o sentido que a expressão *A cantora careca* possa adquirir na peça. Em nenhum momento, neste ensaio, atribuo às palavras de Ionesco, citadas por mim, o estatuto de verdade absoluta, ou vejo-as como única chave para explicar a gênese e o sentido de sua peça.

Quando *A cantora careca* ficou pronta, o dramaturgo a leu para um grupo de amigos, que considerou seu enredo engraçado. Ionesco afirmava, porém, ter escrito, não uma comédia, mas uma "tragédia da língua", e, por conta disso, se sentiu surpreso ao ver a reação de seus companheiros. Mais tarde, quando a peça estreou, a reação da plateia não foi diferente da de seus amigos.

A propósito do termo "tragédia", usado por Ionesco, tomo aqui a opinião de Raymond Williams, para quem "o ritmo da tragédia, afirma-se, é um ritmo sacrificial. Um homem é despedaçado pelo sofrimento e levado à morte, mas a ação é mais do que pessoal e outros tornam-se inteiros, são curados, enquanto ele é fragmentado." (Williams, 2002, p. 205) No caso de *A can-*

---

[7] Roland Bathes lembra que " (...) quando Ionesco intitula uma de suas melhores peças *La cantatrice chauve* [*A cantora careca*], um crítico muito sério indignou-se de que não somente não houvesse no palco nenhuma cantora, mas ainda de que ela não fosse de forma alguma careca." (Barthes, 2007, p.303)

tora careca, Ionesco sacrifica a língua, daí a ideia de "tragédia da língua", sendo que, se levarmos avante essa leitura, a língua assumirá, na peça, o papel de bode expiatório, ou seja, ela será estruturalmente equivalente ao inocente livro contra quem se volta o ódio da humanidade. Consequentemente, na peça de Ionesco, o personagem que vier a utilizar essa língua também será sacrificado, perdendo a sua individualidade e, como veremos à frente, tornando-se, por fim, coisificado, ou fragmentado. A questão do sacrifício da língua e do homem, em *A cantora careca*, traz à tona a discussão sobre o isolamento do homem pela banalidade da língua num cotidiano "sem sentido", que corresponde, no caso específico de Ionesco, ao período do pós-guerra na Europa.

O fato é que, como dizia Ionesco, avaliando o conjunto da sua obra, "*A cantora careca* foi a única das minhas peças que os críticos consideraram 'puramente cômica'. E aí, novamente, o cômico me parece ser uma manifestação do não usual", o qual poderia emergir "da rotina diária mais estúpida e comum e da prosa do dia-a-dia, quando procura ir além de seus limites." Segundo o dramaturgo, "nada surpreende mais do que a banalidade; o 'surreal' está aí, ao nosso alcance, na nossa conversa diária", e o cômico, ou o tragicômico, seria "pura e simplesmente" a platitude, o nonsense cotidiano, que todos conhecemos, na medida em que fazem parte do nosso discurso mais usual. Para nós, talvez, a banalidade não seja em si cômica, mas se revela tal no palco, ao ser inserida numa peça sobre a "tragédia da língua", sobretudo quando assinada por Ionesco, que lançou-se como autor mostrando o não-sentido, o vazio dos diálogos. (Ionesco, 1964, p. 165) Assim, lemos em sua peça:

> **SRA. SMITH:** A Sra. Parker conhece um romeno, dono de uma mercearia, ele se chama Popesco Ro-

senfeld e chegou há pouco de Constantinopla. É um grande especialista em iogurte. Se formou na escola de fabricantes de iogurte de Andrinópolis. Amanhã vou comprar dele um baldão de iogurte romeno folclórico. Nem sempre temos dessas coisas aqui nos arredores de Londres.

SR. SMITH, *ainda lendo, estala a sua língua.*

SRA. SMITH: Iogurte é excelente para o estômago, os rins, a apendicite e a apoteose. Foi o que disse o doutor Mackenzie-King, que cuida dos filhos dos nossos vizinhos, os Johns. É um bom médico. A gente pode confiar nele. Ele só prescreve aqueles medicamentos que testou nele mesmo. Antes de operar o Parker, ele se operou a si próprio do fígado, sem estar de modo algum doente.

SR. SMITH: Mas como se explica então que o médico tenha se saído bem dessa e o Parker tenha batido as botas?

SRA. SMITH: Porque no médico a cirurgia foi bem sucedida e no Parker não.

SR. SMITH: Então Mackenzie não é um bom médico. A cirurgia devia ter sido bem sucedida nos dois ou ambos deviam ter sucumbido então.

Essa fala ou conversa, presente no cotidiano, que *A cantora careca* explora à exaustão, levava, como enfatizou Ionesco, a uma inevitável reviravolta, que não se deve desconsiderar, pois "sentir o absurdo e a improbabilidade da língua e da vida cotidiana é já ter transcendido isso; para transcendê-lo, é preciso que primeiro você o sature em si mesmo."

Desse modo, a comicidade de *A cantora careca* — questionada por Ionesco, ao considerar a peça principalmente uma tragédia — teria origem numa língua saturada de um máximo de banalidade, a qual, nesse estágio avançado, transformaria os personagens da peça em robôs, cujo comportamento mecanizado, fruto de uma falta de reflexão sobre os acontecimentos, pareceria cômico. (Hayman, 1976, p. 24) Nas páginas inicias da peça, o Sr. Smith apenas lê seu jornal e "estala a sua língua", como se fosse um relógio ou um metrônomo, talvez mais uma máquina do que um ser humano.

Num estudo clássico sobre o cômico, *Le rire: essai sur la signification du comique* (*O riso: ensaio sobre o significado do cômico*), o filósofo francês Henri Bergson afirma que "o cômico é algo mecânico incrustado na vida"[8] Em *A cantora careca*, esse "mecanicismo", próprio de marionetes, está presente, não só no comportamento dos personagens, como também no desenvolvimento dos diálogos, que são pontuados, muitas vezes, pelas batidas do relógio. Na cena VII, lemos: "*A Sra. e o Sr. Smith sentam-se na frente de suas visitas. O relógio marca os diálogos, com maior ou menor intensidade, conforme o caso.*"

Além disso, o "mecanicismo" reaparece tal qual na repetição de palavras, frases e situações[9], como percebemos no seguinte fragmento de *A cantora careca*:

---

[8] BERGSON, Henri. *Oeuvres*. Paris: Presses Universitaires de France, 1991, p. 435. Deixarei para pesquisa futura o estudo aprofundado do riso e do cômico na obra de Ionesco, onde certamente explorarei outras teorias do riso, como as de Aristóteles, de Thomas Hobbes (e sua leitura política do riso), de Antônio Vieira e do pensador moderno Vladimir Propp, que consultei recentemente.

[9] Nicolas Bataille, diretor de *A cantora careca*, enfatizou essa característica da peça, fazendo com que, numa de suas montagens, duas frases do diálogo entre o Sr. Smith e o Sr. Martin fossem repetidas três vezes: "**SR. SMITH:** Minha mulher sempre foi romântica. **SR. MARTIN:** É uma verdadeira inglesa." Numa leitura dramática da peça, que dirigi em junho de 2013, na UFSC, essas mesmas falas foram repetidas cinco vezes.

SRA. SMITH: Isso seria natural. E a tia de Bobby Watson, a velha Bobby Watson, bem que poderia, por sua vez, se encarregar da educação de Bobby Watson, a filha de Bobby Watson. Desse modo, a mamãe de Bobby Watson, Bobby, poderia se casar de novo. Ela tem alguém em vista?
SR. SMITH: Tem, um primo de Bobby Watson.
SRA. SMITH: Quem? Bobby Watson?
SR. SMITH: De qual Bobby Watson você está falando?
SRA. SMITH: De Bobby Watson, o filho do velho Bobby Watson, o outro tio do falecido Bobby Watson.
SR. SMITH: Não, não é aquele, é outro. É Bobby Watson, o filho da velha Bobby Watson, a tia do falecido Bobby Watson.
SRA. SMITH: Você está falando de Bobby Watson, o caixeiro-viajante?
SR. SMITH: Todos os Bobby Watson são caixeiros-viajantes.
SRA. SMITH: Um trabalho duro! Mas eles são bons nisso.

A propósito do significado dessas repetições "mecânicas", poderíamos relacioná-las ao "cansaço", estudado por Maurice Blanchot. Esse escritor afirma que "o cansaço é repetição, desgaste de todo começo", porém, é também onde não apenas se apaga, mas também se acrescenta. O cansaço "obedece ao movimento ininterrupto da escrita". (Blanchot, 2001, p. 21-22) Ou seja, dele não podemos escapar (é o cansaço que nos faz falar), na medida em que inexiste uma palavra libertadora, que nos desobrigue de falar, segundo a lei do discurso contínuo, universal, estudada por Blanchot.

No teatro de Ionesco, como robôs ou marionetes, ou seja, representando personagens que perderam suas características humanas diante da língua opaca e banal do cotidiano, os atores "cansados" (ou afastados uns dos outros pelo "cansaço") devem renunciar à naturalidade, "que faz a glória de seus colegas em outros palcos" (Barthes, 2007, 301), como afirma Roland Barthes ao discutir o teatro do pós-guerra na França.

Barthes lembra, em seus estudos sobre o teatro do pós-guerra, que a atuação dos atores de teatro de meados do século 20, na França, "(...) é, sem dúvida, a exigência mais revolucionária desse teatro, porque choca o valor mais sólido de nossa dramaturgia corrente (desde há um século e meio): a naturalidade do ator". Portanto, nessa dramaturgia, o ator pode ser tudo; "pode ser neutro como um cadáver ou possuído como um mago; o importante é que não seja uma pessoa." (Ibid., p. 300-301)

Essa recusa à representação naturalista, apontada por Barthes no teatro anti-burguês (seja porque encerra uma crítica ao convencionalismo da sociedade europeia, seja porque expõe esse convencionalismo, muitas vezes de cabeça para baixo, por assim dizer, desmascarando-o), era também evidente, na mesma época, no romance, e aqui poderíamos citar a trilogia de Samuel Beckett, *Molloy*, *Malone morre* e *O inominável*, publicada entre 1951 e 1958, na qual o sujeito não é o homem burguês, mas o andarilho, o decrépito, o torturado, o doente terminal ..., expressando-se todos eles num discurso que, para alguns críticos, é absurdo, e, para outros, lúcido.

As grandes peças de Beckett, aliás, espelham, nesse sentido, seus romances, escritos no mesmo período de sua carreira. Num estudo clássico sobre *Endgame* (*Fim de partida*), de Beckett, o filósofo alemão Theodor Adorno propõe a tese de que, nesses textos, ocorreria o "fim da subjetividade", ou seja, estaríamos diante da representação do "último humano", ou da "existência mínima". (Adorno in O'Connor, 2000)

Se, acompanhando a análise de Adorno, poderíamos afirmar que Beckett mostra a condição do homem após a "catástrofe" moderna (os campos de concentração, a hecatombe nuclear, entre outras ameaças apocalípticas), situação essa que retirou do sujeito qualquer veleidade de autonomia e os mutilou, física e espiritualmente, talvez pudéssemos também afirmar, e agora pensando no caso exclusivo de Ionesco, que a platitude e o lugar-comum colocaram o homem numa zona de indiferença, onde a distinção entre mundo interno e externo perdeu definitivamente o sentido e o sujeito se viu reduzido à caricatura de si mesmo, marionete pós-existencialista. Pois não se pode afirmar que os personagens, nessa situação, sofram ou sintam-se felizes: a rotina circular os anestesiou e dela não podem mais sair, tudo sempre recomeça, como o final de *A cantora careca* enfatiza. Daí nos depararmos, inevitavelmente, com autômatos, robôs, cuja "existência mínima", para retomar Adorno, a peça se encarrega claramente de expor. Daí também a necessidade, nesta etapa da análise, de chamarmos a atenção para o aspecto cômico da "tragédia da língua" de Ionesco.

No ensaio "*Quand le terrible éclate de rire*" ("Quando o terrível manifesta-se no riso"), Jean Onimus afirma que "em Ionesco se ri, porque nada daquilo pode ser sério, é somente um bordel formidável (...). O mundo surge, globalmente, como uma cena de teatro, onde seus personagens são apenas marionetes." Mas, "nesse riso global, os chistes se confundem com o terrível."[10] Em *A cantora careca*, diria, o terrível é o cotidiano, que justamente

---

[10] Jean Onimus, "Quand le terrible éclate de rire", p. 148. In: IONESCO, Marie-France; VERNOIS, Paul (org.). *Ionesco: situation et perspectives*. Paris: Pierre Belfond, 1980.

não permite que seus personagens se libertem do absurdo existencial, o qual, ao mesmo tempo, é algo grotesco, cômico, e faz rir o espectador, independentemente do que o próprio dramaturgo possa dizer a respeito de suas intenções originais.

A crise da subjetividade foi claramente discutida por Ionesco, que acabou associando sua representação ao riso. Segundo ele explicou, seus personagens vivem "num mundo ilusório e fictício, onde o comportamento humano revela seu absurdo e toda história é absolutamente inútil; toda realidade, toda linguagem parece se tornar desarticulada, despedaçada, esvaziada de sentido, sendo assim, uma vez que tudo é desprovido de importância, o que mais se pode fazer senão rir disso?" (Coe, 1970, p. 56) Nesse aspecto, a peça de Ionesco se assemelharia muito às divertidas narrativas nonsense já que estas, na época vitoriana, ou seja, em meados do século 19, também enfatizavam o absurdo do comportamento humano e das regras sociais, apresentando personagens grotescos e insensatos, capazes de fazer rir.

Raymond Williams destaca, porém, o elemento trágico desse teatro, e afirma que, em Ionesco, "o acontecimento trágico [e não cômico, como apontam alguns estudiosos] tornou-se mais arbitrário e cruel. O indivíduo está isolado, em um mundo permanentemente desprovido de sentido, de modo que mesmo as conexões no interior da personalidade são destruídas (...). O trágico manifesta-se então de duas formas: a usual brutalidade que mantém unido um mundo desprovido de sentido; e aquele 'estado de paroxismo ... onde estão as fontes da tragédia'." (Williams, 2002, p. 200)

De fato, continua Jean Onimus, desenvolvendo o conceito de paroxismo, "o teatro de Ionesco é também um teatro de extremos. Para acentuar o horror que leva ao riso, se utiliza, por exemplo, de procedimentos do circo (repetições infinitas, palhaçadas, encenações caricatas, acelerações finais, gesticulações e trejeitos afetados)."[11] Como se viu acima, em *A cantora careca*, as estórias se repetem, os nomes se repetem, mas não apenas isso, pois os diálogos, por exemplo, podem "terminar" de forma abrupta, inconclusos, o que desencadeia, num primeiro momento, um riso que é "perpetuamente ameaçado pelo trágico, circundado de um universo movediço e patético. É, pois, um riso ambíguo, mais precisamente precário."[12]

Neste ponto, poderíamos voltar a Samuel Beckett, contemporâneo e amigo de Ionesco. Verifica-se, nas peças desse dramaturgo e romancista irlandês, que se "nada é mais trágico do que o grotesco" (*Esperando Godot*), também "nada é mais engraçado que a infelicidade" (*Fim de Partida*). A "tragédia" de que fala Ionesco orbita igualmente entre o grotesco (o horrível) e a "infelicidade" (o cômico), ao expor, como vimos, o fracasso da comunicação e o ridículo das convenções sociais. O conceito de "infelicidade", no entanto, deve ser relativizado, neste caso, como alertei acima, já que as personagens de *A cantora careca* não têm espessura psicológica e parecem estar anestesiadas, mesmo quando expressam, ou sugerem, um profundo tédio, originário de umas quantas convenções burguesas seguidas à risca.

Na opinião do dramaturgo franco-romeno, na encenação de suas peças, exatamente por falta dessa espessura psicológica, "não era preciso disfarçar os cordéis que movem os títeres, mas torná-los mais visíveis, propositalmente aparentes, descer à própria base do grotesco, ao reino da caricatura, transcender a pálida ironia da comédia dos costumes espirituosa ... levar tudo ao paroxismo, ao ponto onde residem as fontes do trágico. Criar

---
[11] Idem, ibidem.
[12] Idem, p. 150.

um teatro de violência — violentamente cômico, violentamente dramático." (Esslin, 1968, p. 127)[13]

Em *Pequeno manual de inestética*, Alain Badiou, ao refletir sobre o teatro, opina que "a tragédia é a representação do Grande Poder e dos impasses do desejo. A comédia é a representação dos pequenos poderes, dos papéis de poder, e da circulação fálica do desejo. O que a comédia pensa é a sua experiência familiar." Então, dando exemplos ilustrativos, Badiou conclui: "Todo gênero que se pretende intermediário trata a família como se ela fosse um Estado (Strindberg, Ibsen, Pirandello), ou o Estado como se fosse uma família ou um casal (Claudel, etc)." (Badiou, 2002, 1998) Poder-se-ia pensar, então, voltando a Ionesco, que *A cantora careca* pertenceria a esse gênero intermediário, já que o Estado, ou um poder maior, seriam representados por uma família pequeno burguesa dos arredores de Londres que tem suas próprias leis — muitas vezes absurdas — de convivência familiar e social. Nessas leis de convivência, a hospitalidade burguesa, por exemplo, entra em colapso, sobretudo no estranho ritual final, em que as falas já não servem ao diálogo e o bom tom cede definitivamente ao extravasamento sem freios de emoções elementares, "bárbaras", à falta de outra denominação.

Destacando-se como sintomática uma das falas dessa cena, em que o Sr. Smith diz "abaixo o polimento!", pode-se afirmar que, nesse momento, o lustrar das botas é substituído pelo sapa-

---

[13] ESSLIN, Martin. Op. Cit., p. 127. Nesse aspecto, poder-se-ia dizer que o teatro de Ionesco se assemelharia à farsa, a qual, segundo Patrice Pavis, por muito tempo foi excluída do reino do bom gosto, pois "à farsa geralmente se associa um cômico grotesco e bufão, um riso grosseiro e um estilo pouco refinado." Por isso, a farsa, muitas vezes, é vista como "oposta ao espírito". Quanto ao seu aspecto grosseiro, não se sabe muito bem, de acordo com o teórico citado, se, na farsa, ele "diz respeito aos procedimentos visíveis e infantis do cômico ou à temática escatológica." Em Ionesco, certamente, o aspecto grosseiro está ligado aos procedimentos infantis do cômico, dessa perspectiva de leitura.

tear irrefreável, grotesco, levando a uma "dança" que transforma de vez a hospitalidade em hostilidade:

> **SR. SMITH:** Abaixo o polimento!
> *Depois dessa última fala do Sr. Smith, os outros silenciam um instante, estupefatos. Percebe-se que existe um pouco de nervosismo. As badaladas do relógio ficam também mais nervosas. As falas que se seguem devem ser ditas, primeiro, num tom glacial, hostil. A hostilidade e o nervosismo vão ficando maiores. No fim dessa cena, os quatro personagens devem estar de pé, uns perto dos outros, gritando suas falas, levantando os punhos, prontos para se atirarem uns sobre os outros.*

O fato é que a tragédia e a comédia, como afirma Patrice Pavis, respondem a um mesmo questionamento humano. Se a tragédia joga com nossas angústias mais profundas, a comédia mexe com nossos mecanismos de defesa contra elas, logo, "a passagem do trágico ao cômico (como a do sonho angustiado do espectador 'paralisado', ao riso libertador) é garantida pelo grau de investimento emocional do público." (Pavis, 2003, p. 53)

Numa das muitas interpretações de sua própria obra, Ionesco afirmou que *A cantora careca* era uma paródia do teatro de *boulevard* (entendido aqui, grosso modo, como uma comédia/tragédia doméstica, uma peça bem feita que não traz nenhuma surpresa e tem como objetivo entreter a toda a família), ou, simplesmente, uma paródia do teatro. Mas, segundo o mesmo discurso, era também "uma tentativa de demolir a linguagem ou destruir o teatro." Na opinião do dramaturgo, sua peça seria ainda "um drama abstrato, uma vez que nela não existe nenhum enredo." (Ionesco, 1964, 165)

Nesse sentido, afirmava Ionesco, ao reler a peça e emitir opiniões e posições novas em relação ao teatro,[14] que sua peça não era nem uma sátira à classe média inglesa, nem mesmo uma sátira à sociedade de um modo geral. Segundo o dramaturgo, sua peça era um jogo perfeitamente gratuito, mas com significados que emergiam justamente desse jogo. Ou seja, ele parecia ver sua peça, às vezes, como um texto mais abstrato, não desejando datar com precisão a trama ou contextualizá-la historicamente, uma estratégia capaz de autorizar, a seus olhos, diferentes sentidos, conforme a época e o tipo da encenação. Evidentemente, essa perspectiva de leitura é mais uma, entre tantas que poderíamos elencar, mas não deveria, em todo caso, ser excluída da apreciação crítica da obra de Ionesco.

Referências bibliográficas

ADORNO, Theodor W. "Trying to understand *Endgame*", in: O'Connor, Brian (ed.). *The Adorno Reader*. Oxford: Blackwell Publishers, 2000.
BADIOU, Alain. *Beckett l'increvable désir*. Paris: Hachette Littératures, 1995.
_____. *Pequeno manual de inestética*. Trad. Mariana Appenzeller. São Paulo: Estação Liberdade, 2002.
BARTHES, Roland. *Escritos sobre teatro*. Trad. Mário Laranjeira. São Paulo: Martins Fontes, 2007.

---

[14] As declarações de Ionesco sobre sua peça não são algo aberrante, ou visam apenas a alimentar polêmicas, e, nesse sentido, vão ao encontro da teoria de Maurice Blanchot, segundo a qual a dificuldade do escritor, no ato de se reler, reside no fato de "não ser apenas vários num só; cada momento dele mesmo nega todos os outros, exige tudo para si e não suporta conciliação nem compromisso. O escritor deve ao mesmo tempo responder a várias ordens absolutamente diferentes, e sua moralidade é feita de choque e oposição de regras implacavelmente hostis." (Blanchot, 1997, p. 301). O fato é que o escritor "só possui o infinito, o finito lhe falta, o limite lhe escapa." (Idem, p. 305).

BECKETT, Samuel. *Esperando Godot*. Trad. Fábio de Souza Andrade. São Paulo: Cosac Naify, 2005.

BERGSON, Henri. *Oeuvres*. Paris: Presses Universitaires de France, 1991.

BLANCHOT, Maurice. *A conversa infinita*. V. 1. Trad. Aurélia Guerra Neto. São Paulo: Escuta, 2001.

BONNEFOY, Claude. *Conversations with Eugène Ionesco*. Nova Iorque: Faber and Faber, 1970.

O'CONNOR, Brian (ed.). *The Adorno Reader*, Oxford, Blackwell Publishers, 2000.

COE, Richard. *Eugène Ionesco a study of his work*. Nova Iorque: Grove Press, 1970.

ESSLIN, Martin. *O teatro do absurdo*. Trad. Bárbara Heliodora. Rio de Janeiro: Zahar Editores, 1968.

HAYMAN, Ronald. *Eugène Ionesco*. Nova Iorque: Frederick Ungar Publishing Co., 1976.

IONESCO, Eugène. *The bald soprano & other plays*. New York: Grove Press, 1958.

_____. *Notes and Couter Notes*. Nova Iorque: Grove Press, 1964.

_____. *Journal en miettes*. Paris: Gallimard, 1967.

_____. *La cantatrice chauve*. Paris: Gallimard, 1993.

_____. *A cantora careca*. Trad. Maria Lúcia Pereira. Campinas: Papirus, 1997.

_____. *Present past, past present: a personal memoir*. New York: Da Capo Press Edition, 1998.

IONESCO, Marie-France e VERNOIS, Paul (org.). *Ionesco: situation et perspectives*. Paris: Pierre Belfond, 1980.

JEAN-BLAIN, Marguerite. *Eugène Ionesco mystique ou mal-croyant?* Bruxelas: Éditions Lessius, 2005.

LAIGNEL-LAVASTINE, Alexandra. *Cioran, Eliade, Ionesco:*

L'oubli du fascisme. Paris: Presses Universitaires de France, 2002.
PAVIS, Patrice. *Dicionário de Teatro*. Trad. sob direção de J. Guinsburg e Maria Lúcia Pereira. São Paulo: Perspectiva, 2003.
_____. *A análise dos espetáculos*. Trad. Sérgio Coelho. São Paulo: Perspectiva, 2008.
_____. *O teatro no cruzamento de culturas*. Trad. Nanci Fernandes. São Paulo: Perspectiva, 2008.
RYNGAERT, Jean-Pierre. *Ler o teatro contemporâneo*. Trad. André Stahel M. da Silva. São Paulo: Martins Fontes, 1998.
SZONDI, Peter. *Teoria do drama moderno [1880-1950]*. Trad. Luiz Sérgio Repa. São Paulo: Cosac & Naify, 2001.
WILLIAMS, Raymond. *Tragédia moderna*. Trad. Betina Bischof. São Paulo: Cosac & Naify, 2002.

LENDO EM *COMPANHIA*
Ana Helena Souza

Companhia (*Company/Compagnie*, 1980) é o primeiro livro da sequência que ficou conhecida como a segunda trilogia beckettiana, completada por *Mal visto mal dito* (*Mal vu mal dit/ Ill Seen Ill Said*, 1981) e *Worstward Ho* (1983). O fato de Beckett tê-los chamado de romances marca uma diferença entre esses e os textos escritos nos anos 1960 e 1970. No caso de *Companhia*, podem-se perceber diferenças no desenvolvimento um pouco mais longo da narrativa, bem como na maior elaboração do personagem – vamos chamá-lo assim –, por meio do recurso a memórias de experiências-chave, que permitem entrever toda uma história de vida, apesar de sua apresentação fragmentária. A narrativa não se circunscreve nem a um momento específico dessa vida nem à descrição de uma só cena imaginada, como na maior parte dos textos curtos que a antecederam. Em comum com eles, porém de forma mais sofisticada e complexa, *Companhia* exibe uma intrincada elaboração narratológica: os problemas da identidade da voz, do narrador, do ouvinte e do conhecimento da fonte das imagens ocupam mais espaço que a história de vida, composta por memórias de infância, juventude, meia-idade e velhice daquele que podemos chamar também de protagonista. Cerca de 45 parágrafos, de um total de 59, dizem respeito à imaginação dos elementos narrativos, embora em alguns trechos uma separação assim tão clara não seja possível, como veremos adiante. Uma questão que ressurge nesta obra é a da possibilidade de identificar-se um sujeito, a partir da construção de uma voz narrativa.

Sujeito e voz são caracterizados por uma indeterminação tão intensa que chega a promover a desfamiliarização até mesmo dos pronomes pessoais e seus referentes.

Em relação à trilogia anterior e a *Como é*, fica claro que nem mesmo um narrador totalmente inconfiável, como o do romance de 1961, serve mais. Segundo Wolfgang Iser:

> ... a realidade só toma forma para o observador de acordo com os seus pressupostos. O narrador de primeira pessoa só pode fazer valer esse conhecimento ao oferecer a realidade que observou como o mero produto do seu modo de apresentação, que dificilmente coincidirá com qualquer que venha a ser a verdadeira natureza daquela realidade. (Iser, 1974, 166 – tradução minha)

Como a realidade em *Companhia* é, desde a primeira linha, uma realidade explicitamente imaginada — "Uma voz chega a alguém no escuro. Imaginar." (Beckett, 2012, 27)[1] — a sua "verdadeira natureza" é o seu modo de apresentação. Beckett deixa implícito que o "eu" está sujeito a mais falseamentos do que o seu desdobramento num "você" ou num "ele". Em *Companhia*, a incerteza sobre elementos essenciais da narrativa como os que indicam quem fala e quem ouve é fundamental. O breve romance constitui-se a partir de tais interrogações. Buscar analisá-las e chegar a uma leitura deste texto e de algumas de suas imagens é o meu objetivo. Para atingi-lo, vou iniciar comentando algumas ideias estimulantes e provocadoras sobre *Companhia*.

Já se tornou lugar comum na crítica da obra beckettiana no-

---

[1] Nas notas transcreverei o original, sempre com base nesta edição: *Company, Ill Seen Ill Said, Worstward Ho, Stirrings Still*. London: Faber & Faber, 2009. Só o número da página virá entre parênteses: "A voice comes to one in the dark. Imagine." (p. 3). Traduções minhas.

tar a variedade de abordagens que ela suscita. Os dois autores das leituras que acompanharemos mais detidamente concordam apenas em não chamar *Companhia* de romance: Wayne Booth prefere classificá-lo de novela, enquanto Carla Locatelli evita qualquer caracterização desse tipo, referindo-se sempre ao título do livro para designá-lo. A partir daí, divergem.

O ensaio de Booth foi publicado em 1982 na segunda edição do seu famoso *The Rhetoric of Fiction*, como parte do posfácio em que rebate algumas críticas à primeira edição do livro, entre as quais a de ter analisado poucos autores contemporâneos (1987, 406-7). O ensaio de Locatelli integra seu livro *Unwording the World*, de 1990, no qual estuda a prosa de Beckett depois do prêmio Nobel, recebido em 1969. As diferenças entre os dois são marcantes, a começar pela extensão e pelo instrumental teórico escolhido.

Booth faz uma leitura curta e, em muitos pontos, provisória de *Companhia*. Limita-se também a usar o texto de Beckett como demonstração de que é possível empregar as classificações de elementos da narrativa ficcional propostas em seu livro para tratar de textos contemporâneos. No fim, contudo, não consegue manter a promessa inicial – a de ler *Companhia* utilizando o mesmo conjunto de perguntas que usara na leitura de *O Falcão* de Boccaccio no primeiro capítulo do livro, escrito mais de duas décadas antes. Ao afirmar que a técnica narrativa empregada em *Companhia* "não pode ser julgada por padrões pré-modernos de linha narrativa firme, 'realização' dramática, consistência de ponto de vista, ou clareza transmitida por um narrador onisciente" (1987, 456), Booth reconhece uma limitação que será exposta, à medida que sua leitura for comentada.

Locatelli detém-se muito mais no texto de Beckett, empregando elementos da fenomenologia de Husserl, da desconstrução derridiana, da semiótica, da linguística, da psicanálise freudiana e lacaniana, assim como do pensamento de Paul de Man sobre a literatura. O resultado é uma leitura muito mais abrangente e sofisticada, iluminando pontos que Booth abandonara por considerá-los obscuros demais. De qualquer modo, ao aproximar os dois ensaios é possível revelar outros elementos textuais não abordados por nenhum dos dois críticos e, assim, contribuir para ampliar a recepção deste livro.

Wayne Booth e a limitação do exemplo

Logo no início de seu ensaio sobre *Companhia*, Booth define a tarefa de sua retórica da ficção como sendo a de mostrar o caminho percorrido pelos escritores na composição de suas obras, para levar-nos a uma "experiência plena" ("full experience") das histórias que nos contam. Mais interessante que a definição, presente desde a primeira edição do livro, é a restrição feita a seguir:

> Contudo, sabemos que a expressão "experiência plena" é profundamente ambígua. Não só tipos diferentes de histórias oferecem tipos diferentes de "plenitude", como diferentes pressupostos críticos nos levarão a diferentes recipientes a serem preenchidos. (1987, 442)

Ora, Booth parte do princípio que em nossa vida podemos contar com "sinais internos totalmente confiáveis" sobre nós mesmos, embora admita que consigamos chegar apenas a "uma visão excessivamente parcial" ("an all too partial view" — 1987, 444). Na prosa do século 20, no entanto, o crítico surpreende-se com o excesso de inconfiabilidade dos narradores, o que conduz as narrativas à beira do indecidível e, muitas vezes, faz com que a ele se conformem. *Companhia*, diz-nos Booth, apresenta um verdadeiro "quebra-cabeças" ("puzzle" — 1987, 445) nesse sentido. Refere-se às primeiras frases do livro, citadas acima — "Uma voz chega a alguém no escuro. Imaginar." E, mais adiante, ao seguinte trecho (composto do fim de um fragmento e do início do seguinte, que é citado integralmente):

> E num outro escuro ou no mesmo um outro imaginando tudo por companhia. Depressa deixá-lo.
>
> O uso da segunda pessoa marca a voz. O da terceira aquele outro pustulento. Se ele pudesse falar para e de quem a voz fala haveria uma primeira. Mas ele não pode. Ele não vai. Você não pode. Você não vai. (Beckett, 2012, 27) [2]

Booth aponta três vozes envolvidas na narração da história: a do alguém no escuro, ouvindo; a da "voz" que se dirige a ele; e a do terceiro, que seria "aquele outro pustulento" ("that cankerous other"). É interessante notar que o ouvinte é contado como uma das vozes, embora sua voz não chegue a soar. Voltaremos a este ponto da determinação das vozes.

Outros dois pontos importantes da leitura de Booth dizem respeito ao tipo de "história" ("story") que se conta e ao vínculo que se cria entre o autor implícito e o leitor. No caso de Beckett, o autor implícito vem a ser, de acordo com o crítico, o autor de carreira ("carreer-author"), autor que se depreende não só do texto do livro que o leitor tem nas mãos, mas que já fora esboçado em leituras prévias de outras obras dele.

---

[2] ... And in another dark or in the same another devising it all for company. Quick leave him./Use of the second person marks the voice. That of the third that cankerous other. Could he speak to and of whom the voice speaks there would be a first. But he cannot. He shall not. You cannot. You shall not. (p. 3-4)

Com relação ao enredo, Booth faz uma divisão: há a história da vida daquele "deitado de costas no escuro" ("on his back in the dark"), narrada em fragmentos que cobrem memórias da infância até a velhice, e há, paralelamente, a história de como essa história está sendo contada, o seu "como é" ("how it is" — Booth, 1987, 453). Na verdade, é justamente a presença desta "linha de enredo altamente complexa" ("highly complex plot line" — Booth, 1987, 455) que garante para *Companhia* um lugar de destaque na obra de Beckett, cuja produção em prosa nos anos 60 e 70, segundo Booth, deixara a desejar (1987, 447).

Quanto ao vínculo que se estabelece entre o texto, por meio de seu autor implícito, e o leitor, Booth destaca que é a determinação em empregar todas as forças disponíveis da razão e da imaginação no esforço de fazer alguma coisa, de criar alguma coisa para produzir companhia, que "provê algo análogo à escolha moral com base na qual se construía a simpatia nas formas mais tradicionais" (1987, 450).

Cabe mencionar ainda sobre esta leitura que Booth encontra uma falha no texto, um erro em seu "artesanato" ("craft"). Trata-se do antepenúltimo fragmento — um dos mais longos do livro[3] —, em que se descreve a trajetória do ponteiro de segundos de um relógio e da sombra que ele projeta, conforme a inclinação que se dá ao relógio e a posição do ponteiro no mostrador. Booth queixa-se de ter ficado entediado durante a leitura do episódio, achando-o supérfluo por tratar-se apenas de mais uma demonstração de "como é" narrativo. Nossa intenção, mais tarde, é integrar esse fragmento ao texto como um todo.

Wayne Booth deixa claro que a indecidibilidade presente no texto quanto à voz narrativa, e até mesmo ao número de "persona-

---

[3] Não estou contando aqui a última palavra do texto como uma dessas passagens. Refiro-me aos três últimos trechos mais longos.

gens" que habitam o escuro e ouvem a voz, não diminui em nada a força e a harmonia dos efeitos conseguidos por Samuel Beckett. Entretanto, mesmo entusiasmado com o desempenho do escritor, Booth salienta no final de seu ensaio a limitação de *Companhia*:

> Embora a história seja ótima para seu tipo, não vejo nenhuma regra válida que me proíba de fazer perguntas sobre esse tipo. O "tenso lamento pela condição humana" — chamemos assim, embora nenhuma expressão sirva — é para mim um tipo extremamente limitado, limitado não porque é breve (a brevidade é uma de suas glórias), mas porque é ética, política e metafisicamente deformado e, talvez, para muitos leitores, capaz de deformar. (1987, 456)

Também voltaremos a esse ponto.

Carla Locatelli e a pluralidade do "eu"

Para Locatelli, a questão da voz e dos outros "personagens", o "ele", descrito como "outro pustulento" e o ouvinte, "deitado de costas no escuro" — presentes na passagem de *Companhia* citada acima e também comentada por Booth —, resolve-se quando o leitor consegue perceber que há uma duplicidade no "uso e [n]a descrição do mesmo sistema de referência (o sistema pronominal)". Tal duplicidade

> produz uma ambiguidade geral de referência que caracteriza o discurso literário de Beckett, ao suspender a referência direta ao objeto (o "eu"), e apenas prover uma figura do mesmo (como "uma primeira" pessoa).

> Por outro lado, o uso de dois sistemas esclarece o fato de que a passagem fala sobre um "eu", porque os dois sistemas convergem ao destacar isso: "haveria uma primeira" pessoa, se "ele pudesse falar para e de quem a voz fala na segunda pessoa". (Locatelli, 1990, 181)

Haveria, então, uma "epifania do 'eu'" (Locatelli, 1990,180) se o leitor se deixasse convencer pela duplicidade do sistema designativo e, além disso, pudesse aceitar a composição deste sujeito como fruto de uma interpretação, gerada por sua leitura, das relações criadas entre os pronomes, e não como uma configuração abstrata ou conceitual, imposta por um referente gramatical. Nas palavras da autora: "Esta narração suspende a referência direta a um 'eu objetivo', e diz-nos exatamente que o 'eu' só apreende a si mesmo, ao mover-se através de uma rede de relações sistemáticas." (1990, 173) Dessa forma, Locatelli chega a uma solução que a Booth parecera impossível: a constituição de um sujeito, cuja característica principal é a falta de unidade, que é, por sua vez, construída pelo leitor por meio da teia de referentes diversos e contrastantes que significam (como ela ressalva, "significar" no sentido duplo de "construir" e "dar sentido") o "eu" na temporalidade do texto.

Locatelli identifica igualmente uma complexidade no que Booth chamara de enredo de *Companhia*. Mas para ela, não se trata de uma bifurcação de linhas de enredo; pelo contrário, trata-se da abolição das fronteiras entre a "diegese da história narrada e a mímesis da narração" (1990, 164). Ao contrário de Booth, Locatelli dá muito mais importância à mímesis da narração; vê na diegese, ou melhor, no que chama de tema, apenas o "solo onde questões epistemológicas a respeito da linguagem podem ser desenvolvidas" (1990, 166). Sua justificativa para a diminuição da importância temática reside no que chama de generalidade e impessoalidade do "protagonista", cuja especificidade nunca é alcançada, apesar dos muitos "episódios" sobre o seu passado. Para Locatelli, quase não há indicações narrativas da diferença entre passado e presente. Como exemplo, cita o seguinte trecho de *Companhia* (a parte entre colchetes, foi acrescentada para maior clareza):

> [Tendo se estendido pelos quatro cantos como numa busca a voz chega ao repouso e à fraqueza constante. Repousar onde? Imaginar com cautela.
>
> Acima do rosto voltado para cima. Tangenciando o cocuruto. De modo que na fraca luz que ela emite se houvesse uma boca para ser vista ele não a veria.] Revirasse os olhos o quanto pudesse. Altura do chão?
>
> Ao alcance do braço. Força? Fraca. Uma mãe curvando-se sobre o berço por trás. Ela se afasta para que o pai possa olhar. Por sua vez ele murmura para o recémnascido. Tom monocórdio inalterado. Nenhum traço de amor.[4] (Beckett, 2012, 52-53)

O que se imagina aqui é a distância, medida em termos de altura, da superfície onde o ouvinte está deitado até a fonte da voz.

---

[4] ["From ranging far and wide as if in quest the voice comes to rest and constant faintness. To rest where? Imagine warily./Above the upturned face. Falling tangent to the crown. So that in the faint light it sheds were there a mouth to be seen he would not see it.] Roll as he might his eyes. Height from the ground?/Arm's length. Force? Low. A mother's stooping over cradle from behind. She moves aside to let the father look. In his turn he murmurs to the newborn. Flat tone unchanged. No trace of love." (p. 30-31)

A transição de um fragmento para o outro passa do presente da narração (a voz buscando um lugar de repouso) para um suposto passado imaginado (o da mãe e do pai olhando o recém-nascido no berço). É a primeira e única vez no texto em que há uma superposição entre passado e presente naquilo que o "ele" imagina. Quando a voz se dirige ao "você" deitado de costas no escuro é quase sempre para evocar imagens de um passado que quer que ele reconheça como tendo sido seu.

Os traços da voz são os longos silêncios, a repetitividade, o tom monocórdio ("flat"), o mesmo, note-se, do pai imaginado, falando com o recém-nascido. O problema aqui é que nesse trecho, não se trata de uma comunicação da voz; não há o uso do "você"; o que há é uma imagem produzida pelo "ele" na tentativa de aperfeiçoar a imaginação da voz que se dirige ao alguém deitado de costas no escuro. A importância desse trecho é a de ser o primeiro dos que preparam uma espécie de clímax, que ocorrerá quando da irrefutável aproximação entre o "ele", a voz e o "você". Logo em seguida, a voz fala para o "você" de uma cena de amor e depois vemos o "ele" como "criador rastejante" ("crawling creator"). Mas falar desses fragmentos já é adiantar um pouco. Há que voltar à questão da verificação do que diz a voz.

Carla Locatelli cita Linda Ben-Zvi, que descreve "a impossibilidade de verificação e a impossibilidade de provar essa impossibilidade" (Locatelli, 1990, 178) em *Companhia*. Locatelli vê tal impossibilidade como responsável pelo surgimento de um "imperativo ético" que, por sua vez,

> torna-se uma nova perspectiva teórica e um ponto de partida real. Mesmo que não haja nenhuma maneira de transferir a realidade para as palavras, também não há nenhuma maneira de negar o valor epistemológico de uma in-

vestigação da qualidade e do modo dos limites da linguagem em relação à realidade, ao se questionar a linguagem como o meio de construção da própria realidade. (1990, 178)

O que fica de fora dessas considerações, desde que Locatelli reduz a importância do tema a mero pano de fundo, é o teor narrativo e ficcional do texto. O que caracteriza o protagonista, e que seria o ouvinte — a princípio o único sujeito sem "pessoa", uma vez que o uso da segunda pessoa (*você*) marca a voz e o da terceira (*ele*) o "outro pustulento" —, é a presença do corpo. Só por meio do corpo do ouvinte é que as verificações podem ser feitas:

Uma voz chega a alguém no escuro. Imaginar.

A alguém deitado de costas no escuro. Isso ele pode dizer pela pressão nas partes traseiras e pela mudança do escuro quando ele fecha os olhos e de novo quando os abre de novo. Só uma pequena parte do que é dito pode ser verificada. Como por exemplo quando ele ouve, Você está deitado de costas no escuro. Então ele deve reconhecer a verdade do que é dito. Mas de longe a maior parte do que é dito não pode ser verificada. (Beckett, 2012, 27) [5]

Em especial, não é possível verificar muito sobre a presença do "outro pustulento", aquele que estaria num outro escuro ou no mesmo "imaginando isso tudo por companhia" ("devising

---

[5] "A voice comes to one in the dark. Imagine./ To one on his back in the dark. This he can tell by the pressure on his hind parts and by how the dark changes when he shuts his eyes and again when he opens them again. Only a small part of what is said can be verified. As for example when he hears, You are on your back in the dark. Then he must acknowledge the truth of what is said. But by far the greater part of what is said cannot be verified." (p. 3)

it all for company"). É sobre ele que se repetem as dúvidas e as admoestações para que seja abandonado — Depressa deixá-lo ("Quick leave him"). Como no fragmento a seguir:

> Pois por quê ou? Por que num outro escuro ou no mesmo? E a voz de quem perguntando isso? Quem pergunta, A voz de quem perguntando isso? E responde, A dele quem quer que seja que imagina tudo isso. No mesmo escuro que a sua criatura ou num outro. Por companhia. Quem pergunta afinal, Quem pergunta? E afinal responde como acima? E acrescenta muito depois para si mesmo, A menos que um outro ainda. Em lugar nenhum a ser encontrado. Em lugar nenhum a ser procurado. O inimaginável último de todos. Inominável. Última pessoa. Eu. Depressa deixá-lo. (Beckett, 2012, 38)[6]

À medida que o texto é desenvolvido, há uma tentativa de imaginar cada um dos seus componentes mais de perto: a voz, o escuro, aquele que imagina para ter companhia e aquele que ouve. A imaginação, entretanto, não pode ser tão livre; há restrições, como as que surgem, ao se tentar imaginar onde está aquele que imagina e qual a sua posição:

> No mesmo escuro que a sua criatura ou num outro ainda não imaginado. Nem em qual posição. Se em pé ou sentado ou deitado ou em alguma outra posição no

---

[6] "For why or? Why in another dark or in the same? And whose voice asking this? Who asks, Whose voice asking this? And answers, His soever who devises it all. In the same dark as his creature or in another. For company. Who asks in the end, Who asks? And in the end answers as above? And adds long after to himself, Unless another still. Nowhere to be found. Nowhere to be sought. The unthinkable last of all. Unnamable. Last person. I. Quick leave him." (p. 15)

> escuro. Estes estão entre os assuntos ainda a ser imaginados. Assuntos dos quais até agora nenhum esboço. O teste é companhia. Qual dos dois escuros é melhor companhia. Qual de todas as posições imagináveis tem mais a oferecer quanto a companhia. E similarmente para os outros assuntos ainda a ser imaginados. Tais como se tais decisões irreversíveis. Que decida por exemplo depois da devida imaginação a favor da posição de costas ou de bruços e isso na prática prove ser menos propenso a companhia que o antecipado. Ele pode ou não pode substituí-la por outra? (Beckett, 2012, 39)[7]

Talvez o imperativo ético de que fala Locatelli se atualize de fato no imperativo ficcional da passagem citada. Há uma baliza: companhia ("O teste é companhia" — Beckett, 2012, 39). E há uma responsabilidade da imaginação: sua irreversibilidade ("Tais como se tais decisões irreversíveis" — idem), uma vez feita a definição. As perguntas, bem como as admoestações para deixar as coisas como estão (por exemplo: "Por enquanto deixar assim", idem), suspendem a instauração diegética e tornam presente a mímesis narrativa, para usar os termos de Locatelli, e que Booth chamou de o "como é" do texto.

Uma outra característica da voz da imaginação — vamos chamá-la assim, para distingui-la da voz que se dirige ao ouvinte — é ser

---

[7] In the same dark as his creature or in another not yet imagined. Nor in what position. Whether standing or sitting or lying or in some other position in the dark. These are among the matters yet to be imagined. Matters of which as yet no inkling. The test is company. Which of the two darks is the better company. Which of all imaginable positions has the most to offer in the way of company. And similarly for the other matters yet to be imagined. Such as if such decisions irreversible. Let him for example after due imagination decide in favour of the supine position or prone and this in practice prove less companionable than anticipated. May he then or may he not replace it by another? ... (p. 16-17)

dominada pela razão ("reason-ridden"). Esta é a voz do "outro pustulento". Assim: "Imaginar mais de perto o lugar onde está deitado. *Dentro do razoável.*"[8] (Beckett, 2012, 43), ou: "Que tipo de imaginação é essa *tão dominada pela razão*? Um tipo próprio." (idem)[9], ou ainda: "*Seria razoável imaginar* o ouvinte em perfeita inércia mental?" (Beckett, 2012, 54)[10] Todas essas indicações, destacadas aqui em itálico, reforçam os traços da imaginação que, se pertence ao "criador", passa a pertencer também, quando o imperativo ou as perguntas são usados, ao leitor. Mais tarde, porém, quando deve ser decidido se o criador pode criar enquanto rasteja (movimento pelo qual havia optado), há um distanciamento do leitor:

> ...E finalmente manter olhos e ouvidos em elevado nível de alerta para qualquer indício por menor que fosse quanto à natureza do lugar ao qual a imaginação talvez inadvertidamente o consignara. Então enquanto no mesmo fôlego deplorava uma fantasia tão dominada pela razão e observava como eram revogáveis seus voos ele não podia responder senão finalmente que não ele não podia. Não podia concebivelmente criar enquanto rastejava no mesmo escuro criado que a sua criatura. (Beckett, 2012, 57) [11]

---

[8] Imagine closer the place where he lies. *Within reason.* (p. 20) Grifo meu.
[9] What kind of imagination is this *so reason-ridden*? A kind of its own. (p. 21) Grifo meu.
[10] Would it *be reasonable to imagine* the hearer as mentally quite inert? (p. 33) Grifo meu.
[11] "...And finally to maintain eyes and ears at a high level of alertness for any clue however small to the nature of the place to which imagination perhaps unadvisedly had consigned him. So while in the same breath deploring a fancy so reason-ridden and observing how revocable its flights he could not but answer finally no he could not. Could not conceivably create while crawling in the same create dark as his creature." (p. 35)

Aqui, a imaginação é totalmente imputada ao criador na sua limitação. Enquanto imaginação, vista como incapaz de dar conta da natureza do lugar ("ao qual a imaginação talvez inadvertidamente o consignara"/ "to which imagination perhaps unadvisedly had consigned him"), enquanto "fantasia" ("fancy"), dominada pela razão ("reason-ridden"), mas deplorável nos seus pequenos voos ("how revocable its flights"). De passagem, é preciso que se diga que a diferença entre a imaginação ("imagination") e a fantasia ("fancy") estabelecida por Coleridge é a diferença entre o gênio verdadeiro e o mero talento literário; a diferença entre uma arte que consegue uma integração perfeita de suas partes, num todo "orgânico", e outra que simplesmente as combina num todo às vezes mais, às vezes menos harmônico (Abrams, 1971, 175-6). Ora, poderíamos dizer que a possibilidade de haver alguma harmonia neste livro é, como Locatelli apontara no caso da "epifania do 'eu'", um produto da interpretação; porém, ao contrário do que diz a autora, penso que a narrativa ficcional com sua inseparável porção temática contribui significativamente para uma possível integração. O que se imagina por meio da mímesis da narração e das narrativas diegéticas não pode ser esquematicamente separado nem servir apenas de pano de fundo para o desenvolvimento de "questões epistemológicas a respeito da linguagem" (Locatetelli, 1990, 166). Exemplos disso são, por um lado, as posições do "ele" e do "ouvinte"; por outro, um episódio no qual se descreve a inquietante presença de um relógio, cuja função não é a de medir o tempo. Na sequência desse episódio, irrompem as não menos deslocadas presenças da luz do dia e referências ao autor. Em ambos os exemplos, o leitor é chamado a participar da construção da narrativa, ao mesmo tempo em que uma história se elabora: "A fábula de alguém com você no escuro. A fábula de alguém fabulando de alguém com você no escuro." (Beckett, 2012, 63)[12] É com tais elementos que as imagens finais de *Companhia* reforçam o familiar dentro do estranho, conduzindo a imaginação de volta à realidade de uma solidão inexorável.

Seguindo o ponteiro e sua sombra

Beckett, grande leitor de Proust, comenta a integração de forma e conteúdo alcançada pelo movimento metafórico em À la Recherche, a despeito dos impasses evidentes na apreensão da realidade e, consequentemente, em sua representação. Disse acima que em *Companhia*, a realidade é o seu próprio modo de apresentação, pois se trata de uma realidade que se assume como imaginada desde o princípio. Contudo, a imaginação tem de obedecer a algumas regras, a primeira das quais é a criação de companhia. O "eu", na sua unidade conceitual integrada, não é companhia e permanece banido. Por outro lado, a história da vida narrada em fragmentos deve pertencer a um sujeito, mesmo que ele não mais nela se reconheça:

> Se fosse para ele se exprimir afinal. Por mais débil que fosse. Que acréscimo à companhia isso ia ser! Você está deitado de costas no escuro e um dia vai se exprimir de novo. Um dia! No fim. No fim você vai se exprimir de novo. Sim eu me lembro. Aquele era eu. Aquele era eu então. (Beckett, 2012, 36) [13]

---

[12] "…The fable of one with you in the dark. The fable of one fabling of one with you in the dark." (p. 42)
[13] "If he were to utter after all? However feebly. What an addition to company that would be! You are on your back in the dark and one day you will utter again. One day! In the end. In the end you will utter again. Yes I remember. That was I. That was I then." (p. 12-13)

O problema evidente é que ao ouvinte não foi dada a possibilidade de falar, e ao "ele" e à voz não foi dada a possibilidade de usar a primeira pessoa. Ocorre a aproximação de todos em um "eu" não explícito no texto, mas evidente na leitura, como demonstrou Locatelli. Para a ensaísta, isso é fruto de um processo de crítica à linguagem, por meio da divisão do sistema pronominal. Mas é necessário, além disso, integrar à mímesis da narração a diegese narrativa, cuja importância foi diminuída por Locatelli; bem como integrar o fragmento do relógio ao texto como um todo, para livrá-lo da pecha de mais um "Tristram Shandismo", lançada por Wayne Booth (1987, 451).

Voltemos, então, às posições do ouvinte e do criador. O primeiro está deitado "de costas" no escuro. O segundo, depois de se indagar quanto à melhor posição a assumir, escolhe ficar de quatro, rastejando de uma maneira peculiar quando em movimento; de bruços quando cai, porque a posição "deitado de costas" fora reservada ao ouvinte ("A de costas embora a mais tentadora ele deve finalmente rejeitar por já ser fornecida pelo ouvinte.", (Beckett, 2012, 58).[14] No entanto, encontra dificuldade para imaginar como está de bruços:

> Deixando-o sem outra escolha que não de bruços. Mas como de bruços? De bruços como? Como dispor as pernas? Os braços? A cabeça? De bruços no escuro ele se esforça para ver como pode deitar-se melhor de bruços. Como mais propenso a companhia. (Beckett, 2012, 58-59) [15]

---

[14] "The supine though most tempting he must finally disallow as being already supplied by the hearer." (p. 37)

[15] "...Leaving him with no other choice than the prone. But how prone? Prone how? How disposed the legs? The arms? The head? Prone in the dark he strains to see how best he may lie prone. How most companionably." (p. 37)

No fragmento que se segue a este o criador pode, sem maiores problemas, fazer a descrição da postura do ouvinte. Isso nos traz de volta à questão do que pode ser verificado: a saber, a posição deitado de costas e o escuro. Esta, por assim dizer, a situação de normalidade da narrativa. Quanto ao criador, basicamente nada pode ser verificado, além da interdição do uso da primeira pessoa, e do uso que faz da imaginação, impelido pela necessidade de companhia:

> Inventor da voz e do seu ouvinte e de si mesmo. Inventor de si mesmo por companhia. Deixar assim. Ele fala de si mesmo como de um outro. Ele diz falando de si mesmo, Ele fala de si mesmo como de um outro. A si mesmo ele inventa também por companhia. (Beckett, 2012, 39) [16]

A imaginação, vimos acima, é dominada pela razão. Criador e criatura coincidem no compartilhamento dessa característica, o que se depreende das memórias evocadas pela voz para o ouvinte. Os episódios do passado mostram um homem com frequência imerso em contas e medições sem outra função prática a não ser a de distraí-lo de suas dificuldades, ou preencher o vazio criado, quando deseja afastar-se de sua realidade imediata. É assim com a contagem dos passos nas caminhadas diárias, com a medição do caramanchão em que se encontra com a namorada, provavelmente grávida, assim como com a medição das partes dos seus corpos e, por fim, com o já mencionado episódio do relógio, no antepenúltimo fragmento:

> Entorpecido pelas desgraças da sua espécie você le-

---

[16] Deviser of the voice and of its hearer and of himself. Deviser of himself for company. Leave it at that. He speaks of himself as of another. He says speaking of himself, He speaks of himself as of another. Himself he devises too for company. (p. 16)

vanta todavia a cabeça das mãos e abre os olhos. Você acende sem se mexer do lugar a luz acima de sua cabeça. Seus olhos pousam no relógio embaixo deles. *Mas em vez de ler a hora da noite eles seguem as rotações do ponteiro de segundos ora seguido ora precedido pela sua sombra.* (Beckett, 2012, 59 – grifo meu) [17]

A coincidência entre o ponteiro e sua sombra se dá no tempo, mas é sempre provisória e sua localização variável, segundo a inclinação do relógio. Espaço e tempo são igualados, quando se dá a aparição da sombra (*for the space of 30 seconds*), ao passo que o desaparecimento dela – a sua coincidência com o ponteiro – se dá num tempo "infinitamente breve" ("infinitely briefly"):

> A sombra emerge debaixo do ponteiro em qualquer ponto do circuito dele para segui-lo ou precedê-lo pelo espaço de 30 segundos. Então desaparece por tempo infinitamente breve antes de emergir de novo para precedê-lo ou segui-lo pelo espaço de 30 segundos de novo. E assim por diante adiante. Essa pareceria ser a constante única. Pois a própria distância ela mesma entre o ponteiro e a sombra varia com o grau da inclinação. (Beckett, 2012, 60) [18]

---

[17] Numb with the woes of your kind you raise none the less your head from off your hands and open your eyes. You turn on without moving from your place the light above you. Your eyes light on the watch lying beneath it. *But instead of reading the hour of night they follow round and round the second hand now followed and now preceded by its shadow.* (p. 38 – grifo meu)

[18] The shadow emerges from under the hand at any point whatever of its circuit to follow or precede it for the space of 30 seconds. Then disappears infinitely briefly before emerging again to precede or follow it for the space of 30 seconds again. And so on and on. This would seem to be the one constant. For the very distance itself between hand and shadow varies as the degree of slant. (p. 39)

No acompanhamento dos ponteiros o que interessa ao "você" é a identificação das constantes entre a coincidência de posições do ponteiro e sua sombra e o grau de diferenciação entre os dois até a coincidência ser atingida novamente. Todo o trecho parece ser inspirado pela imaginação *reason-ridden* do criador, embora se refira ao ouvinte. Indo mais além, pode-se dizer que se assemelha a uma intrusão autoral, do autor de carreira, para falar nos termos de Wayne Booth.

Obviamente o episódio do relógio não fornece uma síntese, pois, ao final, introduz um dado novo, uma imagem do autor, comentada no trecho seguinte com espanto. Há novidade também na imagem da luz. Embora muitas outras luzes tenham sido evocadas pela voz, ao falar da suposta vida daquele "deitado de costas no escuro", a luz estranhada neste trecho é a que vem da luminária e, depois, do sol da manhã através da janela para iluminar em cheio o "você", já no fim da vida e naquele que seria o seu último espaço: "A madrugada o encontra ainda nessa posição. O sol baixo ilumina você através da janela oriental e joga ao longo do chão a sua sombra e a da luminária ainda acesa acima da sua cabeça. E as dos outros objetos também." (Beckett, 2012, 60-61)[19] É este espaço, com janela e objetos que projetam sombras, que aparece pela primeira vez. Durante a imaginação do texto, o criador até então estava igualmente no escuro.

Em *Como é*, o ser que se arrasta no escuro imagina assim aqueles que registram a sua história:

> ele vive curvado sobre mim esta é a vida que lhe foi dada toda a minha superfície visível banhando-se na luz

---

[19] Dawn finds you still in the same position. The low sun shines through the eastern window and flings all along the floor your shadow and that of the lamp left lit above you. And those of other objects also. (p. 39)

de suas lâmpadas quando eu vou ele me segue curvado em dois

seu ajudante senta-se um pouco ao longe ele anuncia breves movimentos da face inferior o ajudante anota no seu livro de registros (Beckett, 2003: 23-24)

Há uma conexão clara entre essas imagens e a imagem do escritor à sua mesa de trabalho. Daí a perplexidade encontrada no penúltimo fragmento de *Companhia*, em que se comenta o episódio do relógio:

Que visões no escuro de luz! Quem exclama assim? Quem pergunta quem exclama, Que visões no escuro sem sombras de luz e sombra! Ainda um outro ainda? Imaginando isso tudo por companhia. Que acréscimo adicional a compahia isso ia ser! Ainda um outro ainda imaginando isso tudo por companhia. Depressa deixá-lo.[20]

Houve, entretanto, um símile muito claro da mente com a imagem de uma janela aproximadamente no meio do livro, no fragmento 26:

Num outro escuro ou no mesmo um outro imaginando isso tudo por companhia. Isso à primeira vista parece claro. (...) O que finalmente significa isso que à primeira vista parecia claro? Até que ela a mente se fecha também por assim dizer. *Como a janela pode fechar-se de um quarto*

---

[20] "What visions in the dark of light! Who exclaims thus? Who asks who exclaims, What visions in the shadeless dark of light and shade! Yet another still? Devising it all for company. What a further addition to company that would be! Yet another still devising it all for company. Quick leave him." (p. 44)

escuro vazio. A única janela dando para o escuro exterior. Então nada mais. (Beckett, 2012, 37, grifo meu) [21]

Ao recuperar esse símile, é possível vinculá-lo a uma intromissão do autor, já que é igualmente a intromissão dele, introduzida no fragmento do relógio, que é descartada, junto com a imagem de uma janela, no último fragmento. Então, a imagem do "você" sentado é retomada e feita a sua comparação com o Belacqua de Dante, para se chegar ao escuro final:

> Assim sentava-se esperando ser purgado o velho fabricante de alaúdes causa do primeiro quarto de sorriso de Dante e agora talvez cante loas com alguma divisão dos abençoados afinal. *Para quem aqui em todo caso adeus. O lugar é sem janela.* (Beckett, 2012, 61 – grifo meu) [22]

O leitor mais atento da obra de Beckett sabe da importância dessa referência dantesca para o autor. O Belacqua referido aqui desaparece e, com muito humor e alguma ironia, pode até já se encontrar no paraíso. Resta a finalização a ser dada pela voz ao "você" que da posição "acocorado" passará a "deitado de costas". A finalização não chega a completar-se num fim, pois os fracassos do "você" e da "voz" garantem uma continuação para além

---

[21] " In another dark or in the same another devising it all for company. This at first sight seems clear. (...) What finally does this mean that at first sight seemed clear? Till it mind too closes as it were. *As the widow might close of a dark empty room. The single window giving on outer dark.* Then nothing more." (p. 13-14, grifo meu)

[22] So sat wainting to be purged the old lutist cause of Dante's first quarter-smile and now perhaps singing praises with some section of the blest at last. *To whom here in any case farewell. The place is windowless.* (p. 40)

do final do texto. O "você" falha no seu intento de se prover companhia; a "voz", no de fazer com que o "você" assuma o "eu".

Para que tais insucessos não se dissolvam com o término da ficção, é preciso que o fim remeta ao começo e eles possam ser reinstaurados, pois é no começo que se encontra aquele alguém na única posição passível de ser verificada, deitado de costas. Assim, logo no início do último fragmento longo, ocorre uma justaposição das vozes numa mesma frase, a voz imperativa da imaginação e a voz monocórdia, que fala para o ouvinte, soam contíguas: "<u>De algum modo a qualquer preço fazer um fim</u> quando você não pôde mais sair ficou acocorado no escuro." (Beckett, 2012, 61) [23]. A primeira parte da frase (sublinhada), imperativa, como a que comanda a imaginação do "ele"; a segunda, sutil, como a que durante todo o texto tenta convencer o ouvinte a assumir aquele passado, ao assumir a primeira pessoa. A conjunção das duas aponta para a impossibilidade de separar ouvinte e criador. Além disso, tal impossibilidade é indicada de outras maneiras, a mais convincente das quais, a postura final que passa de *huddled in the dark* (acocorado no escuro) — uma das posições que o criador vislumbrara para si — para *supine* (de costas). Há uma reafirmação do banimento da primeira pessoa, contrariada na frase seguinte pela simples introdução de um "digamos" (*say* em inglês, abreviação de *let us say*; em francês, Beckett usa *mettons*).

Acocorado assim você se pega imaginando que não está sozinho enquanto sabe muito bem que nada aconteceu para tornar isso possível. O processo continua no entanto aconchegado por assim dizer em sua falta de sentido. Você não murmura com todas as palavras, Sei

---

[23] Somehow at any price to make an end when you could go out no more you sat huddled in the dark (p. 40)

que isto está fadado ao fracasso e todavia persisto. Não. *Pois a primeira pessoa do singular e com mais razão ainda a do plural nunca tiveram lugar nenhum no seu vocabulário.* Mas sem uma palavra você se observa do mesmo jeito que observaria um estranho sofrendo *digamos* do mal de Hodgkin ou se você preferir do de Percival Pott surpreendido a rezar. De tempos em tempos com uma graça inesperada você se deita. (Beckett, 2012, 62) [24]

De modo que se conjugam aqui as diversas vozes e figuras, com suas respectivas posições corporais, do texto. Como apontou Locatelli, a importância dessas figurações do "self" é inegável, pois é por meio delas que o "eu" pode ser percebido, ou seja, o "eu" se constitui através do movimento dos "selves". No entanto, a colocação de Booth sobre a indecidibilidade final quanto às, digamos assim, pessoas do texto, seja a voz, o ouvinte, o protagonista (ouvinte ou "outro pustulento"), não pode ser descartada tão facilmente, pela mesma razão que faz com que o criador hesite muitas vezes. Isso porque existe uma determinação no texto que impõe a irreversibilidade do que foi imaginado ("Tais como se tais decisões irreversíveis." Beckett, 2012, 39)[25]; quer dizer, não é possível descartar as imagens criadas a partir do escuro, apenas ajustá-las. Por isso o texto é companhia, muito embora o protagonista, composto pelas múltiplas vozes, termine como sempre foi: "Sozinho" (Beckett, 2012, 63).

---

[24] ... Huddled thus you find yourself imagining you are not alone while knowing full well that nothing has occurred to make this possible. The process continues none the less lapped as it were in its meaninglessness. You do not murmur in so many words, I know this doomed to fail and yet persist. No. For the first personal singular and a fortiori plural pronoun had never any place in your vocabulary. But without a word you view yourself to this effect as you would a stranger suffering say from Hodgkin's disease or if you prefer Percival Pott's surprised at prayer. From time to time with unexpected grace you lie.... (p. 45)
[25] Such as if such decisions irreversible. (p. 16)

Paul de Man demonstrou o estado de "ignorância suspensa" em que o crítico se vê enredado, ao tentar definir o modo retórico — metafórico ou metonímico — predominante em Proust (1996, 35). Em Beckett, a criação de imagens busca ultrapassar o modo metafórico, na medida em que afasta o elemento relacional. Como explicam Gontarski e Uhlmann:

> Uma metáfora oferece um ponto de relação: propõe-se a relacionar duas ideias. Beckett falou em várias ocasiões sobre procurar desenvolver uma forma de arte não-relacional, e uma das maneiras que podemos entender isso é falar de imagens em vez de metáforas. Diferente da metáfora, a imagem não propõe claramente um ponto de relação. Pede para ser compreendida, ou desafia-nos a compreender, enquanto, ao mesmo tempo, recusa-se provocadoramente a validar os esforços para a compreensão. (2006, 4)

Assim parece o episódio do relógio, cuja imagem de movimento se projeta espacial e temporalmente, sem chegar a constituir, todavia, uma metáfora para o criador e a criatura, sujeito e objeto também projetados pelos pronomes de segunda e terceira pessoa. Se há uma epifania do "eu", como afirma Locatelli, sua duração há de ser infinitamente breve. Neste sentido, a indecisão de Booth quanto ao número de "pessoas" em *Companhia* deixa de parecer apenas uma falha de entendimento crítico para mostrar-se como uma indecidibilidade presente no texto e que não pode ser anulada. Como disse Beckett sobre a Albertine de Proust: "... os múltiplos aspectos (leia-se *Blickpunkt* ao invés dessa palavra miserável) não se fundiram para formar qualquer síntese positiva. O objeto evolui e quando afinal se chega — se se chega — a uma conclusão, esta já se terá desatualizado." (Beckett, 1986, 69)

Convém mencionar que Enoch Brater em seu livro *The drama in the text* (1994) se detém sobretudo nas obras de Samuel Beckett para rádio e nos textos finais em prosa, inclusive *Companhia*. O objetivo de Brater é, num primeiro momento, demonstrar como Beckett utiliza os recursos do rádio para criar dramas que dependem, como de resto todos os outros textos do autor, de atos de enunciação. Basicamente, o que está em jogo é a criação de uma ou mais vozes. A partir da voz, surgirá o drama. Seja o drama radiofônico seja o drama no texto. Em *Companhia* isso ocorre não apenas por meio da elaboração de vozes e do jogo que estabelecem com o ouvinte que criam e, consequentemente, com o leitor, mas também por meio da criação do espaço e das imagens dos corpos que passam a habitá-lo.

Ao encenar no texto a mudança de postura do ouvinte ("você") de "acocorado" a "deitado de costas", a intensa dramaticidade das figuras atinge seu ápice. Lembremos que se apresenta a imagem do "você" assumindo a postura corporal em que o ouvinte se encontra e que é a única coisa passível de verificação desde o início. As dimensões do espaço onde ele está, a voz e sua procedência, o criador e suas posições, tudo se sujeita a variações por ser impossível verificar a exatidão com que são imaginados no escuro. Portanto, o que surge aqui é o drama no sentido do presente que é "pura atualidade" (Szondi, 2001, p. 79). O retorno à postura inicial, que o leitor fora convidado a instaurar pela imaginação, reafirma a corporalidade possível do texto e atua como uma maneira de não calar a voz ou vozes que foram, afinal, construídas.

A solidão em *Companhia* resulta do fracasso relacional. O sujeito teria de ser capaz de assumir a primeira pessoa do singular para depois constituir uma primeira do plural e apossar-se das memórias narradas. Não sendo este o caso, condena-se ao "você", ao "outro pustulento" e a uma voz externa da qual desconfia. Dada a peculiaridade dessa fragmentação, não é possível reduzir, como o faz Booth, o tema do livro a um lamento sobre a condição humana. Estar "sozinho", por fim, imputa à voz — no sentido mais abrangente — a carga de miséria do texto, porém a força imaginativa através da qual as imagens surgem não pode ser reduzida a essa acusação. Mantém-se a firmeza com a qual a voz se recusa a falsear a condição limitada e limitadora da linguagem, no sentido de fazê-la integrar o que não pode ser integrado. Não é possível haver epifania do eu, nem se pode impedir que ela seja entrevista.

Companhia apresenta a tenacidade e o fracasso de uma voz e seu sujeito. A tarefa de conseguir alguma integração pertence ao leitor e, para que tal integração seja possível, as passagens em que se narra uma vida — há histórias de um bebê, um garoto, um rapaz, um homem, um velho — devem ser destacadas. São elas que estabelecem com o leitor várias ligações. Reconhece-se uma trajetória humana, mas também a trajetória do autor do texto e das suas personagens. Para além de ser apontada como a obra mais autobiográfica de Beckett, *Companhia* reedita o procedimento usado pelo escritor de referir-se a seus textos anteriores. Tais referências se encontram basicamente relacionadas ao corpo das personagens, incluindo desde sua postura e movimentos até suas roupas. A paisagem e as horas — sobretudo amanhecer e entardecer — também se enquadram aí. Nesse sentido, as outras passagens, principalmente as que introduzem o "criador rastejante" e tratam dele, podem ser vistas como lutando para possuir o estatuto daquelas narrativas evocadas pela voz, o de não se confinarem apenas à imaginação, mas de terem corpo e relação com o tempo para além da imaginação, como memórias de vida.

O que há de dramaticidade, principalmente no final da narrativa, depende de modo fundamental da rapidez com que as imagens construídas são superpostas e apartadas, como um clarão no escuro da mente, a partir do escuro e das luzes suscitadas pelo texto. Talvez por isso seja tão difícil transpor *Companhia* para o palco, como atesta Jonathan Kalb, ao comentar a montagem de Frederick Neumann (Kalb, 1989, p. 120-125). Uma das maiores dificuldades diz respeito ao fato de que "a escuridão imaginada pode ser preenchida com uma pluralidade de visões indeterminadas, ao passo que a escuridão real do teatro é quebrada apenas por uma visão nítida de cada vez. " (Kalb, 1989, p. 121) Assim, a imagem de um "eu" só pode manter-se fugazmente, sob pena de se destruir toda a indeterminação e a "rede de relações sistemáticas" (Locatelli, 1990, p. 173) que compõem o texto. Como a coincidência entre o ponteiro e sua sombra, qualquer identidade unificadora não pode passar de um vislumbre, quase sonho, quase alucinação, e por um tempo "infinitamente breve".

Referências bibliográficas

ABRAMS, M. H. *The mirror and the lamp*. Oxford: Oxford University Press, 1971.

BECKETT, Samuel. *Como é*. Trad. Ana Helena Souza. São Paulo: Iluminuras, 2003.

_____. *Companhia e outros textos*. Trad. Ana Helena Souza. São Paulo: Ed. Globo, 2012.

_____. *Company*. In *Company, Ill Seen Ill Said, Worstward Ho, Stirrings Still*. Dirk Van Hulle (ed.) London: Faber & Faber, 2009.

_____. *Proust*. Trad. Arthur Nestrovski. Porto Alegre: L&PM, 1986.

BOOTH, Wayne, "Beckett's *Company* as Example", in *The Rhetoric of Fiction*, 2ª ed. Suffolk, Penguin Books, 1987, pp. 441-457.

BRATER, Enoch. *The drama in the text*. New York: Oxford University Press, 1994.

DE MAN, Paul. "Semiologia e Retórica. In: *Alegorias da Leitura*. Trad. Lenita R. Esteves. Rio de Janeiro, Imago, 1996.

FREUD, Sigmund. "O inquietante". In: *Obras Completas*, vol. 14 [1917-1920]. Trad. Paulo César de Souza. São Paulo: Companhia das Letras, 2010, p. 328-376.

GONTARSKI, S. E.; UHLMANN, A. "Afterimages: introducing Beckett's ghosts". In: Gontarski and Uhlmann (eds.). *Beckett after Beckett*. Gainsville, Fl.: University of Florida Press, 2006, p. 1-12.

ISER, Wolfgang. *The implied reader*. London: The Johns Hopkins University Press, 1974.

KALB, Jonathan. *Beckett in performance*. New York: Cambridge University Press, 1989.

KNOWLSON, James. *Damned to Fame*: the life of Samuel Beckett. London: Bloomsbury, 1996.

LOCATELLI, Carla. "Beyond the Mirror and Below the Concept: The 'I' as *Company*". In: *Unwording the world:* Samuel Beckett's prose works after the Nobel prize. Philadelphia: University of Pennsylvania Press, 1990, p. 157-187.

SZONDI, Peter. *Teoria do drama moderno* [1880-1950]. Trad. Luiz Sérgio Rêpa. São Paulo: Cosac & Naify, 2001.

O COLAPSO DA APÓSTROFE:
"ODE SOBRE UMA URNA GREGA"
REVISITADA
Emílio Maciel

Para Pedro Dolabela Chagas

I hate metaphors/I want you
Robert Creeley

Ode on a grecian urn
John Keats

I

Thou still unravish'd bride of quietness,
Thou foster-child of silence and slow time,
Sylvan historian, who canst thou express
A flowery tale more sweetly than our rhyme:
What leaf-fring'd legend haunts about thy shape
Of deities or mortals, or both,
In tempe or the dales of Arcady?
What men or gods are these? What maidens loth?
What mad pursuit? What struggle to escape?
What pipes and timbrels? What wild ecstasy?

II

Heard melodies are sweet, but those unheard
Are sweeter; therefore, yet soft pipes, play on;
Not to the sensual ear, but, more endear´d,
Pipe to the spirit ditties of no tone:
Fair youth, beneath the trees, thou canst not leave
Thy song, nor ever can those trees be bare.
Bold lover, never, never canst thou kiss
Though winning near the goal — yet, do not grieve;
She cannot fade, though thou hast not thy bliss
For ever wilt thou love, and she be fair!

III

Ah, happy, happy boughs! That cannot shed
Your leaves, nor ever bid the Spring adieu;
And happy melodist, unwearied,
For ever piping songs for ever new;
More happy love! More happy, happy love!
For ever warm and still to be enjoy´d
For ever panting, and forever young;
All breathing human passion far above,
That leaves a heart high-sorrowful and cloy´d
A burning forehead, and a parching tongue

IV

What are these coming to sacrifice?
To what great altar, O mysterious priest,
Lead´st thou that heifer lowing at the skies,

And all her silken flanks with garland drest?
What little town, by river or sea-shore
Or mountain-built, with peaceful citadel,
Is emptied of this folk, this pious morn?
And, little town, thy street for ever more
Will silent be; an not a soul to tell
Why thou art desolate, can e´er return.

V

O Attic shape! Fair attitude! with brede
Of marble men and maidens over-wrought
With forest branches and trodden weed;
Thou silent form, dost tease us out of thought
As doth eternity: Cold Pastoral!
When old age shall this generation waste,
Thou shalt remain, in midst of other woe
Than ours, a friend to man, to whom thou say´st
"Beauty is truth, truth beauty" — that is all
Ye know on earth, and all ye need to know.

No belo ensaio que dedicou à *Ode sobre uma urna grega*, aos vinte e poucos anos, o escritor argentino Julio Cortázar destaca o tom de violência que atravessa o poema como um todo, e que aparece já bastante evidente nas três exclamações que irrompem de súbito no início da primeira estrofe. Dando lugar pouco depois a um jorro de perguntas em *staccato*, essa poderosa sensação de descontinuidade se vê em parte aplacada na frase encerrando-se com a apologia das *ditties of no tone,* no verso quatorze, até ganhar novo impulso na sequência de imagens levemente enigmáticas que daí se segue. Num jogo que avança como uma oscilação ansiosa entre perenidade e transiência — começando pela evocação ao amante frustrado da terceira divisória, para depois passar à cena sacrificial com a novilha mugindo e, finalmente, ao endereçamento à cidadezinha imaginária que essa mesma cena esvazia —, as ásperas dissonâncias pontuando os episódios, que se sucedem e se atritam no texto um pouco como flashes desconexos à Chris Marker, parecem definitivamente domadas pela frase entre aspas que encerra o poema, quando, num tom entre sentencioso e oracular, postula-se uma espécie de revezamento tautológico entre essas duas entidades tão esquivas quanto maltratadas, as hipóstases popularmente conhecidas como "beleza" e "verdade".

Transformada depois num alvo fácil para toda espécie de paródia, a sentença final da ode de Keats tem algo de uma cúpula encerrando e definindo toda a dispersão anterior, cujo escopo abarca desde transportes velozes entre calma e tranquilidade até a estranha decalagem criada entre, de um lado, a proliferação de apóstrofes que atravessam o texto e, de outro, a serenidade assertiva do seu título, no qual o pequeno utensílio funerário que os versos interrogam aparece transformado em objeto resolutamente alheio aos insistentes esforços da voz lírica de falar com ele. De imediato, essa torção cria um perturbador desencaixe entre o título e os versos, e tende mais uma vez a desestimular conciliações fáceis, ao abrir instantaneamente um fosso entre a expectativa de distanciamento e objetividade que o título engendra e a ansiedade dos vocativos em que ele se desdobra. Em todo caso, é verdade que esse pequeno mas nada desprezível detalhe costuma passar desapercebido em algumas das traduções brasileiras do poema, o que não chega a ser exatamente motivo de surpresa, dado o modesto prestígio que hoje experimentam entre nós as abordagens de feição imanentista. Não obstante, ainda que esse impasse pudesse até ser sumariamente extinto pela substituição de um "on" por um "to" no título da ode, no primeiro momento pelo menos, o efeito mais evidente desse microdesvio sugere uma tomada de distância prosaica em relação ao repertório de convenções da lírica, discurso que tem como pedra fundadora, não por acaso, justamente a possibilidade de atribuir voz e rosto a coisas inumanas. Se lido de forma mais literal, entretanto, o sumário referencializador que o título encerra — supondo-se que se trate apenas de um artifício para indicar ao leitor o assunto do poema — pode também dar margem a pensar, num nível mais pedestre, essa mesma passagem hipotética de uma preposição a outra menos como um evento que ocorre de uma só vez, ao estilo de uma síntese à fórceps, do que como o produto das tentativas malsucedidas de transpor a superfície opaca da urna em questão. Sem dúvida, entre os elementos que concorrem para reforçar semelhante hipótese, destaca-se o sentido inequivocamente deceptivo de dois dos fragmentos de história que na superfície se incrustam, começando pelo gesto paralisado do amante diante da amada e culminando na impossibilidade de encontrar quem nos explique o significado da cerimônia sacrificial da quarta estrofe. Com uma pequena mudança de ângulo, no entanto, essa mesma resistência das imagens à inteligibilidade contribui para reforçar impressivamente o poder de convencimento dos versos finais, que despontam assim menos como uma irrupção aforística em abstrato do que como o epifenômeno da exaustão cognitiva que a sucessão de bloqueios provoca. Quase como se tivesse que começar do zero a cada interrupção, a estar correto tal raciocínio, portanto, o andamento espasmódico do poema sobrelevaria então como dispositivo capaz de extrair sua força da respeitável coleção de fiascos que vai arrolando, num movimento cujo ápice coincide, ao fim e ao cabo, com a descoberta de um sentido superior assombrando essa mesma e perturbadora ininteligibilidade. Não são poucas as implicações contidas nessa guinada e, apenas para ficar numa das mais óbvias, aos interessados em converter a ode de Keats em sinédoque histórica, nesse desconforto inesperadamente prazeroso que o poema encena talvez não fosse difícil ler o emblema de uma drástica mudança na forma de atualizar e interpelar o passado, na qual a possibilidade de fruição estética, doravante, não precisaria estar mais vinculada à impressão mais ou menos impositiva de um entendimento perfeito, podendo ser até eventualmente intensificada por um entrave cognitivo fortuito. Deixando, portanto, de lado a expectativa de compreensão integral, a atitude figurada nesses versos, se tomada como ponto de partida para mais um convidativo enlace entre obra e *Zeitgeist*, funcionaria assim como o correlato objetivo de uma arte não mais à mercê de um critério heterônomo, e apta por isso mesmo a se manter indefinidamente nessa estranha zona de suspensão que o poema instaura, um território no qual muito mais decisivo que o ato de costurar, ainda que de forma precária, sensível e inteligível, é saber renunciar com o devido tato a certas perguntas irrespondíveis.

Leitura que pode encontrar respaldo imediato em muitos dos mais inteligentes contemporâneos de Keats — apontando para o que corresponderia, em linhas gerais, à consolidação da disciplina da Estética como instância capaz de legislar acerca de si própria sem interferência externa —, a imediata sensação de conforto e familiaridade que daí decorre tem de certo muito a ver com a capacidade que tem essa sinédoque de reorganizar retroativamente todas as quebras e parataxes do poema, de modo a convertê-lo na alegoria em miniatura de uma arte finalmente autônoma. Tomada alguma distância, no entanto, essa sedutora e à primeira vista quase irrecusável possibilidade tenderá a ser consideravelmente minimizada por uma análise em filigrana do texto, que se na superfície faz sem dúvida a apologia das sensações ilegíveis e dos transportes do êxtase, nem por isso deixa de contar com um substrato tropológico tremendamente preciso e rigoroso, equilíbrio para o qual muito contribui também a forte intimação tectônica induzida pela trama de contrastes. Sem implicar propriamente em contradição, essa suave, mas insistente discrepância entre assertiva e performance, entre dito e modo de dizer, tem exatamente na sua textura pouco conspícua uma de suas maiores forças e, por isso mesmo, corre o risco de ser fatalmente negligenciada sempre que se transformam os versos finais em súmula do todo. Assim, se a sensação de avanço veloz e inexorável que o poema provoca é indissociável do cuidado de elidir sistematicamente as mediações hipostáticas — não obstante o "therefore" que aplaina a primeira transição para o modo imperativo, no início da segunda estrofe —, não é menos verdade que, uma vez transformada a teia de correspondências em planta arquitetônica virtual, o poema dá a ver uma série de elementos que trabalham para atenuar com eficácia essa impressão disruptiva, desde o transe cratiliano que as repetições sonoras provocam até os ecos criados entre momentos cuidadosamente separados uns dos outros. Os mesmos momentos, aliás, que uma vez dispostos lado a lado num hipotético eixo de equivalências, soam como variantes possíveis de uma única matriz figural. Embora não se trate certamente de uma conexão ostensiva, sua força pode ser percebida com grande nitidez, por exemplo, quando, uma vez iniciada a retroação, a longa frase sobre as músicas não ouvidas que abre a segunda estrofe — cujo desenho é quase como um *travelling* pontuando e ralentando a síncope do jorro de perguntas — se insinua como a prolepse em miniatura da serenidade perturbadora da cena do sacrifício, que, coincidência ou não, é também o que fornecerá o impulso decisivo para o salto até a aldeia imaginária. Tropo no qual pode-se também reconhecer a reedição da "música das esferas" da estrofe III, o discreto curto-circuito assim criado leva ainda a reconsiderar com certa cautela outros aspectos que lhe são aparentemente incomensuráveis, como é o caso do brusco enlace intersubjetivo do desfecho, no qual a urna ressurge dirigindo-se alucinatoriamente ao leitor-passante da posteridade. Um endereçamento que talvez seja muito mais planejado do que se supunha: afinal, se é inegável que o vocativo em latência nesse célebre pseudodístico pode de início sugerir algo como o equivalente diferido de outra abrupta mudança de ângulo — após o quê, a urna responde com imperativo quase impessoal a todas as indagações anteriores, ao mesmo tempo em que amplia violentamente seu auditório hipotético, que passa agora a incluir nada mais nada menos que todas as gerações vindouras —, também é certo que esse súbito voltaface da urna-poema, convertida deste lugar tão longínquo em "amiga do homem" (*a friend to man*), já se encontrava de certo modo prenunciado desde pelo menos o quarto verso do texto, na forma de uma primeira pessoa do plural encapsulada em pronome possessivo (*our rhyme*); ainda se, neste caso, obviamente, se tratasse muito menos de firmar um traço comum as duas instâncias do que de marcar a superioridade dessa urna em relação ao presente. Seja como for, por mais que esses detalhes possam parecer quase desprezíveis numa visão de conjunto, penso que já não se poderá dizer o mesmo das duas estrofes finais, que, com uma articulação que a um só tempo esconde e escancara seus artifícios — ao construir uma espécie de narrativa de segundo grau via sucessão dos tropos — são a meu ver os momentos em que se torna mais inegável a artificiosidade do poema como um todo. Numa primeira síntese provisória, trata-se de uma passagem que progride como um avanço inexorável até níveis cada vez maiores de rarefação, trajeto cuja dobra mais reveladora e decisiva coincide com a interposição de um breve interregno de devaneio entre a cena do sacrifício e a equação-desfecho. Principiando com uma cerimônia *in media res* e esparsamente descrita, passando por uma imagem que não existe senão na mente de um sujeito e desembocando depois numa frase nominal que faz uma completa tábula rasa de tudo o que veio antes, tal desenho parece no mínimo organizado e linear demais para poder ser apenas um efeito aleatório. Nesse sentido, ele soa como uma montagem estudadamente construída para engendrar uma ilusão de clausura, resultado cuja força de convencimento, de resto, não decorre senão do modo como, de fora a fora, os conectivos que poderiam eventualmente explicitar a teleologia do texto — no arco que vai da sensação concreta até a síntese conceitual — se veem magistralmente dissimulados no crescendo provocado pelas frases em sequência, desdobrando-se quase como uma progressão gradativa dos *closes* ao plano do conjunto.

Salvo engano, um movimento em muitos aspectos comparável ao acima descrito pode ser também facilmente identificado em toda a organização anterior do poema, a começar pelas perguntas que empurram para o primeiro plano a turbulência do que parece ser, até segunda ordem, um cortejo báquico. Numa sinopse que buscasse abarcar agora todas as cinco estrofes, esse mesmo jorro de perguntas — mantém-se ainda assim uma renitente e implacável ligação anafórica com a terceira interpelação da urna — torna-se, meio pela tangente, o virtual ponto de partida de um minucioso exercício de depuração, que, por mais paratático que possa parecer de verso a verso, não deixa de ter algo de uma ascese platônica se olhado à devida distância. Ato contínuo, supondo-se que uma soma das sínteses parciais de cada uma das partes possa ser mesmo traduzida na impressão de um trajeto inexorável, não é descabido identificar, nesse trajeto, a conversão das figuras inscritas na urna em narrativa didática como sendo o truque pelo qual a voz lírica tenta furtar-se à dificuldade inerente à descrição de cenas estáticas, quando se dá conta de que não existe aí qualquer indicação de prioridade ou sequência de leitura. Numa palavra: dada a impossibilidade de organizar as imagens simultâneas em antes e depois, é como se essa dificuldade de articular um sentido único cedesse lugar a uma oscilação ciclotímica e incessante entre ordem e desordem, que de início tem tudo para precipitar o seu contemplador em uma dúvida insolúvel. Ou isso pelo menos — imaginando-se que tenhamos de fato recuado ficcionalmente ao momento anterior ao da escrita do poema — é o que tenderá a predominar até a hora em que, para o alívio dos leitores mais inquietos, a indefinição será organizada e extinta por um álibi alegórico *ad hoc*, ao qual caberia fornecer ao olhar a sua direção inequívoca. Num artefato que parece esconder tão habilmente as suas principais costuras, não deixa de ser interessante perceber como a ameaça de arbitrariedade que a cena estática comporta — uma angústia que pode ser comparada à dificuldade de alguém que tenta descrever uma casa da maneira mais rápida e direta possível, mas parece ainda não saber direito por onde começar — faz o poema se parecer muitas vezes com uma câmera se afastando e se aproximando de um objeto de forma espasmódica; impressão que tem nesse caso muito menos a ver com a desordem e aleatoriedade daquilo que se mostra — hipótese que me parece, aliás, violentamente desautorizada pela cerrada infraestrutura figural do poema como um todo — do que com inesperadas mudanças de ênfase e escala entre um verso e outro, sucedendo-se sem que haja qualquer explicação detalhada sobre como, por exemplo, as virgens relutantes dos versos da abertura foram de repente reduzidas a uma única representante no fecho da segunda estrofe. Se é que os trechos têm em mira de fato a mesma pessoa. Num primeiro esforço sinóptico, no entanto, creio que a própria hesitação espelhada nessas relações algo inconciliáveis entre parte e todo — ora apontando para uma tentativa de encontrar um padrão narrativo que esclareça os tropeços, ora deleitando-se em explorar as implicações mais ou menos verossímeis de pequenos detalhes discrepantes — caminha em grande parte no sentido de desvincular o olho da obrigação de seguir um trajeto unívoco, o que de resto está longe de tornar as coisas mais leves para quem analisa o poema. Pelo contrário: se por um lado isso gera a sensação de que a leitura da urna grega é virtualmente inesgotável, por outro, a rigorosa opacidade com a qual tudo se dispõe torna ainda mais convincente o dístico marmóreo do encerramento, legível, no entanto, menos como a síntese totalizante para a qual a narrativa aponta do que um golpe de força *in extremis* detendo momentaneamente a desagregação. Operando como um contravetor centrípeto em escala molecular, é possível que o efeito mais insidioso desse rompante seja tornar angustiantemente difusas e indeterminadas as escalas que supostamente deveriam dar ordem aos fragmentos soltos, os quais, por sua vez, a salvo de qualquer anteparo que os organize, irrompem como imagens tomando repentinamente de assalto a atenção do leitor. A ponto de até fazê-lo se esquecer da meticulosa gradação semântica que elas perfazem.

Ao disseminar uma série de interrupções imprevisíveis ao longo do texto, esse jogo entre acaso e sobredeterminação — corolário que é da perda de inocência hermenêutica que tais discrepâncias provocam — parece deixar inteiramente a cargo do auditório a tarefa de ler as implicações latentes nessas parábases, dificuldade que, quando se salta do plano do tropo para o da enunciação, se vê ainda mais agravada pela dicção oblíqua e evasiva dessa voz lírica. Embora de início essa voz pareça seguir docilmente a convenção da apóstrofe, basta ler com um pouco de atenção as três estrofes intermediárias para que ela se revele como saída plenamente consciente de uma distância intransponível, que nesse caso não chega a ser, todavia, um fator de intimidação. Com efeito, se na evocação da música pitagórica da segunda estrofe talvez não haja mais que outra surrada profissão de fé de uma pretensa superioridade do espírito sobre as intuições sensíveis, é surpreendente notar como, operando mais uma vez a outra inesperada variação de tom, as estrofes três e quatro do poema se comprazem em pôr a descoberto o desgaste e a convencionalidade da interpelação que realizam, quase como um ator acenando de viés à quarta parede, com um olhar de esguelha. Tomando agora como ponto de partida duas cenas que, por mais incongruentes que pareçam, têm em comum o fato de serem como instantes quaisquer petrificados por um olhar de medusa, o que vemos aqui, a rigor — nos momentos em que a voz supostamente tenta consolar as figuras imóveis, tratem-se elas de amantes ou meras folhas — está sem dúvida muito menos próximo de uma crença efetiva na realidade de seu interlocutor mudo do que de um calculado efeito de ironia dramática em relação ao passado, graças ao qual a superioridade da voz encenada em relação àquilo que encena — evidente, por exemplo, na sub-repção que converte um momento arbitrário em primavera eterna — no mínimo faz ver com reserva a hipótese de que, para retomar um raciocínio recorrente em algumas de suas leituras mais célebres, o poema esteja simplesmente narrando a derrota da inteligência em face de uma enchente de sensações turbulentas. Mais do que isso: ao revelar uma lucidez quase ofuscante em meio à dispersão, essa recusa de ceder por completo ao ilusionismo — lembrando por vezes um ator shakespeariano pensando em voz alta — é o que dá também a ver o poema como a meticulosa armadilha retórica que é, armadilha que nesse momento parece fazer quase nenhum esforço para obliterar-se. Num certo sentido, ao pôr a nu com tal insistência seu próprio lastro livresco, o conjunto tem algo de um efeito de distanciamento expondo e ironizando as convenções da ode, no mesmo gesto que, ao devolver as intimações de perenidade a seu status precário, soa também como uma mortífera paródia de *exegi monumentum*, em meio ao qual a emoção aflora muito menos como um transporte espontâneo do que como uma pose estudada. Se tomado como uma deliberada estratégia anti-ilusionista, é quase como se o poema dirigisse um recado à plateia por pessoa interposta, ao mesmo tempo em que reivindica a cumplicidade dessa mesma plateia diante de imagens completamente cegas e indiferentes ao seu sentido último. Trate-se porém ou não de simples perda de controle — dilema que não deixa de ser também uma prova a mais do imenso virtuosismo do texto, no qual nunca se sabe ao certo e até que ponto é a voz que conduz as imagens ou é por elas conduzida —, isso pode também ajudar a explicar porquê, traindo um inequívoco pendor por sentidos bifrontes, a estrofe começando com a apóstrofe aberratória dos ramos da moldura (*Ah, happy, happy boughs! That cannot shed/ Your leaves, not ever bid the spring adieu*) — como todos sabem um clássico *topos* de efemeridade desde pelo menos o canto VI da *Ilíada* — não mostre qualquer receio em inverter drasticamente o sentido que a tradição associa via de regra a essa imagem, ao convertê-la sem qualquer pedido de licença na própria encarnação da permanência. Com todo o seu saboroso travo de erudição perversa, essa reviravolta parece até certo ponto suave diante do que irá acontecer nos versos seguintes, quando, levando a pátina classicizante à nova autoimplosão, a inferioridade da paixão moderna em relação ao idílio pastoral é figurada com metonímias desavergonhadamente roubadas de Safo de Lesbos (*a burning forehead, and a parching tongue*), intertexto que tem aqui um efeito muito parecido ao de uma piscadela cúmplice.

De um modo geral, discretas, mas incontornáveis dissonâncias como essas operam como uma máquina de guerra em surdina, colocando em xeque a autoridade de cada uma das sínteses parciais que o poema aciona; prevenção, como se vê, que nesse caso passa também pelo empenho em pôr a descoberto o estrato de intertextos, ativando com isso um imediato efeito de rebote sobre o elogio das sensações que domina a cena no plano mais frontal. No limite, aliás, ao fazer com que a *mise-en-scène* seja continuamente atravessada por uma persistente não coincidência em relação a si própria — o que é quase como um antídoto confeccionado pelo próprio poema para conter sua força encantatória —, tais detalhes parecem construir à sua maneira a miragem de um crime sem rastros, cuja consumação não decorre senão da desenvoltura com que essas fraturas são habilmente acobertadas, absorvidas e acolchoadas pelo transe da sonoridade, que tampouco se furta a repetir palavras para produzir hipnose. Com uma tocada que caminha sempre num fio tênue entre a agressão e o eufemismo, entre rispidez e delicadeza, é provável que a passagem mais chocante de todas ocorra exatamente quando a voz se detém sobre o beijo abortado de um enigmático *bold lover*, momento no qual se percebe também o claro eco anafórico da cena inicial do cortejo báquico:

> *Fair youth, beneath the trees, thou canst not leave*
> *Thy song, nor ever can those trees be bare.*

Bold lover, never, never canst thou kiss
Though winning near the goal — yet, do not grieve;
She cannot fade, though thou hast not thy bliss
For ever wilt thou love, and she be fair!

Ora, se os dois vocativos que emolduram em sequência as duas frases completas podem até, a princípio, dar a impressão de visar o mesmo alvo, a impossibilidade de executar de uma só vez as duas ações narradas — em meio às quais vemos descortinar-se também uma nítida curva ascendente de selvageria, no salto do idílio musicado à perseguição à "meta" — não deixa dúvida de que estamos diante de outra abrupta mudança de plano, cabendo talvez à perseguição descrita no segundo deles retomar e expandir em marcha mais lenta o jato de interrogações da primeira estrofe. Para um movimento que eclode impulsionado por uma pergunta-disjunção sobre deuses e homens e passa depois as tais donzelas relutantes (*maidens loth*) que podem ou não estar diretamente ligadas aos primeiros, a hipótese de que se trate de fato de uma continuidade ganha uma poderosa pregnância no jogo de campo e contracampo instaurado, logo no verso oito, entre a "louca perseguição" (*mad pursuit*) e a "luta por escapar" (*struggle to escape*), sintagmas que, ao contrário dos dois vocativos iniciando a citação acima, nada mais são que enquadramentos alternativos de um único exemplo. Apenas que, enquanto a cesura que separa as perguntas no verso da primeira estrofe de certa maneira parece sugerir o esforço de imparcialidade do olhar que interroga, o mesmo não pode se dizer do trecho em que ocorre a retomada e o detalhamento da perseguição. Como primeiro fator de assimetria separando e diferenciando radicalmente os dois momentos, destaca-se o vocativo, alvejando o que se revelará nos versos seguintes um corredor fracassado, apóstrofe vazada num tom que, se por um lado pode parecer apenas mais uma variante da competição entre Aquiles e a tartaruga, por outro — e embora tendo sempre a distância da ironia como desculpa — não mostra receio em desconsiderar por completo a nada desprezível atribuição da parte perseguida, que aparece aí sumariamente reduzida à condição de presa. Numa frase cujo propósito parece ser o de consolar um criminoso por um crime não cometido, é desnecessário dizer que, tão logo se instaura essa corrente de empatia com o moço perseguindo a jovem, o que poderia haver de incômodo ou mesmo francamente grosseiro nessa interpelação surge aqui prudentemente atenuado pela hábil suspensão de descrença a que o endereçamento induz, ao conferir uma dimensão quase lúdica à violência do narrado e, de permeio, gerar também uma assimetria violentíssima entre as partes em litígio, das quais apenas uma parece ser digna de se destacar da cena por meio de um vocativo. Tudo contado, entre a distância que poderia eventualmente retirar a credibilidade da leitura literal e a possibilidade de simplesmente dar de ombros ao espetáculo, alegando que trata-se apenas de uma ficção estética, parece claro que, para fazer jus ao horror e beleza da cena referida, é preciso conseguir reter simultaneamente esses dois apelos, que provocam de imediato um estranho perde-ganha entre inteligência e sensações, e parecem quase colocar entre parênteses a violência que confere *pathos* e estranheza à cena em questão, sem prejuízo da gritante tendenciosidade da apóstrofe ao moço.

Numa outra variante defensável do problema, é bem possível que a impressão de discrepância e ambiguidade que a cena produz fosse atenuada caso o poema conseguisse determinar também o estatuto ontológico do perseguidor, que se fosse mesmo de fato um deus e não um homem — questão aberta e jamais dissolvida de todo pela interrogação ansiosa da primeira estrofe

(*What men or gods are these?*) — talvez viesse até a tornar justificável *a posteriori* o terror e a angústia experimentados pela fêmea perseguida, tão logo se desse, por exemplo, o reconhecimento da mesma como mãe de um herói — um pouco como num rascunho *avant la lettre* de *Leda e o cisne*. Nesse caso, entretanto, depois de anestesiada pelo anteparo da distância estética, é como se a sedução inerente a essa voz complexa — a um só tempo se eximindo e denunciando a si mesma nessa flagrante desproporção de tratamento — se desocultasse como apta a franquear ao leitor a inconsequente fruição de uma simpatia ilícita, e que, a depender do grau de incômodo que provoca, pode muito bem lançar uma insanável suspeita sobre o "desinteresse interessado" que a voz do poema instiga — truque pelo qual nos livraríamos de ter que sujar as mãos com o que parece ser, até segunda ordem, uma tentativa de estupro.

Uma vez aceita essa hipótese, portanto, o que poderia muito bem se apresentar a princípio como uma elíptica cena de crime se veria assim parcialmente redimido por uma disparidade absoluta de forças, que colocaria a virgem no papel de presa caçada por uma entidade que apenas atualiza inocentemente o seu próprio poderio incontrastável — e, em última análise, benéfico. Alternativa capaz de fazer ver então, pode-se supor, na violência domada com tanta habilidade pela voz ficcional — quando se põe a ardilosamente consolar esse suposto predador malsucedido — uma solução de compromisso até defensável face a uma brutalidade que parece ser aqui tratada e exposta quase como uma ordem natural, mas cujos propósitos tendem a exorbitar por completo a escala (talvez) demasiado humana da piedade.

Na estrofe que emerge imediatamente depois da cena em questão, é verdade que ameaças de desagregação como as acima expostas já se encontram amplamente domesticadas no registro muito mais aceitável do amor cortês, que faz com que entre amador e coisa amada interponha-se agora a presença de um instrumento musical (*for ever piping songs, for ever new*) como artimanha sedutora. Funcionando assim como um pequeno respiro de tranquilidade em meio à progressão da desordem — num desenho que depois de transformar a parte feminina em mera interlocutora implícita, parece abandonar momentaneamente o fio da exposição em prol do sortilégio, a ponto de repetir nada menos que cinco vezes o advérbio *for ever* —, essa estrofe pode ser vista também como um recuo preparando o efeito de surpresa gerado pela próxima cena abrupta, cujo impacto se deve paradoxalmente à inesperada sensação de calmaria que a perpassa. Tendo agora como foco central a rês enfeitada e conduzida para o sacrifício, não há dúvida de que a violência que se deixa também claramente pressentir no apelo que a oferenda endereça aos céus — muito provavelmente apenas a tradução alucinatória de uma sequência de sons desarticulados — é de ordem muito distinta daquela que vimos ser exposta na estrofe tendo por foco a jovem perseguida; coisa que tampouco impede a construção de outro jogo de ecos, que, a exemplo do que aconteceu quando se tratava de articular uma espécie de sentido anagógico ligando a Arcádia imaginária à epifania da lei, não deixa de revelar também nova progressão semântica. De um ponto de vista que tente simplesmente reduzir a textura das cenas a uma suposta moldura temática, tanto perseguição quanto sacrifício são processos cujo termo passa necessariamente por uma mediação violenta, com a pequena e crucial diferença que, no segundo caso, essa violência se converte numa encenação organizada em torno de uma série de protocolos mais ou menos arbitrários, que, ao mesmo tempo em que podem causar certa perplexidade em quem os observe de fora, funcionam como invólucro de legitimidade para um ato que precisa de uma generosa dose de sangue inocente para se consumar. Daí, sem dúvida — em contraste com a agressão congelada da estrofe III —, a densa aura de quietude envolvendo o solene trajeto da novilha até o altar, coadjuvada por uma voz narrativa, desta feita, que, longe da crueldade indiferente demonstrada diante da donzela correndo, parece até permitir a si mesma certa compaixão — aqui manifesta menos via asserção direta do que graças ao destaque conferido na atribulação da rês, a qual se consagram os versos três e quatro da quarta estrofe. Se observado com mais vagar, contudo, tal rompante pode ser apenas o efeito colateral de ter se preferido figurar a pobre novilha como clamando aos céus (*lowing at the skies*), perfazendo assim um antropomorfismo que, ao conferir ainda uma dramaticidade adicional à cena do rito, constitui uma outra astúcia cênica nos seus próprios termos, por obra e graça da qual, no limite, ao projetar-se uma aura de suplicante sobre a presa sacrificada, o poderoso efeito de estereoscopia que daí advém reforça ainda mais o ricochete recíproco entre moça e novilha. Ao mesmo tempo, no realce dado ao *telos* inexorável do périplo da novilha — que a essa altura totalmente alijada de qualquer chance de fuga, avulta assim como o duplo invertido da imagem da moça correndo —, a sensação de falta de saída e desespero que emana desse verso sugere também a reiteração diferida da perturbação latente na cena da terceira estrofe, vínculo que pressupõe então a substituição aleatória de uma vítima por outra, *pari passu* à rasura de uma ação incompleta por um gesto integralmente encerrado em sua inexorabilidade, e que estaria para a cena da perseguição assim como o final de uma história está para o meio. Até que isso aconteça, porém, um novo e inesperado salto imaginativo da voz que interpela acrescentará mais uma forte dose de desassossego ao entrelaçar das imagens, que, se parecia experimentar um descanso momentâneo na longa frase que sela a descrição da guirlanda coroando a novilha, se vê submetida a outra brusca mudança de marcha tão logo — em outro trecho que poderia soar para "n" leitores como apenas um detalhe irrelevante —, a voz surge quase prestes a descarrilar a si mesma na pequena encruzilhada de possibilidades que enuncia:

> *What little town, by river or sea-shore*
> *Or mountain-built, with peaceful citadel,*
> *Is emptied of this folk, this pious morn?*
> *And, little town, thy street for ever more*
> *Will silent be; an not a soul to tell*
> *Why thou art desolate, can e'er return.*

Diante da nova pergunta sem resposta que tais versos propõem, a discreta perturbação produzida nas primeiras três linhas — quando de súbito a voz hesita em definir a moldura certa da pequena cidade, construindo um pequeno catálogo de possibilidades do qual parece também se esquecer logo depois — pode ser facilmente deixada de lado como um simples artifício para sugerir agitação mental, e cujo impacto pouco ou nada contribui para o andamento da cena. Contudo, na medida em que se vê enlaçado a outras indefinições muito menos inexplicáveis que atravessam o poema — dentre as quais nenhuma talvez seja mais chamativa do que aquela que confunde duas vezes seguidas deuses e homens —, essa negligente enumeração de alternativas é, em meio a todos os versos do poema, aquele que mais põe em destaque a tensão fundamental da ode, ao contrapor à irresistível força unificadora do modo vocativo esparsos enclaves de enumeração caótica, minando sutilmente por dentro sua supremacia. De vez que parecem poder ser prolongados até o infinito, a irrupção deles como agente centrífugo nos versos acima — nas duas linhas em que a voz gagueja por uns breves segundos, como um orador ansioso (*What little town by river or sea-shore,/Our mountain-built with peaceful citadel*) —, torna também sumamente bem-vinda a interpelação às ruas da cidade que daí se segue (*thy streets*), que é onde culmina o suave *glissando* entre percebido e imaginado a ter lugar nessa estrofe. Na pior das hipóteses, trata-se de um efeito sintonizado à perfeição com o apaziguamento criado pelos versos do desfecho, os quais, desde a condicional que nos transporta até o espaço-tempo apocalíptico onde a urna pronunciará sua sentença, dão a impressão de terem definitivamente trocado a exploração do mundo sensível pelo ponto de vista de Sirius. Num raciocínio que tem exatamente seu ápice numa frase-epitáfio, é quase ocioso lembrar que, se há uma prova da força persuasiva desses versos, ela não passa senão pela maneira como eles nos podem até levar a esquecer os tropeços e saltos pelos quais se chegou até eles. E, no entanto, por mais que a proliferação de entornos possíveis para a pequena cidade tenda a soar apenas como uma digressão lateral em meio ao senso de desolação de que esta é veículo, é intrigante perceber como, quando converte em termos cambiáveis entidades de magnitudes e poderes tão distintos quanto um mar e um rio, essa aparente textura irrelevante que agora destacamos, por força da velocidade com a qual iguala sem maiores escrúpulos coisas tão díspares, se insinua quase como uma antecipação em escala reduzida da equação final do poema, na qual o nó atado por um mero verbo "ser", flexionado no presente, aparece como uma rasura negando e conservando toda a agitação anterior. E, a um só tempo, instaurando um escorreito jogo de envios entre o seu eixo diacrônico e o seu eixo sincrônico. Desdobrado logo em seguida no comentário que de novo iguala violentamente ser e dever ser, realidade e necessidade ([...] — *that is all/ye know on earth, and all ye need to know*), creio que as não poucas dificuldades criadas nesse percurso ajudam também a elucidar alguns dos motivos pelos quais, no entendimento hegemônico do poema, a eventual incomensurabilidade e/ou antagonismo dos dois termos cambiantes torna-se um dado quase sempre descartado em face da eficácia arquitetônica desse fecho, num giro que pode ser visto quase como uma operação de contrainsurgência diante dos abismos sutilmente abertos entre um verso e outro, capazes de, no mínimo, tornar problemática a aposta na conciliação estética. Ficando, todavia, ainda por se esclarecer até que ponto — à luz de aspectos compreensivelmente postos de lado pelas leituras como a de Cortázar, para quem o poema consumaria "a abolição do temporal por meio do temporal" — a afirmação da autossuficiência e completude da fala virtual da urna seria ou não uma tática para prevenir o leitor de ter que se haver novamente com uma desordem sem medida, cujo rastro foi se alastrando surdamente pelas cenas que compõem o trajeto da *ekfrasis*. Dada a impossibilidade de resolver em definitivo dúvidas como essas, nada mais compreensível, portanto, que a indistinção já perigosamente insinuada desde o verso sobre homens e deuses — e depois reiterada em clave diversa no emolduramento da cidade, instante no qual o fluxo parece prestes a ser bloqueado por uma enumeração caótica — comece a operar como um miasma que torna instantaneamente contingente, duvidoso e arbitrário tudo o que toca, peripécia que nesse caso dá a ver também o inevitável aborto de possibilidades que serve de premissa a cada assertiva. Nesses termos, que o poema tenha ainda o desplante de alcunhar de inviolada uma superfície que encena e sacraliza uma violação é até uma discrepância suave em face do insistente perigo de que é portadora a partícula "ou" — que, salvo engano, me parece ser precisamente o ponto em que tudo se quebra de forma inapelável. Não por acaso, é esse também o instante em que o texto alcança o máximo de lucidez retórica em relação a si mesmo, revelando assim o esquecimento que torna possível a sua inexorável progressão linear, num gesto que soa quase como um "dar de ombros" resignado em meio a um semear de perguntas sem reposta. Pelo menos até que sobrevenha finalmente o golpe de misericórdia do dístico.

Num poema que vai empilhando exclamações uma em cima da outra — quase como se quisesse que a exaltação fosse transmitida ao leitor por via contagiosa —, tão ou mais inquietante que saltos desse tipo é perceber ainda como, imaginando-se que fosse mesmo possível dispor tais deslizes e quebras em graus de turbulência dionisíaca, a literalidade violenta de certas imagens tende a parecer quase tímida se comparada ao potencial de desagregação condensado em monossílabos à primeira vista tão inodoros quanto um "é" e um "ou". Coincidentemente ou não, é possível que o impacto e o poder duradouro que deles emana talvez nunca seja tão transparente quanto no dístico conclusivo, que ao embalar e despachar num ato de força beleza e verdade, não deixa de ser também uma maneira de dar cabo de uma proliferação disjuntiva virtualmente infinita; proliferação, por seu turno, que, ao dotar cada um dos significantes do poema de uma aura fantasmática, faz com que eles se revelem ser ao mesmo tempo mais e menos do que aparentemente são. De um lado, essa aura tem sem dúvida um papel decisivo na crônica dificuldade dessas imagens de repousar em si mesmas, impasse traduzido a princípio num cerrado jogo de equivalências entre meras sugestões esparsas, jogo no qual tudo pode ser virtualmente trocado por tudo. De outro — a menos é claro que se queira ver no epitáfio a lei que suprassume e unifica as partes disjuntas —, na medida em que parece também resistir tenazmente à estabilização, esse hiato adiando qualquer convivência pacífica sensível e inteligível é também a pista pela qual o poema dá a ver a economia que garante a ele sua unidade, ao converter o resíduo deixado disperso e ecoando em cada uma das cenas na energia que impulsiona o avanço dos versos a patamares cada vez mais elevados de generalização e força ofuscante, até desembocar e pacificar-se na famigerada equação hiperbólica. De resto, trata-se de um resultado que pode muito bem revelar-se mais tarde apenas como um lamentável engano, desdobrado que é no vínculo unindo e inimizando, num só movimento, a dicção marmórea e impessoal com que duas abstrações se igualam e a incredulidade que parece ser o necessário efeito indesejado dessa compactação abrupta. Oposição resolutamente infensa a toda tranquilidade, a ponto de jogar inclusive uma sombra de suspeita mesmo sobre sintagmas em aparência tão inofensivos como *trodden weed*; penso não ser apenas obra do acaso que, diante dele, as tentativas de promover uma conformação minimamente aceitável entre imagens e ideias terminem produzindo uma exaustão muito parecida com a experimentada pelo contemplador-narrador do poema de Keats, ativando então um percurso-leitura que, longe de cessar por completo as perturbações, nada mais faz que reproduzi-las e linearizá-las em forma de um pequeno inventário de incongruências, capazes de estraçalhar pouco a pouco a ilusão do todo. Ao dar a ver uma série de fragmentações ocultas perfurando o poema, ao mesmo tempo em que costuram uma trama de rimas longínquas entre imagens e ideias apenas à primeira vista sem conexão, como moça e novilha, caça e sedução, perseguição e sacrifício, etc., tais incongruências podem, com algum esforço, até contrabalançar um pouco a intimação indiferenciadora de sua voz lírica; voz que, como tentei demonstrar nos comentários acima, se em alguns momentos revela um inequívoco pendor por simpatias ilícitas, em outros, parece comprazer-se em dissolver todas as coisas singulares em uma só alquimia abstrata, na qual pode-se ver muito bem apenas o efeito cumulativo de outra soma sem síntese. Na dificuldade de habitar por tempo indefinido essa terra sem dono — onde a saturação gerada pela sobreposição dos tropos está sempre à beira de se converter num colapso que iguala a tudo e a todos na mesma noite parda —, encontra-se com toda certeza a chave para explicar como, longe de significar o desmascaramento definitivo da ilusão estética, leituras que procurem fazer jus a tais aporias só fazem executar de forma diferida o programa implícito da ode, o qual, ao contrário do que poderia insinuar uma síntese apressada, passa sempre pelo incansável jogo de duplo vínculo entre parte e todo, termos que podem até parecer provisoriamente conciliados sob forma de inscrição lapidar bem urdida. Um casamento, até onde consigo ver pelo menos, que não é aqui possível em outro registro que não o de uma encenação irônica.

Referências bibliográficas

BROOKS, C. *The well-wrought urn*. New York: Harcourt, 1956.
BURKE, K. *A grammar of motives*. Berkeley: University of California Press, 1969.
CAMPOS, A. de. *Byron e Keats:* Entreversos. Campinas: Ed. Unicamp, 2009.
CORTÁZAR, J. *Valise de cronópio*. São Paulo: Perspectiva, 1993.
COSTA LIMA, L. (Org.) *Teoria da literatura em suas fontes I*. Rio de Janeiro: Francisco Alves, 2002.
DE MAN, P. *Aesthetic Ideology*. Minnneapolis: Minnesotta University Press, 1996.

_____. *Critical writings*. Minneapollis: Minesotta University Press, 1989.

_____. *The rethoric of romanticism*. New York: Columbia University Press, 1984.

GIRARD, R. *A violência e o sagrado*. São Paulo: Paz e Terra, 1998.

HERTZ, N. *O fim da linha*. Rio de Janeiro: Imago, 1995.

JAKOBSON, R. *Linguística e poética*. São Paulo: Cultrix, 1995.

KEATS, J. *The poetical works of John Keats*. Oxford: Oxford University Press, 1987.

LEVI-STRAUSS, C. *Mitológicas I:* o cru e o cozido. São Paulo: Cosac & Naify, 2004.

WEISKEL, T. *O sublime romântico*. Rio de Janeiro: Imago, 1994.

O IDIOMA DISCRETAMENTE ESTRANGEIRO DE WITTGENSTEIN
Helena Martins

Em uma passagem muito citada de seu *Contra Sainte-Beuve*, Proust afirma que "os belos livros são escritos em uma espécie de língua estrangeira" (Proust 1988, p. 141). Deleuze, que subscreveu e revigorou a afirmação, observa, entre outras coisas, que essa "espécie de língua estrangeira" — o idioma de um Proust, de um Kafka, de um Beckett etc. — não é uma "outra língua, nem um dialeto regional redescoberto, mas um devir outro da língua, uma minoração da língua maior, um delírio que a arrasta, uma linha de feitiçaria que foge ao sistema dominante" (Deleuze 1997, p. 15). O que desejo fazer aqui é refletir, nesses termos, sobre os belos livros de Ludwig Wittgenstein.

Antecipando objeções imediatas, escolho identificá-las de saída, confiando que ajudem a caracterizar, por contraste, a minha própria percepção. Alguém poderia dizer, para começar, que não são belos da mesma maneira os livros literários e os filosóficos, e que a afirmação de Proust se aplica apenas (ou sobretudo) aos primeiros – que ela remete, em particular, para ficar ainda com Deleuze (1997, p. 15), "ao que a literatura produz na língua", despreferindo, dessa forma, escritos advertida ou inadvertidamente identificados à instituição da filosofia, entre eles os de Wittgenstein. Sabe-se que Deleuze insistiu sempre que, se a literatura é um *saber* tanto quanto a filosofia, e se a filosofia é *criadora* tanto quanto a literatura, são, por outro lado, distintos os seus saberes e as suas criações: "o verdadeiro objeto da arte é criar agregados sensíveis e o objeto da filosofia é criar conceitos" (Deleuze 1992, p. 154).

Na esteira de Deleuze, muitos poderiam, é claro, levar ainda mais longe a objeção, ponderando que os livros de Wittgenstein, em seu movimento precisamente avesso à criação de conceitos, não chegam a ser belos em sentido algum — desprovidos assim de potência criadora, e seus inimigos, não constituiriam tampouco (bela) filosofia. São de fato contundentes as famosas e hostis declarações feitas em *L'Abécédaire*. Sobre Wittgenstein, Deleuze diz ali à entrevistadora Claire Parnet: é uma "catástrofe filosófica", uma "regressão massiva da filosofia", um "sistema de terror", a "pobreza instalada como grandeza" – "são nefastos os wittgensteinianos (...) destroem tudo" (Deleuze e Parnet, 2004, *W de Wittgenstein*)[1].

Nefastos e destrutivos ou não, o curioso é que muitos destes últimos, os assim chamados wittgensteinianos, estariam, imagino, igualmente propensos a impugnar ou ver como descabida a proposta deste texto, ainda que, é claro, por razões completamente outras: dispostos, ao contrário de Deleuze, a concordar que Wittgenstein escreveu belos, belíssimos livros, objetariam porém à ideia de que o famoso filósofo da *linguagem ordinária* – aquele que desejou acima de tudo "trazer de volta as palavras para o seu uso comum" (PU §116)[2] — pudesse ter qualquer coisa a ver com estratégias de arrastar a língua para um delírio, torná-la de alguma forma estranha – incomum. Além disso, entre muitos dos leitores profissionais de Wittgenstein, suponho

---

[1] A tradução é minha, como em todos os demais casos sem outra indicação neste texto. Agradeço a ajuda de Luiz Carlos Pereira nas traduções que proponho para textos originais em alemão.
[2] Nas citações de obras de Wittgenstein, utilizo as abreviações de praxe, listadas ao final deste texto.

que seria também recebida com suspeita, para dizer o mínimo, a própria tese geral de Proust sobre os belos livros: um indivíduo, um idioma? Como essa ideia poderia se sustentar, diriam talvez, em face do devastador argumento wittgensteiniano contra a possibilidade de uma linguagem privada? (PU §243- 315)

Essas objeções potenciais, as dos detratores de Wittgenstein tanto quanto as de seus entusiastas, têm a meu ver um traço comum: dão testemunho de desconhecimento, desatenção ou divergência quanto à relevância de um certo aspecto da escrita wittgensteiniana — justamente um aspecto a que este texto, na contramão, desejaria dar um lugar protagonista. Trata-se de um ponto em que o próprio Wittgenstein insistiu em muitas ocasiões, mas que ainda alcança relativamente poucos ouvidos. Escutemos então de forma atenta, por exemplo, estas suas palavras:

> Se o que desejo mostrar não é uma forma correta de pensar mas antes um novo movimento de pensamento [...] chego então a Nietzsche e à opinião de que o filósofo deve ser um poeta (N, 23.03.1940, item 120, p. 145r)
>
> Penso que resumi minha atitude quando disse: a filosofia só deveria realmente ser escrita como *composição poética* [*dichten*]. (VB 24)

A insistência de Wittgenstein num laço entre o filosófico e o poético recandidata seus livros a um lugar sob o sol da máxima proustiana: a poesia que houver, se houver, em seus escritos, poderá talvez configurar a espécie de *língua estrangeira* a que Proust se referia. Se reconhecemos em Wittgenstein a capacidade de atender a seu próprio imperativo — escrever filosofia como uma forma de composição poética —, crescem então as chances de que valha para Wittgenstein algo semelhante ao que ele mesmo, aqui em oportuna sintonia com Proust, disse certa vez, referindo-se a Shakespeare: para Wittgenstein, a grandeza de Shakespeare, se há, reside na exata medida em que, tomadas no conjunto, as suas obras criam, por assim dizer, "a sua *própria* linguagem & mundo", funcionando "de acordo com sua própria lei", à maneira de um sonho, em que tudo é a um só tempo irreal e certo, absurdo e preciso (VB 89).

Seja como for, a questão sobre o aspecto criador da escrita wittgensteiniana ganha contornos inesperados se, no horizonte de sua formulação, se inclui a possibilidade de que laços mutuamente constitutivos unam ali o filosófico e o poético. É verdade que a conhecida ênfase de Wittgenstein na tese de que "a filosofia deixa tudo como está" (PU 124) — que é uma atividade "terapêutica" voltada para a dissolução dos falsos problemas criados pela metafísica essencialista (tomados como sintomas) – parece a princípio excluir a criatividade que Deleuze, a meu ver acertadamente, reclama para a filosofia. Suspeito, no entanto, que nesse caso, pelo menos quanto a um ponto em particular, o antagonismo talvez seja menos acirrado do que possa a princípio parecer: pois os tipos de conceitos que Wittgenstein se recusa a criar tampouco interessam a Deleuze quando este diz que é próprio da filosofia criá-los. Tendo um vigor que é deliberadamente proporcional à sua capacidade de resistir à paz conceitual e ao jargão, noções wittgensteinianas como *forma de vida, representação perspícua, percepção de aspectos,* e assim por diante, talvez estejam mais próximas do que se poderia supor da visão deleuziana dos conceitos filosóficos como *multiplicidades intensivas*, em detrimento de sua percepção como entidades desejavelmente fixas, essenciais (Deleuze e Guattari 1992, pp. 25-48).

No caso dos dois filósofos, flagramos, ao que parece, criação:

não de uma forma correta de pensar mas antes de *novos movimentos de pensamento*.

Por outro lado, a fidelidade deleuziana a um — sofisticado e interessante — modo de preservar fronteiras entre a filosofia e a arte talvez o tenha (a ele e a outros de persuasão semelhante) deixado mais ou menos cego para esta outra possível dimensão criativa nos textos de Wittgenstein: uma força de criação poética. A mesma cegueira se manifesta, é claro, entre muitos dos wittgensteinianos que subscrevem outras versões dessa divisão territorial entre a filosofia e a arte (versões, a meu ver, frequentemente menos sofisticadas e interessantes). Respeitadas essas fronteiras, trata-se, porém, nos dois casos, de uma disposição tácita a ler Wittgenstein *como filósofo*.

Talvez estejam em jogo aqui as dificuldades e mistérios que tanto interessaram ao próprio Wittgenstein, em sua discussão sobre a *percepção de aspectos*, sobre o *ver-como*:

Ver como pato ou como coelho, ou como patoelho, coelhato (PU II 194). Ver como filosofia, ver como composição poética, ver ambiguamente, como uma *e* outra coisa.

Seja lá como for, reconhecendo-se felicidade possível no ver-como composição poética os escritos de Wittgenstein, resta ainda por confrontar a objeção sobre o que poderia haver nessa escrita de *estrangeiro*, no sentido de Proust e de Deleuze. O que o filósofo que desejou trazer as palavras de volta ao seu uso *comum* poderia ter a ver com a possibilidade de liberar nas línguas um devir-outro, incomum e estranho aos hábitos de uma língua maior, dominante?

A pergunta convoca outra: como tomar a defesa de um *retorno ao comum* em Wittgenstein? Vejo como debilitante qualquer percepção do comum wittgensteiniano como uma espécie de região limpa, bem demarcada, sem surpresas ou mistérios, para onde deveriam retornar todos aqueles que erram pelas terras supostamente insalubres da metafísica essencialista. A linguagem comum wittgensteiniana – se tomada como *forma de vida*, como conjunto não inventariável de práticas descontínuas; reguladas mas em constante devir —, não tem, por assim dizer, adjacências, não se opõe a nada, nada lhe é contíguo. Desconvida-se em Wittgenstein, creio, a uma apreensão dicotômica do binômio ordinário-extraordinário: o comum deve incluir o fantástico, o incomum. "Os procedimentos da linguagem comum", resume aptamente Stanley Cavell em sua leitura de Wittgenstein, "tomam parte no estranho de modo inerente" (1989, p. 47). Pensada sob o vigor do paradoxo de um comum-estranho, a ideia de um *retorno* ao comum torna-se igualmente paradoxal: "o lugar para onde devo ir é um lugar onde já tenho que estar agora" (VB 7).

Este texto atenta a esses paradoxos, interessado nos modos como a escrita poética de Wittgenstein os dá a ver e os potencializa, funcionando ela mesma como uma vida estranha em sua própria vida comum. Antes de passar a considerar esses modos de escrita, aproveito a última das possíveis objeções a que aludi acima: poderia ser visto como incompatível com a ênfase wittgensteiniana no caráter inelutavelmente público e compartilhado da linguagem (com suas reflexões contundentes contra a possibilidade de uma linguagem privada) a ideia de atribuir de alguma forma a *um indivíduo* – Kafka, Beckett, Shakespeare, Wittgenstein — *um idioma* (espécie de).

A questão que se insinua aqui, com os conhecidos ecos barthesianos, foucaultianos, blanchotianos etc., é: quem fala nos textos de Wittgenstein? Até que ponto é sua a sua voz? Seus escritos maduros parecem dar a ver o modo como todas as identidades – e portanto, claro, também a sua própria — são, de certa forma, criaturas de linguagem, efeitos de práticas verbais e não verbais reguladas mas voláteis e irredutíveis. Ainda assim, claro, Wittgenstein compõe os seus "álbuns": assina-os. Não deverá ter a sua voz reconhecida como a marca sensível, a face externa, de um conjunto determinado (ou mesmo indeterminado) de ideias abstratas – Wittgenstein não será, para ficar com os termos conhecidos de Barthes, o progenitor de seu texto-filho; traçará em vez disso um campo sem origem. Sua própria escrita será sempre não um *algo* que suas palavras supostamente contêm e representam em si, mas antes aquilo que fazem ou podem fazer.

E, no entanto, como nos casos de um Beckett, de um Kafka, de um Shakespeare, dificilmente o nome de Wittgenstein deixará de evocar, no mínimo, um certo "sotaque" escritural, um certo modo muito singular de escrever-pensar — um estilo? É ele quem nos diz, dois anos antes de morrer:

> "Le style c'est l'homme", "Le style c'est l'homme même". A primeira expressão é de uma ligeireza epigramática barata. A segunda, a correta, abre uma perspectiva bem diferente. Diz que o estilo de um homem é a *imagem* deste. (VB 78)

A primeira versão do dito, a descartar, evocaria talvez a superficialidade e o cálculo do "estilo retórico" no sentido mais institucional e menos vigoroso da expressão. A versão "correta" reforça o quase paradoxo pelo qual *l'homme même* vem a ser a "*imagem deste*". Para Stanley Cavell (2004, p. 21), o trecho pode ser lido de maneira fértil se posto lado a lado com outra famosa passagem: "o corpo humano é a melhor imagem da alma humana" (PU II,

p. 152). Nesta última, somos convidados a demover a insidiosa lógica da vizinhança embutida na percepção do corpo como um exterior material que esconde um interior etéreo, contíguo. Wittgenstein nos lembra que não reconhecemos, por exemplo, num rosto, algo que nos leva a *deduzir* um estado anímico interior, digamos, medo. Não deduzimos *do* rosto a presença do medo *na* alma; antes, *vemos* o medo no rosto. Pois o rosto nunca é *só* rosto — já é sempre rosto com medo, confuso, contente, raivoso, sereno etc (BPP II §170). Analogamente, não *deduziríamos* do corpo "exterior" da escrita algo que ela supostamente abrigaria em seu "interior" — um conteúdo por trás de uma forma. Em certo sentido, *veríamos*, em vez disso, na forma, conteúdo — vale dizer, no caso de Wittgenstein: na forma, vida, forma de vida (*Lebensform*).

Sob esse ângulo, a assinatura de Wittgenstein será seu estilo desde que, claro, este não seja tomado como um operador de identidade pessoal. Montéquio e Capuleto mais uma vez reunidos: Wittgenstein estaria afinado com Deleuze afinal, quando este último diz que "o estilo, num grande escritor, é um estilo de vida, não é de maneira nenhuma qualquer coisa de pessoal" (1992, p. 126). Se, como quer Wittgenstein, "imaginar uma linguagem é imaginar uma forma de vida" (PU §19), e se, como ele mesmo sugeriu, um grande escritor, como talvez Shakespeare, pode chegar a ser um "criador de linguagem" (VB 95) — e, portanto, um criador de vida —, então, mais uma vez em surpreendente afinação, Wittgenstein poderia fazer coro com Deleuze quando este diz: "um estilista é alguém que cria na sua língua uma língua estrangeira" (Deleuze e Parnet, 2004, *S de Style*) — ao que se poderia acrescentar: cria na sua própria forma de vida uma estrangeira forma de vida.

Chegamos ao ponto: de que modo *estrangeiro* é o idioma de Wittgenstein? Gostaria de responder: de modo discreto.

Fala com eloquência sobre os modos poéticos de Wittgenstein o fato de que sejam tantas vezes ignorados, pelo menos em circuitos acadêmicos. Stanley Cavell e Marjorie Perloff, dois desvios notáveis dessa tendência geral, souberam reconhecer na escrita do filósofo alguma afinidade com as poéticas do estranhamento, com a celebrada experiência de *desfamiliarização* — não exatamente no sentido mais recente da *ostranenie* de Chklóvski, mas naquilo que parece insistir nessa e em outras instanciações históricas do estranhamento, como em Goethe, em Wordsworth, em Freud, em Walter Benjamin, em Proust.[3] Cavell associou a Wittgenstein a capacidade de dar a ver um estranho "que não se deixa superar", que não se reduz a qualquer teoria do estranho, resistindo notavelmente, por exemplo, aos desenlaces do *Unheimlich* freudiano (1994, p. 156). Perloff, que subscreve a leitura de Cavell, atenta aos movimentos particulares pelos quais esse estranho comparece, assim refratário à teorização, na tessitura da escrita poética de Wittgenstein, sustenta que o filósofo poderia ser aproximado da *arte conceitual* — "a arte feita para engajar a cabeça e não o olho de quem vê" (Sol Lewitt, *apud* Perloff, 1996, p. 43).

Para Perloff, Wittgenstein seria assim um *poeta da linguagem* e não de uma língua particular, o que, para ela, se evidenciaria na relativa facilidade com que seus textos se deixam traduzir, em comparação, por exemplo, com os escritos de poetas que lhe foram contemporâneos, como Rilke e Trakl. Sem disputar que, nessa comparação e em outras muitas possíveis, os textos de Wittgenstein de fato cedem com maior facilidade à tradução, penso no entanto que isso é insuficiente para sustentar que a

---

[3] Sobre isso, ver Cavell 1994, capítulo 6; e Perloff, 1996, capítulo 2. Uma formulação do próprio Wittgenstein é muito explícita quanto a esse ponto: "Os aspectos das coisas mais importantes para nós estão ocultos por sua simplicidade e sua familiaridade (Podemos não notá-los por tê-los sempre diante de nossos olhos)" (PU §129).

(estranha) arte de Wittgenstein engaje "mais a cabeça do que o olho" – ou o ouvido. Parece-me, ao contrário, que é uma arte que acena com a promessa remota de demover essas partições — as divisões entre a parte que pensa, a que vê, a que ouve. Além de um possível desconforto em associar a Wittgenstein a ideia de *uma linguagem* acima das diferentes línguas (uma forma de vida acima de todas as outras?), parece também desconvidativa a ênfase conceitual sugerida por Perloff àquilo que se disse logo acima sobre a questão do *estilo* em Wittgenstein, sobre a relação interna que ele mesmo parece preconizar entre o *que* se diz e o *como* se diz.[4]

Se, em todo caso, desejamos pensar a estranheza wittgensteiniana nos termos da insurgência irredutível de uma espécie de idioma estrangeiro dentro do idioma nativo, é preciso reconhecer que os abalos promovidos por um Rilke, um Joyce, um Beckett, um Rosa são de fato, no mínimo, bastante mais conspícuos do que aqueles que compareçam nos textos do escritor vienense: eis a razão do título deste trabalho. Gostaria de indicar agora, de forma breve, aspectos disso que considero ser um idioma discretamente estrangeiro, explorando alguns modos da estranheza em Wittgenstein, uma estranheza que encontra no espaço do *quase despercebido* um catalisador. Minha estratégia envolve convocar leitores-artistas de Wittgenstein que, sabendo perceber esse quase despercebido, "intraduziram-no", para nosso benefício, de uma forma ou de outra, em sua própria arte.[5]

---

[4] Em Martins 2012, discuti de uma forma mais detida essa discordância pontual quanto a (de resto excelente) leitura de Perloff.

[5] Devemos a Augusto de Campos a expressão *intradução* e cognatos. Campos (2007, s.p.) se refere a suas *intraduções* como "traduções intersemióticas — i.é, recriações livres em que me dou a liberdade de interpretar visualmente os textos". Importo a expressão aqui enfatizando a ideia geral das "recriações livres" (mais do que as noções de tradução iterssemiótica e de interpretação visual).

Thomas Bernhard foi um deles. Leitor voraz dos escritos de Wittgenstein, explicou certa vez à romancista Hilde Spiel por que não escreveria jamais *sobre* o filósofo: "é como se tivesse que escrever algo (proposições!) sobre mim mesmo, e isso não funciona. (...) Wittgenstein é uma questão que não pode ser respondida (...) então se não escrevo sobre Wittgenstein não é *porque não posso*, mas sim porque *não posso responder*" (*apud* Cousineau 2001, p. 156). Não tendo de fato escrito *sobre* Wittgenstein, sabe-se, no entanto, que Bernhard o traz com assiduidade em sua ficção, incluindo-se entre os casos mais explícitos *Korrectur*, *Wittgensteins Neffe* e *Ritter, Dene, Voss*.

Uma das muitas vias pelas quais a figura de Wittgenstein comparece na obra do escritor, sem jamais se converter em objeto explícito de tematização ou reflexão intelectual, já se insinua naquele depoimento de Bernhard à amiga romancista: é notável ali o quase paradoxo pelo qual a voz de um outro, Wittgenstein, se faz ao mesmo tempo tão próxima (se Bernhard escrevesse sobre Wittgenstein seria como se escrevesse sobre si mesmo, o que "não funciona") e tão distante (Wittgenstein é uma questão, um chamado, a que Bernhard não pode responder). A voz que se ouve quando se fala: é voz de dentro ou de fora?

Evitando deliberadamente aqui o tema da angústia da influência, observemos que essa é uma questão que inflama os escritos de Wittgenstein e retorna com intensidade em Bernhard, seja como interrogação sobre a possibilidade de um eu artístico criador, seja, de forma mais geral, como perplexidade diante do mistério que parece insistir sempre que se diz *eu*. Em "O imitador de vozes", Bernhard faz ressoar de forma especialmente enfática essa interrogação e essa perplexidade:

> Convidado de ontem à noite da Sociedade Cirúrgica, o imitador de vozes, depois de se apresentar no Pa-

lais Pallavicini a convite da própria Sociedade Cirúrgica, já havia concordado em se juntar a nós na Kahlenberg para, também ali, na colina onde mantemos uma casa sempre aberta a todas as artes, apresentar seu número, naturalmente não sem o pagamento de cachê. Entusiasmados com o espetáculo a que tínhamos assistido no Palais Pallavicini, pedimos ao imitador de vozes, natural de Oxford, na Inglaterra, mas que frequentou escola em Landshut e exerceu de início a profissão de armeiro em Berchtesgaden, que, na Kahlenberg, não se repetisse, mas apresentasse algo inteiramente diverso do mostrado na Sociedade Cirúrgica, ou seja, que imitasse na Kahlenberg vozes inteiramente diferentes daquelas imitadas no Palais Pallavicini, o que ele prometeu fazer. E de fato o imitador de vozes imitou na Kahlenberg vozes inteiramente diferentes daquelas apresentadas na Sociedade Cirúrgica, algumas mais, outras menos famosas. Pudemos inclusive fazer pedidos, aos quais o imitador de vozes atendeu com a maior solicitude. Quando, porém, no final, sugerimos que imitasse sua própria voz, ele disse que aquilo não sabia fazer. (Bernhard [1978] 2009, pp. 11-12).

Comparece aqui, é claro, o motivo condensado na famosa fórmula de Rimbaud, hoje quase um adágio: *je est un autre*. Eu sou muitos outros, diríamos talvez com o nosso imitador de vozes, ou com Samuel Beckett, mais um na galeria dos prediletos de Bernhard: imerso no embate de vozes que o atravessa constantemente, o narrador-eu anônimo em *The Unnamable* diz a certa altura sobre si (?) mesmo, por exemplo: "somos portanto quatro (...) Eu bem sabia, se fôssemos cem teríamos de ser cento e um. Faltarei sempre eu" (Beckett, [1958] 1991, p. 333).

Rimbaud, Bernhard, Beckett e tantos outros de nosso tempo são com frequência reconhecidos como delatores da farsa do *self*, como aqueles que denunciaram, sem condescender, seu caráter ficcional, construído, linguístico, descentrado, cultural, volátil, liquefeito etc. Se lidas como conclusões intelectuais, as linhas desses autores tendem, no entanto, a pacificar-se, a esvaziar-se de sua estranha intensidade. *Eu* sou um outro; faltarei sempre *eu*; *eu* não sei imitar a minha própria voz. A estranheza parece estar, pelo menos em parte, na insistência misteriosa do pronome — eu — na boca de que quem o procura e não o encontra. Que voz terá usado o imitador de vozes para responder que não saberia imitar a sua própria voz?

Pode-se dizer que um estranho jogo de vozes atravessa também a escrita poética de Wittgenstein, sobretudo em obras posteriores ao *Tractatus*. A estrutura dialógica de muitos de seus escritos, trazendo vozes que se opõem e se (des)encontram, é muitas vezes apontada como um dos traços da prosa wittgensteiniana que tornam potencialmente difícil a sua leitura. Repetindo um alerta muito recorrente em textos introdutórios ao pensamento do filósofo, Glock (1998, p. 222), observa, por exemplo, que as *Investigações Filosóficas* se desenvolvem em torno de um diálogo entre Wittgenstein e "um interlocutor cujas confusões ele tenta resolver"; acrescenta que normalmente as intervenções desse interlocutor são marcadas por aspas, mas que isso nem sempre acontece, ficando o leitor por vezes confrontado "com a tarefa de determinar quem está falando (Wittgenstein ou o interlocutor)".

A experiência não é tão ocasional quanto Glock parece sugerir, e os leitores das *Investigações*, e de outras obras de Wittgenstein que encenam e reencenam diálogos, ficam de fato muitas vezes confusos quanto a quem é quem nessas conversas – quem está confuso e quem está lúcido? quem instrui e quem é instruído? quem Wittgenstein, quem interlocutor? Um, entre muitos outros exemplos possíveis, bem a propósito do ponto em tela: "Se alguém diz: 'Eu tenho um corpo', pode perguntar-se-lhe: 'Quem fala aqui com esta boca?'" (UG §244)

Um pequeno diálogo hipotético se desenha aqui. Qual seria a confusão que Wittgenstein estaria pondo em cena nesse caso? Muitos de seus leitores profissionais poderiam se apressar em responder: a confusão materialista (repare como diríamos com menos conforto "eu *sou* um corpo" do que "eu *tenho* um corpo"); ou a confusão mentalista (repare como, se tomados a ferro e fogo, podem soar descabidos os enunciados que insistem numa separação estrita entre o corpo e espírito, entre a boca e o dono da boca). Nem só corpo, nem só espírito: já vimos que, com Wittgenstein, "o corpo humano é a melhor imagem da alma humana". Assim compreendido e explicado, o diálogo permite identificar, por assim dizer, a voz "lúcida" de seu autor, a voz firme de Wittgenstein: o diálogo teria uma função clara, expor duas confusões filosóficas recorrentes entre seus interlocutores, a materialista e a mentalista — confusões das quais o próprio Wittgenstein estaria isento.

No entanto, assim como as interpretações que tendem a reduzir os textos de um Bernhard ou de um Beckett a simples diagnósticos intelectuais de um grande logro, a reconhecê-los como mera exposição, por exemplo, da farsa de um eu espiritual que se apresenta como íntegro e autônomo, também aqui a paráfrase filosófico-explanatória parece debilitar uma escrita intensiva, privar de vigor uma escrita poética, a escrita de Wittgenstein. A pergunta "Quem fala aqui com essa boca?" parece trair, também no caso de Wittgenstein, uma perplexidade insistente, que não se deixa amortecer ou classificar-se como simples equívoco filosófico. Na passagem citada, publicada em Über Gewissheit (*Da Certeza*), obra póstuma que reúne escritos dos dois últimos anos de vida do filósofo (1950-51), parece manifestar-se ainda a inquietação que muito antes, em 1916, ele havia registrado em um de seus *Cadernos*: "O eu, o eu é o que é profundamente misterioso" (NB 5.8.16).

Seja como for, nessa e em muitas outras ocasiões dos peculiares movimentos dialógicos que caracterizam a prosa wittgensteiniana, as vozes em jogo de fato não se limitam a dar a ver e a desvendar confusões; confundem-se também elas mesmas — quem fala? Eu? Eles? Nós? No caso de Wittgenstein, essas confusões são, no entanto, como eu dizia, bem menos ostensivamente exploradas do que aquelas que marcam presença em escritos reconhecidos como literários, tais como os de um Bernhard ou de um Beckett. Sobretudo se *vistos-como* filosofia, os textos de Wittgenstein parecem de fato, bem mais do que esses outros escritos, dar espaço ao impulso de identificar, esclarecer e hierarquizar as vozes em jogo.

Poucos negariam, imagino, que os diálogos wittgensteinianos instilam no universo da filosofia um modo dialógico até certo ponto "estrangeiro", estranho, por exemplo, se comparado ao modelo do diálogo platônico: ali sabemos sempre quem fala, cada fala é precedida de um nome próprio e se separa da outra com os recursos gráficos de praxe[6]. Sem dúvida o diálogo wittgensteiniano, desprovido de nomes próprios, dotado apenas de um precário e incongruente sistema de aspas, e tantas vezes ambíguo quanto às relações entre os pontos de vista que põe em diálogo, é, por comparação, estranho. Mas não tão estranho a ponto de deter a percepção disseminada de que, no trabalho de leitura, as hesitações e ambiguidades devem ser expurgadas, não a ponto de contrariar a visão de que o texto nos endereça com a "tarefa de determinar quem está falando". Eis uma tarefa que de fato pode, no caso de Wittgenstein, se insinuar com a mesma imediatez com que um quadro torto na parede convida o gesto corretivo. É, de fato, relativamente fácil no seu caso descartar

---

[6] Não se trata aqui, naturalmente, de trivializar o também complexo jogo de vozes característico dos diálogos platônicos, tantas vezes aporéticos.

a possibilidade de que a confusão de vozes seja, não um percalço a ser contornado, um desalinhamento a ser retificado no caminho que leva a uma "forma correta de pensar", mas antes uma parte importante do "novo movimento de pensamento" que se deseja engendrar.

Acompanhar esse "novo movimento" talvez imponha *ver-como* (*ouvir-como*?) poética a escrita wittgensteiniana. Com olhos e ouvidos assim dispostos, talvez se reconheça ali um concerto de vozes nos quais é, na verdade, importante *não* escutar uma "voz do autor" soando clara e lúcida acima das demais, oferecendo-se como parâmetro para aferir-lhes a (des)afinação. Talvez se logre reconhecer que Wittgenstein não as critica, por assim dizer, "de fora" — que, como no caso do narrador sem nome de Beckett ou do imitador de vozes de Bernhard, encena ali, o drama de uma só boca com muitas vozes, muitas cabeças. É o próprio Wittgenstein quem diz: "O que escrevo, quase o tempo todo, são conversas comigo mesmo, coisas que digo a mim mesmo *tête-à-tête*" (VB 77).

Assim percebidos os escritos wittgensteinianos, aumentam as chances de que eles possam ser reconhecidos como expedientes *constitutivos* do movimento de pensamento que inauguram, além desse dialogismo indeciso de vozes confundidas, muitos outros aspectos disso que gostaria de caracterizar como um idioma discretamente estrangeiro: a predileção pelos breves parágrafos e anotações, a opção deliberada pela descontinuidade e a dispersão do álbum, a reticência sonegadora de uma prosa intensamente interrogativa, a transparência opaca das metáforas e analogias, o tempo (musical) lento atravessado de silêncios, o ritmo das proteiformes repetições e retornos, a frequência um tanto desconcertante do tom infantil (o rei está nu), as marcas confessionais de hesitação que, espalhadas pelos textos, dão-lhes tantas vezes ares de diário, de rascunho.

Se esses e outros aspectos da escrita de Wittgenstein recebem pouca ou nenhuma atenção entre seus leitores filósofos, são, por outro lado, muitos os leitores artistas que, como Thomas Bernhard, souberam receber a filosofia de Wittgenstein como "uma espécie de composição poética". Atentando a essa sua poética, buscaram de diferentes formas, como se disse, intraduzi-la em suas próprias obras. Entre os muitos outros nomes que poderíamos citar aqui, estão os de Derek Jarman, Ingedore Bachman, Ricardo Piglia, Roberto Bolaño, John Cage, Joseph Kosuth e Augusto de Campos. Fico mais um pouco com os três últimos.

Em seu *I-VI*, John Cage dá a Wittgenstein um lugar muito importante. Trata-se de uma obra que instancia com nitidez o movimento proustiano de infiltrar no comum um estranho, contrariando como contraria quase todas as expectativas que seriam habituais em seu contexto de produção. Trata-se de um livro, acompanhado de CD, que registra a contribuição de Cage para um prestigiosa e tradicional série de palestras regularmente promovida pela universidade de Harvard (*The Charles Eliot Norton Lectures*, série de que participaram, entre outros, T. S. Eliot, Igor Stravinsky e Robert Frost). Mais performances do que propriamente palestras, as contribuições de Cage se desenvolveram em torno de *mesósticos*: "como os acrósticos", explica Cage, "os mesósticos são escritos como de praxe na horizontal, mas seguem ao mesmo tempo uma regra vertical" (1990, p. 3). Cage planejou trazer mais ou menos 25 mesósticos em cada uma das seis "palestras" que lhe coube proferir. Tais mesósticos agrupavam-se em torno de quinze palavras específicas, que funcionavam como eixos verticais: no título que deu a essa série de palestras, Cage fundiu numa só essas quinze palavras:

MethodStructureIntentionDisciplineNotationinDeterminacyInterpenetrationImitation-DevotionCircumstancesVariableStructureNonunderstandingContingencyInconsistencyPerformance

Método, estrutura, intenção, disciplina, notação, indeterminação, interpenetração, imitação, circunstâncias, devoção, estrutura variável, não compreensão, inconsistência, contingência, performance: "quinze aspectos de meu trabalho na composição musical", explica Cage (1990, p. 2), trazidos agora para esta criação verbo-musical. Para compor seus mesósticos, cuidando de utilizar procedimentos que garantissem a presença forte do *acaso* na composição (valeu-se de uma espécie de versão eletrônica do *I-Ching*), Cage se apropria de linhas já publicadas, a maioria delas de Wittgenstein (93) e de Thoreau (49), mas também, dele próprio, de McLuhan, de Fuller, de T. S. Eliot, de L. C. Beckett, entre outros, além de publicações como *New York Times*, *Christian Science Monitor* etc. Eis um exemplo, para um mesóstico de INDETERMINACY (Cage, 1991, p. 101):

```
                    nature´ I would gladly tell all that i
                        raNge´b is nothing but a single tone silence
letting them convert these to fooD for man and
            killing a policE officer in a
                condiTion og things which
                gardEn dies and a
                    gRasp of earth´s presente
                to the eskiMons who preached on the
            process in thIs two-way
                which for waNt of
                        wAlk as long as thought
        and stagger´a Rumanian Citizen Washington to use
south africa          angola
                castles in the air Your work
```

Na companhia de Thoreau e do próprio Cage, além de outros mais supreendentes, como McLuhan e o *New York Times*[7], Wittgenstein comparece aqui na linha correspondente à letra A, *wAlk as long as thought*, ela mesma um híbrido de uma passagem de *Zettel* (§277)[8] com outra de *Neti Neti* (*Not this, Not That*), livro místico de L. C. Beckett. Eis a passagem de *Zettel*, que comparece também em outras ocasiões do texto de Cage, de forma mais explícita:

> Quem encontra a placa de sinalização já não procura instruções adicionais, põe-se a andar. (E se, em vez de "põe-se a andar", eu dissesse "agora se guia por ela", a diferença entre as duas expressões seria apenas que a segunda alude a certos acompanhamentos psicológicos.) (Z §277)

Wittgenstein insistiu sempre na relação interna que une o *compreender* e o *agir* — nesse caso, entender, andar: *walk as long as thought* (*as long as*: andar e entender a um só tempo, na mesma medida). Ler Wittgenstein é, entre outras coisas, ser convidado a reconhecer que, quaisquer que sejam os "acompanhamentos psicológicos" que possamos experimentar ao agir, não serão eles que

---

[7] **I**, Thoreau, *Walden*; **N**, Cage, *Music for _____*; **D**, *World Gamel 1971*; **E**, *New York Times*, 3 de agosto de 1988; **T**, *Walden*; **E**, McLuhan, *The Guttemberg Gallaxy*; **R**, *World Gamel 1971*; **M**, McLuhan's letters; **I**, Beckett, *Neti Neti* e McLuhan, *Understanding Media*; **N**, *Walden*; **A**, Wittgenstein, *Zettel* e *Neti Neti*; **C**, *New York Times*, 6 agosto de 1988; **Y**, *Walden*. Ver Silverman 2010, cap. 9.

[8] Como bem observou Marjorie Perloff (1994), embora todas as palavras dos mesósticos sejam citações, não é fácil (nem talvez pertinente) retraçar fontes exatas: pois Cage as mistura e as apara va. Conforme ele mesmo explica, seu método envolvia adicionar "todas as palavras laterais (*wing words*) a partir das fontes", mas "retirando as que não queria ali": a situação, ele nos diz, "não é linear", é como "se estivesse numa floresta à caça de idéias" (Cage, 1990, p. 2).

determinarão, por si sós, a compreensão: Wittgenstein avança a difícil noção de que compreender é menos entrar em um estado ou processo mental específico que estar preparado para agir, dar o próximo lance no jogo da linguagem (sempre incalculáveis os lances possíveis em cada caso). Cage explicita em muitas ocasiões um interesse por essa forma não psicologizante de pensar o entendimento e a compreensão.

Declarando sua atração pelo filósofo, o compositor observa, para começar, que "raramente compreende Wittgenstein", embora o leia "com grande prazer" (1991, p. 3). Quando declara sentir que "está começando a entender Wittgenstein" (p. 38)[9], isso parece ter a ver justamente com uma apropriação dos modos como o filósofo repensou o próprio compreender: "o significado está na respiração (...) sem pensar podemos reconhecer o que está sendo dito, sem compreendê-lo" (Cage, 1991, p. 6). Cage ele mesmo, naturalmente, está empenhado em alterar as formas convencionais como se "leem" as (suas) obras de arte — o texto de *I-VI* foi de fato considerado por muitos *ilegível*, quando não ultrajante; outros, menos numerosos, no entanto, puderam fruir a obra, aceitando engajar-se num processo inusitado de leitura, que "envolve mais um fazer do que um receber" (Perloff 1994, p. 208).

Igualmente atraente para Cage, claro, é o repetido e vigoroso investimento de Wittgenstein na noção de que a compreensão da linguagem verbal guarda relações insuspeitas com a experiência musical:

> Compreender uma frase da nossa linguagem é algo bem mais aparentado a compreender um tema na mú-

---
[9] Ao pé de cada página com os mesósticos, Cage acrescenta comentários, coisas ditas durante as sessões de discussão que se seguiam às palestras.

sica do que se pensa. (...) Com isto eu quero dizer que compreender a frase verbal é algo que está mais perto do que se crê daquilo que se chama habitualmente de compreensão do tema musical. Porque é que a intensidade e o andamento vão exatamente *nesta* direção? Gostaríamos de dizer: "Porque eu sei o que tudo isso significa". Mas o que é que significa? Não saberíamos dizer. [PU §527]

Novamente, trata-se de um compreender que não é (apenas) intelectual, de um compreender que resiste caracteristicamente aos expedientes da paráfrase discursiva e literal. Os processos de composição textual de Cage exploram abertamente esse tipo de (in)compreensão verbo-musical — sua obra parece mobilizar não apenas um pensar-agir, mas também um pensar-ouvir. Poderíamos agora nos perguntar: e no caso dos textos do próprio Wittgenstein? Estariam eles apenas tematizando, por assim dizer "de fora", convergências entre pensamento, linguagem, ação, música? Ou a sua escrita poética seria ela mesma atravessada pelas estratégias e desejos de in- ou altero-compreensão de que estamos falando aqui?

Se comparamos a escrita poética de um Cage à de um Wittgenstein, vemos sem dificuldade que os ataques do primeiro às convenções que cercam nossas expectativas habituais do que seja *compreender* são bastante mais ostensivos do que aqueles que poderíamos atribuir ao segundo. Talvez por isso os textos de Wittgenstein cedam com maior facilidade à percepção disseminada de que nada de "filosoficamente substantivo se perde quando se lhe subtrai o estilo (...), quando seu pensamento "é parafraseado de forma mais convencional" (Glock 2007, p. 63).

"Por vezes", afirma Wittgenstein, "uma frase só pode ser compreendida se lida no tempo musical apropriado" — "as minhas frases", ele acrescenta, "exigem ser lidas devagar" (VB 65). São incontáveis as paráfrases "mais convencionais" que se vêm produzindo para as (estranhas) frases de Wittgenstein. São paráfrases que deixam para trás esse imperativo de leitura no *tempo adequado* — e que, por isso, creio, prejudicam *substantivamente* o seu entendimento. A prosa de Wittgenstein de fato convida a experiências de leitura e entendimento que são, por assim dizer estrangeiras à paixão argumentativa, habitual na esfera da filosofia (paixão que acomete também, é claro, o próprio Wittgenstein). Trata-se, no entanto, de um convite feito sem alarde, à meia-voz: não chega a surpreender, por isso, que seja tantas vezes ignorado.

Aqui é talvez oportuno evocar um aspecto crucial do pensamento de Wittgenstein, a tensão entre o que se pode *dizer* e o que apenas se *mostra*. Trata-se, como se sabe, de um motivo importante na obra metonímica do assim-chamado "primeiro Wittgenstein", o *Tractatus Logico-Philosophicus* (ver, por exemplo, Prefácio, 6.522). A grande maioria dos comentadores-filósofos sustenta que o "segundo Wittgenstein", aquele das *Investigações Filosóficas*, renunciou a essa distinção, ao renegar de forma mais geral a ideia de que a linguagem funciona como um sistema de representação, como um *algo* dotado de cidadania ontológica. Passando a ver a linguagem como *forma de vida*, como práxis volátil, irredutível e não inventariável, Wittgenstein teria, segundo se diz, desistido da tese de que algo poderia *escapar* ao dizer.

No entanto, sobretudo se lidos como *composições poéticas*, os escritos do Wittgenstein maduro acomodam, a meu ver, uma sobrevida desse jogo entre o dizer e o mostrar.[10] É notável aqui que, novamente, um leitor-artista de Wittgenstein, Joseph Ko-

---

[10] Discuti esse ponto de forma mais detalhada em Martins 2012b.

suth, inclua-se notavelmente entre aqueles que subscrevem essa tese relativamente marginal: com efeito, fala em favor da atenção poética que Kosuth dispensou aos escritos de Wittgenstein o fato de que reconheceu a tensão dizer-mostrar em obras posteriores ao *Tractatus*, em especial nas *Investigações Filosóficas*. O artista viu nas parábolas e jogos de linguagem que Wittgenstein elabora ali a construção do que chamou de *textos-objetos*: estes seriam "capazes de tornar reconhecíveis (*mostrar*) aspectos da linguagem que ele [Wittgenstein] não poderia afirmar de modo filosófico" (Kosuth 1991, p. 249). Para Kosuth, trata-se de uma "lição" que aprendemos com Wittgenstein, a saber, "que a filosofia, *na qualidade de processo a ser mostrado*, resiste à reificação da afirmação filosófica direta" (*Idem*).

Acredito que, diante da ênfase do Wittgenstein maduro na visão da linguagem como *forma de vida*, práxis, a maneira relativamente dicotômica como, no *Tractatus*, se compreendia a distinção entre dizer e mostrar cede lugar a uma perspectiva segundo a qual estes se contaminam reciprocamente, dada a sua natureza igualmente performática e dada a impossibilidade de se abstrair a linguagem da vida. Creio, no entanto, que um *dizer-mostrar* sobrevive na segunda escrita de Wittgenstein e que sua escrita dá ainda testemunho de um inexplicável, de um incompreendido, de um comum-estranho que, sem se deixar conhecer, deixa-se reconhecer.

Convencida de que as possibilidades desse testemunho, desse dizer-mostrar, estão intimamente relacionadas à feição poética da escrita wittgensteiniana, gostaria de concluir este texto com o exame de mais uma notável *intradução*, na qual vejo claramente instanciada a lição que Kosuth atribui a Wittgenstein. Trata-se de uma passagem do *Tractatus*, intraduzida em poema concreto por Augusto de Campos.

Eis a passagem (TLP 6.43): "O mundo dos felizes não é o mesmo mundo dos infelizes" (*Die Welt des Glücklichen ist eine andere als die des Unglücklichen*). A frase se deixa pinçar da trama firme, numerada, hierárquica do *Tractatus*: pode ser trazida aqui de forma avulsa, como podem o verso memorável de um poema (*Um galo sozinho não tece uma manhã*), a frase intensa de um romance (*Deus é um grito no meio da rua*). Foi de fato extraída de seu entorno por Augusto de Campos, em uma das *intraduções* publicadas em *Não* (2003, pp. 84-84) — um poema que se intitula "om (e.e. wittgenstein)":

om

u n
d o

d o
s f

e l
i z

e s
n ã

o é
om

e s
mo

q u
e o

mu
n d

o d
o s

i n

De e. e. cummings, lembremos o poema "l(a)", a folha que cai (a leaf falls) solidão (loneliness):

> l(a
> le
> af
> fa
> ll
> s)
> one
> l
> iness

Entrelaçam-se os nomes próprios: Wittgenstein, Cummings, Campos. Os dois últimos são, entre muitas outras coisas, associados às vanguardas do século XX que, descritas com as cores da máxima de Proust, dispuseram-se a infiltrar uma escrita "estrangeira" — com seu apelo visual, ideográfico, espacial — no seio de uma escrita "nativa" de propensão mais exclusivamente auditiva, fonética, temporal. Em Wittgenstein, o recurso ao gráfico e visual não é tão comum, embora não esteja do todo ausente:

> In aller großen Kunst ist ein WILDES Tier: *gezähmt*.
> Em toda grande arte há um animal SELVAGEM: *domesticado*. (VB 37-8)

Nesse caso relativamente excepcional, o embate entre os adjetivos se deixa ver no espaço da página: literalmente.[11] A passa-

---

[11] Mais um sinal de que tende a passar despercebido o gesto poético de Wittgenstein nesse caso — como em quase toda parte de sua obra — é o fato de que, em traduções e reedições dessa e de outras passagens, as maiúsculas, os itálicos e as ênfases de Wittgenstein são sistemática e sumariamente apagados. Ver sobre isso Martins 2012: 117 e segs.

gem do *Tractatus* que elegi para comentar não salienta, porém, o jogo verbo-visual que é tão claro nos poemas de Cummings e de Campos citados acima. Mas quem sabe, ainda que sem maiores avanços na aventura concreta e ideográfica, Wittgenstein não se aproximaria desses poetas no desejo de uma simplicidade (digamos com muitos escrúpulos) oriental — a simplicidade opaco-transparente do haicai? Nos casos de Cummings e Campos, e dos admiradores de Ezra Pound em geral, esse desejo (entre outros) é, sabe-se, declarado. Wittgenstein, ao que parece, jamais fez qualquer gesto mais explícito nessa direção. Mas que esse "verso" do *Tractatus* se preste tão bem a essa específica intradução de Campos é algo que dá testemunho de um movimento na direção da expressão direta, simples, de vigor concentrado, da profundidade paradoxal de um dizer, digamos quase, de criança. De uma trama textual tensa como é a do *Tractatus*, desprende-se, em todo caso, alguns insistentes candidatos ao aforismo:

> *Os limites da minha linguagem* são os limites do meu mundo. [5.6]
> O mundo e a vida são um só. [5.621]
> A morte não é um fato da vida. [6.4311]
> Nossa vida é sem fim do mesmo modo que o campo visual não tem limite. [6.4311]

Entre os leitores de Wittgenstein, muitos há no entanto que opõem o *Tractatus* e as *Investigações*, sustentando que, de um livro para o outro, temos justamente a passagem de uma escrita filosófica sistemática para um estilo aforístico (Biletzki & Matar 2011, s.p.). Se o *Tractatus* traz o aforístico, portanto, ele o faz de maneira sutil: insinuada por trás das amarras dos tantos níveis e sub-níveis da numeração decimal utilizada na sua composição?

Observe-se como ao mesmo tempo se articulam e se deixam desgarrar as passagens proximamente numeradas trazidas acima. Já houve mesmo quem visse nesse sistema de numeração menos uma rede conceitual hierarquizada e mais uma partitura musical.

Seja como for, na recriação livre do poeta concreto, somos mais uma vez ajudados a entrever algo do discreto idioma estrangeiro de Wittgenstein. Campos toma para si uma frase simples e direta, condensada e silenciosa, profundamente superficial: o mundo dos felizes não é o mesmo que o mundo dos infelizes. Em sua intradução, dá a ver, na língua comum-estranha que é aqui a sua e de Wittgenstein, um mundo de linguagem limite — fora do caminho estreito das palavras, para todo lado: branco. Um mundo de palavras-vertigem nas quais se flagra, por vezes, um inesperado — mundo de "esmo" dentro do "mesmo". Mundo que não é igual a si mesmo, que se expande e se contrai entre os (in)felizes – quando um caso e quando o outro não sabemos bem. Entre o começo e o fim do poema, ficamos suspensos entre *om*, sílaba fechada que se abre em mantra, e *in*, sílaba aberta que, nos vetos de seu sentido-não, vai dar em branco, abre-se em nada — um nada onde talvez tenha ido parar aquele *feliz* amputado do original?

* * *

Que tantos leitores de Wittgenstein tenham permanecido relativamente cegos à força poética da língua estrangeira que ele infiltra em nossa língua comum é algo que sugere, enfim, ser esta uma língua sutil, que fala baixo o seu próprio estranho.

Se, com Joseph Kosuth, tomamos como *textos-objetos* os escritos de Wittgenstein, então podemos compreender essa reincidente cegueira como sendo de certa forma análoga àquela de que falou certa vez o antropólogo Hans Peter Duerr, mais um admirador confesso de Wittgenstein: diante de uma tribo estranha, segundo Duerr, o pesquisador muitas vezes

> joga sobre os objetos (...) uma rede, divide-os, classifica-os. Eles são organizados, controlados e purificados; qualquer coisa que possa crescer de forma profusa por entre os espaços da malha, ele apara, corta fora. Os objetos choram, mas o pesquisador não vê lágrimas. [Duerr, 1987, p. 115]

Referências bibliográficas:

Obras de Wittgenstein citadas, com respectivas abreviações:

[NB] *Notebooks 1914-16* [German-English parallel text]. H. von Wright e G. E. M. Anscombe (eds.), tr. G. E. M. Anscombe, Oxford: Blackwell, 1989.
[TLP] *Tractatus Logico-Philosophicus*. Ed. bilíngue, tradução, estudo introdutório e notas de Luiz H. L. dos Santos. São Paulo: EDUSP, 1994.
[VB] *Vermischte Bemerkungen / Culture and value*. [German-English parallel text]. G. Von Wright (ed.), tr. Peter Winch. Oxford: Basil Blackwell, 1989.
[PU] *Philosophische Untersuchungen / Philosophical investigations* [German-English parallel text]. Tr. G. E. M. Anscombe. Oxford: Blackwell, 2001.
[BPP II] *Bemerkungen über die Philosophie der Psychologie / Remarks on the Philosophy of Psychology*, vol. II. [1948, German-English parallel text]. G. H. von Wright, H. Nyman (eds.), tr. C.

G. Luckhardt, M. A. E. Aue, Oxford: Blackwell, 1980.
[Z]   *Zettel*. [1945-8, German-English parallel text] G. H. von Wright e G. E. M. Anscombe (eds.). tr. G. E. M. Anscombe. Berkeley: University of California Press, 1970.
[UG]   *Uber Gewissheit / On certainty*. [German-English parallel text] G. H. von Wright e G. E. M. Anscombe (eds.) Tr, Denis Paul, G. E. M. Anscombe. New York: Harper & Row, 1972.
[N]   *Wittgenstein's Nachlass: the Bergen electronic edition*. Ed. Wittgenstein Archives at the University of Bergen. Oxford: Oxford University, 2000. (electronic)

Outras obras:

BECKETT, Samuel. *The Unnamable*. In *Samuel Beckett: Three Novels*, New York: Grove Press, [1958] 1991.
BILETZKI, Anat; MATAR, Anat. Ludwig Wittgenstein. *The Stanford Encyclopedia of Philosophy* (2011 Edition), Edward N. Zalta (ed.), disponível em http://plato.stanford.edu/archives/sum2011/entries/wittgenstein/, acesso em 10/05/2013.
CAGE, John. *I-VI. The Charles Eliot Norton Lectures: 1988-89*. Cambridge, Mass: Harvard University Press, 1990.
CAMPOS, Augusto de. *Confraria: Arte e Literatura*- no. 13, 2007. (Disponível em http://www.confrariadovento.com/revista/numero13/index.htm, acesso em 20/05/2013.)
_____. *Não*. São Paulo, Perspectiva, 2003.
CAVELL, Stanley. *In Quest of the Ordinary: Lines of Skepticism and Romanticism*. Chicago: University Of Chicago Press 1994.
_____. The Investigations' Everyday Aesthetics of Itself. In *The Literary Wittgenstein*, J. Gibson e W. Huemer (eds.), London: Routledge, 2004.
_____. *This New Yet Unapproachable America*. Albuquerque:

Living Batch Press, 1989.
COUSINEAU, Thomas J. Thomas Bernhard. *The Review of Contemporary Fiction,* Vol. 21, No. 2, 2001.
DELEUZE, Gilles; GUATTARI, Félix. *O que é a filosofia?* Tr. Bento Prado Jr. e Alberto Alonso Munoz, Rio de Janeiro: Editora 34, 1992.
_____; PARNET, Claire. *L'Abécédaire*. Film produit et réalisé par Pierre-André Boutang. Paris: Editions Montparnasse, 2004.
_____, Gilles. *Conversações*. Tradução de Peter Pal Perlbart. Rio de Janeiro: 34, 1992.
_____. Crítica e clínica. Tr. Peter Pál Pelbart, São Paulo: Editora 34, 1997.
DUERR, Hans Peter. *Dreamtime: Concerning the Boundary Between Wilderness and Civilization*, Oxford: Blackwell, 1987.
GLOCK, H-J. *Dicionário Wittgenstein*. Trad. Helena Martins, Jorge Zahar Editora, Rio de Janeiro, 1998.
_____. Perspectives on Wittgenstein: an Intermittently Opinionated Survey. In *Wittgenstein and His Interpreters*: *Essays in Memory of Gordon Baker*. G. Kahane, E. Kanterian and O. Kuusela (eds.), Oxford: Blackwell, 2007, pp. 37-65.
KOSUTH, Joseph. The Play of the Unsayable: A Preface and Ten Remarks on Art and Wittgenstein. In: *Art After Philosophy and After: Collected Writing, 1966-1990*, G. Guercio (ed.), Cambridge, Massachusetts: The MIT Press, 1991.
MARTINS, Helena. A escrita poética de Wittgenstein, sua tradução. *Revista Brasileira de Literatura Comparada*, v. 19, p. 109-125, 2012.
_____. Dizer-mostrar o estranho. *Alea: Estudos Neolatinos*, 14/1, 2012b.
PERLOFF, Marjorie. *Wittgenstein's Ladder: the Strangeness of the Ordinary*. Chicago: The University of Chicago Press, 1996.

_____. Cage: chance, change. In: *Radical Artifice: Writing Poetry in the Age of Media*. Chicago: The University of Chicago Press: 1994, pp. 200-216.

PROUST, Marcel. *Contra Sainte-Beuve*. Tr. Haroldo Ramansini. São Paulo: Iluminuras, 1988.

SILVERMAN, Kenneth. *Begin Again: A Biography of John Cage*. New York: Alfred A. Knopf, 2010.

CODIFICAÇÃO ESTÉTICA E POLITIZAÇÃO DA POETOLOGIA: HISTÓRIA E DEVIR
Pedro Dolabela Chagas

Antecipação do enredo: debateremos os fundamentos políticos das poéticas que buscaram, na modernidade, legitimar o "estranhamento" — compreendido como "choque", "desvio", "quebra do horizonte de expectativa"... — em nome das funções sociais que com ele a arte assumiria. Nelas, a ruptura com a codificação estética ancorada na emulação da tradição assumia tons "revolucionários"; menos discutido, porém, é o seu verniz aristocrático — fundadas, como elas foram, sobre noções de autonomia autoral que rebaixavam o componente retórico que dirigia a arte aos interesses e expectativas do público atual, para confrontar tais interesses e expectativas em nome das crenças de pequenas coletividades. Essa rejeição do público contemporâneo posicionava o artista na "vanguarda" — ou assim se queria acreditar — de processos potenciais de transformação coletiva ou, no mínimo, de intervenção em modos de percepção embotados pelo cotidiano "mecanizado" da vida moderna: pressupostos desse tipo seriam tomados como paradigma-teoria, de maneira hegemônica, pela crítica e pela historiografia da arte do segundo pós-guerra até, aproximadamente, os anos 80, preservando ainda hoje uma posição majoritária no debate acadêmico. Pois ainda creditamos à "originalidade", produzida pelo manejo surpreendente dos códigos estéticos, clara superioridade (estética, mas também política) em relação ao "comum" — mesmo que não saibamos definir adequadamente o que este "comum" seria.

Ocorre que a arte codificada de maneira contraintuitiva tende a selecionar o seu público — voluntariamente ou não — de maneira rigorosa, o que frustra as ambições políticas alegadas em sua defesa, restrita, como ela é, a impactos discretos em comunidades localizadas. Tal seleção do público mitiga a própria possibilidade de aferimento da eclosão do "choque": se o público é previamente selecionado, não há como avaliar o impacto das obras sobre o espectador qualquer (algo, em todo caso, que críticos de inspiração modernista jamais se preocuparam seriamente em fazer); com isso, resta a confiança de que os "procedimentos" materializados nas obras produzirão os efeitos postulados pela poetologia, numa abordagem imanentista — i.e. concentrada nas propriedades imanentes — do fenômeno artístico. Como os ambientes de exibição e debate da "Grande Arte" se tornaram cada vez mais institucionalizados, a seleção do público tende a oscilar entre os extremos da massificação do circuito para públicos cujo juízo o sistema da arte não toma como orientação, e grupos elitizados de apreciadores para os quais a arte é objeto de fruição individual e debate especializado: ainda assim, parte da crítica insiste em atribuir uma importância social macroscópica à arte "inovadora", identificando, em sentido contrário, impactos nocivos nas artes diretamente engajadas na comunicação com o público aberto. Das assertivas dessa crítica vem a impressão de um vácuo formado entre a pequena difusão social das artes mais propensas à produção de efeitos políticos positivos e o alcance massificado de artes que reiterariam o *status quo*: mas seria essa uma divisão de fato, ou apenas o ponto máximo de radicalização da trajetória anti-sistêmica assumida pela modernidade artística europeia, que muitos tomam como modelo?

Pois a história da politização da poetologia nos mostra, num passado distante, proposições que sabiam creditar integridade artística à conciliação entre a individuação da autoria e a comunicação com o público aberto: não estaria aí uma boa fonte de inspiração para a reflexão sobre a arte na época atual, em que a democracia se impõe nas teorias e nas práticas políticas? A própria colocação da pergunta impõe a historicização do problema, centrando-se o foco no conteúdo político das poéticas que procuram orientar a escolha dos códigos estéticos supostamente adequados às funções que elas mesmas atribuem à arte: o que existe num código; quão decisivo ele é para a experiência da arte e para a sua afirmação como produção social autônoma?

Uma distinção inicial deve ser feita entre "código" e "convenção": se toda informação não codificada é percebida como ruído, a palavra "código" remete à estruturação que organiza a percepção da informação, a "convenção" constando como o uso articulado — poetologicamente regrado ou não — de conjuntos específicos de códigos, sancionados pela tradição. Trata-se, é claro, de uma distinção heurística, pois códigos são ordinariamente aglutinados em conjuntos de códigos processados em contextos de recepção que esperam certa convencionalização da comunicação: mesmo a obra codificada contraintuitivamente recorre a convenções localizadas (como aquelas inscritas em seu pertencimento a um gênero), e mesmo o "desvio" mais radical não poderá prescindir dessa legibilidade mínima; de uma perspectiva informacional, certas convenções deverão ser mantidas para que o desvio se faça discernir.

Como objeto das poéticas, a codificação não é um mero conjunto de formas: ela se investe de certo conteúdo social ao se autolegitimar pela coerência estabelecida entre a função social atribuída à arte e um programa artístico preciso. Tal legitimação dos códigos pelos programas se pauta pelos supostos efeitos que os códigos provocariam no público almejado: *grosso modo*, até o século 18 a legitimação previa a arte como instância de conciliação e equilíbrio social, cedendo lugar, a partir do romantismo, a "poéticas da expressão" que paulatinamente confeririam à arte uma função antissistêmica, colocando-a a serviço de certo *desequilíbrio* social ao fomentarem consensos (mais ou menos radicalmente) antagônicos ao *status quo*. Seja no renascimento ou nas vanguardas históricas, porém, códigos poetologicamente teorizados operam como o "momento prático" da teoria e da crítica, constituindo atos de organização da matéria demarcados por conjuntos de valores que unificam a interpretação da sociedade à elaboração da forma.

Desde finais do século 18, a distinguir a poetologia moderna está o conceito de "autonomia": declarada autonomia de criação, suposta autonomia quanto ao juízo sincrônico. A certa altura a estética do gênio e o *politicum* revolucionário deram-se as mãos: mesmo que o artista não se pusesse a falar em nome de uma "vontade geral" encarnada no "povo", ele estava livre para rejeitar o passado (a tradição) em nome de um futuro a ser conduzido por ele mesmo e pelo pequeno público capaz de responder-lhe produtivamente:

> Vive com teu século, mas não sejas sua criatura; serve teus companheiros, mas naquilo de que carecem, mas não no que louvam. [...] Pensa-os como deveriam ser quando tens de influir sobre eles, mas pensa-os como são quando és tentado a agir por eles. Procura seu aplauso através de sua dignidade [...] e tua própria nobreza despertará então a deles, ao passo que sua indignidade não aniquilará teus fins. (Schiller, 1995, p. 55-6)

Mais tarde, distante de Schiller mas fiel à sua elevação do artista contra o senso comum, a crença de que a arte politicamente mais produtiva é aquela que se distancia das expectativas medianas pelo "choque", pelo "estranhamento" ou pela "negatividade estética" iria prever a rejeição da atualidade em nome de utopias mais ou menos definidas, ou então, numa tonalidade "trágica", iria prever o autodistanciamento como posição moralmente digna diante de um mundo inapelavelmente "decaído": como bem aponta Frederick Turner (2009), em ambos os casos fazia-se o diagnóstico da "sociedade burguesa" como uma sociedade doente, de cuja cura a arte participaria oferecendo experiências não corrompidas pela representação ideologizada da imagem e pela reprodução serial, combatendo a pasteurização da percepção e da interpretação através da promoção de experiências libertas da inautenticidade da vida moderna, e assim renovando a percepção da realidade social daqueles espectadores que, por esse meio, teriam renovadas também as suas capacidades críticas e judicativas, passando a integrar produtivamente o processo de construção de uma sociedade reconciliada — *grosso modo*, era esse o componente utópico do modernismo. Os adversários, Turner nos lembra, eram os de sempre: a cooptação política e a alienação pelo capital, pela reprodução industrial ou/e pelo *kitsch*; como terapia, as vanguardas ministrariam uma arte desprazerosa, mas dotada de poder formativo: a rejeição do prazer "fácil" da arte de consumo era legitimada, tal como na Revolução, pelo monopólio da imaginação do futuro por grupos seletos de agentes.

A legitimar a individuação autoral em detrimento da mudança *na* tradição — que caracterizara a arte ocidental desde o Renascimento — estava, portanto, a razão "crítica": crítica ao presente, ao público atual, às instituições e à inteligência, temperada por certa nostalgia (ou pessimismo) e cujo ápice viria no alto modernismo — que ainda preserva o seu poder simbólico. Mas este *ethos* que rejeita o presente e o passado e faz da imaginação utópica ou distópica o seu fundamento político, qual foi o impacto real das suas produções? Conhecemos a coerência da sua poetologia: quais foram, porém, os resultados práticos do seu embate com o senso comum? A distorção da realidade visual por objetos que minam os "preconceitos visuais" do espectador, a substituição da "corrupção sensorial cotidiana" pelo universo "purificado" da abstração, a "quebra do horizonte de expectativa" e a afirmação politicamente conflitiva das crenças do artista são continuamente heroicizadas, enquanto o "senso comum" é alvo de menosprezo — mas qual tem sido a produtividade política dessa arte "crítica"?

Sintomaticamente, esta pergunta não costuma ser colocada. Se a lançamos, não é para sugerir que o modernismo seja jogado no lixo, que *Harry Potter* é tão "bom" ou "significativo" quanto o *Ulysses* de Joyce, ou coisa que o valha. Tal ressalva é necessária contra a acusação de relativismo, sempre armada contra quem flexibiliza a *doxa* modernista: melhor inspiração nos vem de Bruno Latour, que não se considera nem um universalista (que define "uma única hierarquia"), nem um "relativista absoluto" (que considera iguais todas as diferenças, enquanto diferenças). Ele seria um "relativista relativista": "mais modest[o] porém mais empíric[o], [o relativista relativista] mostr[a] os instrumentos e as cadeias que foram usadas para criar assimetrias e igualdades, hierarquias e diferenças" (Latour, 1994, p. 111), exatamente o que buscamos fazer aqui. O "relativista relativista" observa, percorre, narra os modos de produção de realidade sem estabelecer pontos definitivos de estabilização, como fazem o universalista e o relativista "absoluto": as escolhas estéticas e políticas de um "relativista relativista" são feitas no caso em que se colocam, sob o cotejo das *produções de realidade* em questão — quais delas devem ser traídas, quais devem ser preservadas, que alternativas poderiam ser criadas? Com isso em mente, é de supor que, se o *politicum* legitimador da codificação contraintuitiva da arte pressupõe (já em certa filosofia alemã de finais do século 18) o conceito moderno de Revolução como fiador da autonomia social do artista-gênio, os limites do seu impacto prático devem ser localizados justamente naquela defesa peremptória de um posição social que, em nome do interesse geral, aristocraticamente elegia uma pequena coletividade de agentes para a liderança da vida coletiva. Na contramão do empuxo à democratização que hoje obriga todo agente político à comunicação em larga escala, aquele *ethos* estimula a subjetivação em detrimento do comércio público, numa "ética das convicções" que justifica as ações pelas crenças localizadas dos agentes, em detrimento de uma conciliação entre a inovação e a tradição que pudesse permitir a negociação pública das crenças. Entre outras coisas, não se prevê que a arte possa *não* colocar-se a contrapelo das disposições atuais do público e *por isso* preservar a vocação política da subjetivação, sendo exatamente essa a via que o século 19 não seguiu: a imaginação de modos de conciliação entre a inovação e a tradição que preservassem a ampla eficácia da comunicação (e, com ela, da integração da arte à autoprodução social) sem bloquear a voz individual. Não é isso que a esfera democrática prevê?

Clarifiquemos o vínculo entre a ideação de uma "aristocracia do espírito" pelo *ethos* artístico moderno e o componente antidemocrático da Revolução, em sua rejeição do presente em nome da imaginação do futuro. Já em Schiller ela se revelava na eleição do artista-gênio, não contaminado pelas engrenagens sociais que "simplifi[cam] a multiplicidade dos homens pela classificação"

(1995, p. 42), como agente *político* ideal, cuja autonomia em relação às condições do seu tempo lhe daria a estatura moral necessária para a condução do futuro social a partir das suas crenças pessoais. A "aristocracia do espírito" se estabelecia nessa atribuição de capacidades judicativas diferentes a agentes sociais diferentes, diferenciados pelas suas predisposições críticas e afetivas, num padrão macroscópico que associava a mediocridade intelectual do agente comum à pobreza do seu *gosto*:

> [...] é grosseiro [...] tomar por efeitos da arte como tal as emoções meramente sensíveis, os afetos e a satisfação sensível que as obras de arte suscitam. [...] Quem não se eleva à Idéia do *todo* é totalmente incapaz de julgar uma obra. [...] vemos no entanto que, em sua maioria, os homens que *se chamam a si mesmos de cultos* a nada são tão inclinados quanto a ter um juízo em questões de arte e a *se dar ares de entendidos*. (Schelling, 2001, p. 22, grifo nosso)

Exemplos semelhantes podem ser buscados em Schlegel, Hegel, Novalis, onde a crítica aos padrões de gosto, à mediocridade política do público mediano, aos hábitos, rotinas e expectativas da vida moderna, igualmente suscitava a participação ativa de um fazer artístico que, distante do ordinário e apto a resgatar *pela* arte a possibilidade de uma experiência autêntica do mundo, recuperaria o espectador para uma vida social produtiva. Em tempo, essa racionalização conferiria à teoria da arte uma orientação de cunho revolucionário, *looking to an ideal future and contemptuous of the deficiencies of the present, to say nothing of the past — and disdainful of the beliefs and practices of the uneducated and lowborn* (Himmelfarb, 2008, p. 51), menosprezo que transparecia já na descrição de Schiller das "classes mais baixas e numerosas [onde] são-nos expostos impulsos grosseiros e sem lei [e pelas] classes civilizadas [que] dão-nos a visão ainda mais repugnante da languidez e de uma depravação do caráter, tanto mais repugnante porque sua fonte é a própria cultura" (1995, p. 36). A grosseria do populacho só não era pior que a afetação do "filisteu": amarrados aos seus interesses imediatos, ambos deviam dar lugar a um "povo em devir", a ser estética e politicamente formado pela arte de gênio.

Mas apenas no alto modernismo esse *ethos* suscitaria a proposição programática de estéticas contraintuitivas. Da perspectiva da codificação, somente então a crítica do presente em nome da ideação do futuro estabeleceria um corte entre a seleção aristocrática do público e a popularidade da arte em diálogo com a tradição: se a política democrática envolve a fricção através de atos de comunicação controlados, mas cujos resultados se tornam imprevisíveis ao se dirigirem a plateias heterogêneas e volúveis, tem-se o exato oposto na comunicação mediada por códigos que a princípio provocariam reações imprevisíveis no público aberto, mas cujos resultados se tornam controláveis pela seleção dos espectadores atingidos. E o quadro se cristalizou; somos tão habituados a dicotomizar politicamente as artes e os públicos que isso soa natural: mas seria o recurso à codificação tradicional de fato politicamente improdutivo?

O problema é que, em última análise, o *prodesse* horaciano nunca sumiu do horizonte, mesmo assumindo nomes e funções variados. Isso não nos deveria surpreender. Pensemos, por exemplo, nos "gêneros" e "estilos" como convenções, gêneros abrigando infinitos estilos, estilos pressupondo a moldura dos gêneros. Gêneros se mantêm metaestáveis na "longa duração" ao serem atualizados de infinitas maneiras; "estilos" se limitam a nomes ou épocas precisas. Em ambos os casos a convenção opera como produtora de regularidades, preparando o público tanto para a experiência reiterada da tradição quanto para a surpresa do "desvio": ela é a massa de redundância que gera e estabiliza expectativas, variando constantemente sem perder a sua estabilidade operacional. Seguindo a terminologia wittgensteiniana da teoria da forma poética de Florian Klinger (2011), podemos dizer que a convenção impõe limites produtivos, tal como um "jogo da linguagem" no qual cada procedimento adquire valor apenas ao ser colocado, e cujas próprias regras são atualizadas a cada lance, subsistindo como referências implicitamente renegociadas e fazendo com que as funções de técnicas e elementos sejam decididas pelos seus modos contextuais de aplicação. Nesses casos, a convenção atua como condição para a produção da singularidade, que deve ser entendida — na sugestão de Klinger — como o lance que captura a metaestabilidade do jogo para atualizar as suas regras de maneira contingente, sempre mais ou menos surpreendente. Essa flexibilidade da convenção — a variabilidade intrínseca das suas redundâncias reguladoras — orienta também a variação das expectativas de artistas, críticos e espectadores em relação aos códigos estéticos e funcionais que, em conjunto, estabelecem matrizes metaestáveis (individuais ou coletivas) de interpretação e juízo, de viés mais ou menos normativo em diferentes épocas e lugares. É para o bom funcionamento dessa acoplagem entre a aplicação das técnicas e a atualização coerente das expectativas correlatas — sempre conjuntamente cambiantes — que procura-se legitimar os códigos pela atribuição à arte de funções macro ou microscopicamente *formativas*: em outras palavras, é por colaborarem com as funções socialmente benéficas da "educação", da "formação" ou da *Bildung* que certos códigos devem ser aceitos. Em suma, o *prodesse* nunca desapareceu do horizonte porque atribuir à arte um poder formativo é uma das estratégias mais eficazes para assegurar a função social de certas aplicações contingentes das convenções — mas tal função formativa é também implícita ou explicitamente usada, desde o alto modernismo, para condenar a convenção tradicional.

Lida com cuidado, essa proposição sugere que, mesmo que na condição de reverso ("crítico" ou "trágico") do espírito conciliatório implícito em noções antigas de "formação", códigos produtores de efeitos de "choque", "estranhamento" e "desterritorialização" são também justificados pela sua produtividade política, não mais orientada para a conservação do *status quo*, mas para a "formação" produzida pelo "desvio" do *status quo*. O uso do termo "*prodesse*" se mostrará analiticamente produtivo se aceitarmos que essa inversão na orientação social não apaga a persistência da "formação" como fonte de legitimação política da poetologia, permitindo observar, de roldão, a permanência da vocação normativa do apelo ao político como legitimação do poético — como na normatividade implícita na *defesa* do "estranhamento" contra a convenção, algo que explica como, ao fim e ao cabo, poéticas do estranhamento acabaram por produzir os seus próprios conjuntos de convenções.

Quando o privilégio do pertencimento social transformador levou à reinvenção do *prodesse* como *Bildung*, conjugando-se a remissão à sociedade ideal com a subjetivação crítica própria ao agente político moderno, naquele arco temporal a separar o artista como "fertilizador" do potencial produtivo do "povo" (em Lessing e Herder) e o "povo em devir" de Schiller (já representativo do *politicum* revolucionário), passou-se da arte que trabalhava para germinar a produtividade de um público inerentemente dotado de certa sensibilidade política a um público cujo potencial político seria formado *pela arte*: em Schiller encenava-se a reocupação funcional do *prodesse* na alta modernidade, com a instauração do distanciamento social do artista como requisito para a integridade da *intervenção* a ser operada por ele. As implicações para o tratamento da codificação seriam evidentes: colocando-se "à frente" ou "acima" do público mediano, inaugurava-se um *prodesse* antirretórico, passando-se da arte feita para o público à arte formadora do público. A função originalmente atribuída à retórica por Horácio soaria então "conservadora", ao podar a livre imaginação criadora: ao antecipar, por exemplo, o ideal de decoro na relação entre a forma e o conteúdo da elocução, em Horácio a subjetivação autoral não entrava em questão, como tampouco se pensava a política no molde ateniense (i.e. como o conflito entre soluções igualmente legítimas para conflitos internos ao mesmo microcosmo judicativo). Entretanto, já em Horácio nota-se que o *prodesse* separava o "alto" do "baixo", a "arte verdadeira" do "prazer barato", distinguindo o receptor sofisticado do espectador mediano: "Um homem honesto e competente repreenderá os versos fracos, incriminará os versos duros, [...] marcará com um traço negro os versos inelegantes, cortará os adornos pretensiosos, [...] denunciará os enunciados equívocos, notará tudo que deve ser mudado" (HORÁCIO, 1993, p. 37). E já em Horácio a diferença da poesia de qualidade se revelava no seu acabamento interno — na imanência da forma.

É certo que a sua poética não tinha semelhanças com o modernismo: em Horácio, a rejeição da "beleza fácil" pressupunha o domínio técnico como instância de controle sobre a expressão individual, a "arte" (como técnica coletivamente sancionada) e a tradição sobrepondo-se ao "engenho" (i.e. à manifestação de talento individual) e à inovação. Normas desse tipo certamente desapareceram com a "autonomia", mas pressagiavam as figuras do "bom artista" e do "bom esteta" que, na modernidade, afirmariam um novo acordo, de pretensões normativas, entre valores estéticos e valores políticos ao afirmarem a premência da novidade contra a tradição. Em que pesem as diferenças, o fim das codificações preceptivas — que operavam como o *a priori* poético a condicionar a legibilidade das produções artísticas do período cortesão — não eliminou as pretensões normativas da poetologia, que, então como ainda hoje, são substancializadas na atenção de artistas e críticos ao acabamento interno das obras: existe uma clara "afinidade eletiva" entre a política modernista da forma e a sensibilidade estética da crítica imanentista.

Um giro no tempo pode igualmente sugerir, porém, um *prodesse* que não seja concebido de maneira nem aristocrática, nem populista: nem *Bildung* nem "pedagogia", ele poderia dar fundamento político à poetologia num registro democrático. A consequência para a teoria da codificação seria a legitimação do desejo, pelo artista, da comunicabilidade ampla da informação, resgatando a dignidade da emulação da convenção em lugar do privilégio desproporcional conferido à "diferença". Talvez Aristóteles nos ensine a pensar esta outra simbiose entre a estética e a política — especialmente quando se nota que todo conteúdo potencialmente normativo da *Poética* era mitigado pela vocação pragmática da sua eleição da catarse como motivação central da composição, assim como pela vocação analítica da sua definição da tradição como repertório de experiências a orientar a produção contemporânea. Em Aristóteles a efetividade do *prodesse* demandava não a obediência ao "decoro", mas a efetiva produção do efeito catártico, sem prescrição de códigos e localizando-se o sucesso da comunicação no mérito contingente do ato comunicativo. Mesmo que indicasse as suas preferências, Aristóteles não prescrevia padrões de aceitabilidade, mas apenas derivava da experiência acumulada na tradição as estratégias de mais provável sucesso, a ser julgado pela qualidade do efeito produzido. Este faro pragmático é o exato oposto da demanda pela configuração estética específica que, supostamente, provocaria efeitos positivos: na poetologia modernista, a demanda formal adia o aferimento do efeito obtido; na pragmática de Aristóteles, a demanda pelo efeito flexibilizava o juízo sobre os seus meios de produção (i.e. sobre a forma); sabe-se o que deve acontecer; como produzi-lo, porém, comportaria infinitas soluções possíveis.

Aristóteles tampouco apontava deficiências no público seu contemporâneo, nem previa as aptidões ideais do "bom esteta": hierarquias nas disposições afetivas, cognitivas e volitivas do público não entravam em questão. Não cabia ao artista "transformar" o público, mas dialogar produtivamente com as suas expectativas. Mesmo que o verniz "democratizante" da *Poética* fosse facilitado pela circunscrição (*a priori* aristocrática) da representação da tragédia a um contingente seleto da população ateniense, se queremos destravar as aporias políticas de poéticas cujas pretensões ao impacto prático são mitigadas pela sua indisposição à comunicação aberta, há algo a aprender nesta associação entre o *politicum* democrático — o diálogo com o público tal como ele é — e uma pragmática do efeito, cujo sucesso não pode ser antecipado pela normatização da codificação, mas apenas constatado casuisticamente.

Destaquemos brevemente alguns pontos. Quando Aristóteles comenta o nosso prazer na representação de coisas que nos desagradam na vida real (imagens de "animais ferozes e cadáveres"), ele sugeria que a representação altera a experiência do representado: estarmos num teatro e sabermos que ninguém de fato morreu influencia a emoção despertada pela visão de um cadáver que, na vida real, despertaria reações de outra ordem. Mas estar no teatro não explica tudo, pois Aristóteles fala do "aprendizado" proporcionado pela representação, pelo qual não se trataria de aprender o que um cadáver é, mas de viver experiências que a vida real não permite (a experiência do representado não condicionada pelo *status* que ele recebe no mundo real, em situações que jamais ocorreriam em nossas vidas). Esse componente ficcional não eliminava que o envolvimento afetivo demandasse certa semelhança da representação com o real: o verossímil tende a despertar maior interesse, fenômeno que recebia uma explicação epistemológica quando Aristóteles afirmava que, ao olharem as imagens, as pessoas "aprendem e discorrem sobre o que seja cada uma delas. Porque, se suceder que alguém não tenha visto o original, nenhum prazer lhe advirá da imagem, como imitada, mas tão-somente da execução, da cor ou qualquer outra causa da mesma espécie" (Aristóteles, 1993, p. 27-8). Ou seja, nós nos interessamos pela imitação quando reconhecemos o que ela está imitando e, por isso, na tragédia a semelhança entre o real e o representado pressupunha um distanciamento controlado do público, que lhe permitisse reconhecer a irrealidade da representação a partir da sua semelhança com o real, o impacto afetivo operando no limiar entre uma coisa e outra. Para o nosso argumento, importa notar que essa pressão da verossimilhança não impunha o regramento da composição: diante da premência da produção do efeito, "é de preferir o impossível que persuade ao possível que não persuade" (1993, p. 143), ou seja: a experiência emocional do espectador era o mais importante; o verossímil tinha apenas maior probabilidade de provocá-la.

Ao defender a verossimilhança, Aristóteles não estava, portanto, primordialmente preocupado em normatizar o conteúdo de verdade da representação, seja no plano político-retórico, seja no plano epistemológico: o objetivo primordial não era condenar a mentira factual ou o engano político, mas apenas alertar que a estória inverossímil tende a ter menos credibilidade e produzir menor empatia. A tradição — os sucessos e fracassos das tragédias encenadas ao longo dos anos — autorizava-o a afirmá-lo, enquanto o privilégio do efeito empurrava o juízo crítico para a análise do caso: se o efeito decidia a qualidade da composição, e se não havia normas estritas a seguir (mas apenas caminhos mais ou menos promissores), admitia-se uma grande variabilidade na combinação entre a inovação e a redundância. Isso ficava evidente, por exemplo, no tratamento da linguagem poética, em tudo alheio às preocupações horacianas com o "decoro": a Aristóteles interessava observar que, enquanto o uso majoritário de vocábulos correntes produzia clareza ao custo da trivialidade, um uso excessivo de vocábulos incomuns provocaria estranheza: "Claríssima, mas baixa, é a linguagem constituída por vocábulos correntes. [...] Pelo contrário, é elevada a poesia que [...] se afasta da linguagem vulgar. [...] Mas a linguagem composta apenas de palavras deste gênero será enigma ou barbarismo" (1993, p. 113-5). Daí que, se alguma singularidade é necessária à elocução cativante, a convenção atua como o fundo de redundância necessário à sua composição. De maneira análoga, ao defender que o enredo fosse simples (a famosa "unidade da ação"), passando da felicidade para uma infelicidade provocada pela *hybris* e não pela malvadez (que não poderia suscitar piedade), Aristóteles justificava-se afirmando que, se "assim deve ser, o passado o assinala: outrora se serviam os poetas de qualquer Mito; agora, as melhores Tragédias versam sobre poucas famílias, como sejam as de [...] Édipo, Orestes [...] e quaisquer outros que obraram ou padeceram tremendas coisas" (ARISTÓTELES, 1993, p. 69). Ou seja, a tradição atua como moldura para a singularização do efeito, numa abordagem da composição que pressupunha a conjugação da variação individual ao respeito às expectativas do público, para a produção de uma comunicação envolvente — e assim mais propensa à produtividade política.

Aproximemo-nos do presente. Na segunda metade do século 18 — na imediata vizinhança, portanto, da absorção do conceito de "revolução" pela filosofia da arte — ainda era possível encontrar, sob um *politicum* transformador radicalmente distinto do universo mental ateniense, uma relação entre a inovação e a tradição que, como em Aristóteles, não indispunha a subjetivação da autoria ao pertencimento coletivo da arte e à afirmação da tradição. É certo que Aristóteles (*de facto*) e Lessing (imaginativamente) pressupunham públicos culturalmente homogêneos, o que facilitava a democratização no uso das convenções que, cada qual à sua maneira, ambos defendiam. É igualmente certo que, em sociedades tão complexas e internamente divididas como as nossas, a prática da democracia gera problemas que nenhum deles poderia antecipar. Mas isso não nos impede de seguir adiante: se a inspiração não nos vem da estética contemporânea, que venha do passado.

Em *Dramaturgia de Hamburgo*, Shakespeare, ocupando agora a posição de expoente da tradição, era tomado como um *modo*, e não um modelo: a marca individual das suas criações não era copiável; "Shakespeare quer ser estudado e não saqueado" (Lessing, 1991, p. 47). No limiar da afirmação da autonomia, Lessing pressupunha a singularização da autoria: o "bom espetáculo" é composto pelo gênio instintivo; na comparação entre Shakespeare e Voltaire, via-se a diferença entre a erudição e o *talento* que, apesar de "espontâneo" no tratamento da matéria, dominava a técnica com tamanha intimidade a ponto de tornar o trivial interessante:

> O espectro de Voltaire nada é senão uma máquina poética, surgindo apenas para favorecer a intriga; em si, não nos oferece o menor interesse. O espectro de Shakespeare, em compensação, é uma personagem realmente atuante. [...] Qual dos dois pensa de maneira mais filosófica, não há que perguntar; Shakespeare, porém, pensa de maneira mais poética. (Lessing, 1991, p. 41)

Notabilizava Shakespeare que os seus espetáculos *aconteceessem* no palco de maneira envolvente, em contraste com a frieza e a contenção do classicismo francês. Lessing não priorizava o acabamento do texto, mas o efeito da encenação, e sob esse viés relia Aristóteles: com a "lei das unidades" e as "regras de composição", Corneille e Racine teriam deturpado as proposições do estagirita ao anteporem a codificação normatizada à produção da catarse, principal motivação da composição. Ao invés da perfeição do texto, a eclosão do efeito: por meio dele, na agenda político-pedagógica de Lessing, para fazer germinar um novo senso de coletividade o teatro nacional alemão deveria agregar um público que, utopicamente, incluiria a totalidade da população. Por isso o efeito catártico era interpretado como um misto de "compaixão e medo", e não "compaixão e terror": o "terror" *ante* o acontecimento trágico era substituído pelo "medo" que o público compartilharia *com* as personagens, num efeito de aproximação empática oposto ao distanciamento clássico. Neste endereçamento do drama ao público aberto, Lessing decerto legislava a função política do teatro pela normatização do conteúdo, não dos códigos: uma boa obra deveria suscitar certos efeitos políticos, a descarga emocional — provocada pela empatia com a situação de vida representada no palco — atuando como instrumento para a formação moral e política do público; *como* fazê-lo, porém, estava a cargo do autor.

O efeito político da catarse pressupunha, portanto, a liberdade compositiva. Lessing não creditava ao artista plena liberdade para ditar as regras da sua produção: nele como em Horácio, o aprendizado técnico era indispensável para a contenção da expressão que daria à representação o equilíbrio necessário para a produção de efeitos universalmente efetivos, pressupondo-se que a personalização do estilo poderia ser bem recebida por alguns, mas não por todos. Dito de outra forma, a comunicação com a coletividade demandaria o pleno domínio de códigos convencionais, o que limitava a expressão individual sem acomodá-la, porém, a fórmulas pré-definidas: tratava-se, afinal, de uma *mediação*, do mesmo tipo daquela que a crítica modernista trataria como "submissão" à mediania. Em Lessing, ao ator caberia equilibrar a elocução para expressar sentimentos individualizados num personagem específico, mas de repercussão universal: a sua atuação deveria impactar o público afetivamente para potencializar, assim, o seu impacto formativo. A enunciação deveria parecer "natural", os conteúdos morais transparecendo nas ações da personagem e não como objeto da sua reflexão consciente, algo que somente seria alcançado pelo sentimento tecnicamente bem fingido, mas não de fato *sentido* — convencionalmente codificado, mas não personalizado.

Importa notar que estes componentes preceptivos não eliminavam a singularização da autoria, que, por sua vez, não projetava a inovação como meta. O *prodesse* pressupunha o compartilhamento de códigos conhecidos, e não a criação de novos códigos. O artista não estava "à frente" do seu público: a sua liderança era exercida sob o seu pertencimento à coletividade, numa endogenia que encontrava a sua expressão adequada no recurso a códigos compartilhados. A singularização autoral e a codificação convencional conviviam de maneira pragmática: havia em Lessing uma adequação *lógica* entre o caráter macroscópico – utópico e democrático — da função social atribuída ao drama e o recurso a códigos convencionais, sem os quais o *prodesse* se reduziria a porções selecionadas do público. Talvez a história da arte tivesse seguido outro rumo se as poéticas do século 19 tivessem selecionado a sua poética como referência; se isso não ocorreu, é porque ele não foi o "precursor do romantismo" que alguns insistem em ver, mas um aristotélico preocupado em atualizar, para a Alemanha do seu tempo, uma leitura da *Poética* que a modernidade logo recusaria.

Shakespeare pode ser tomado como símbolo daquela recusa. Tempos antes de ser apropriado como "precursor" da subjetivação romântica, ele havia emblematizado em Samuel Johnson a prática da codificação como negociação: ao associar a sua originalidade à afirmação de valores e costumes da sua época de origem, Johnson afirmava que, se a obra de Shakespeare era um "espelho da vida humana", é porque ele desobedecia as expectativas de composição dominantes para alcançar maior universalidade moral: ao oferecer um gênero novo (nem tragédia, nem comédia), que mostrava "a condição real da vida sublunar" através de personagens que não eram modelos ideais das virtudes e defeitos humanos, mas versões empíricas do homem (fiéis à realidade observada), Shakespeare teria salvaguardado um *prodesse* ainda horaciano — reafirmador do *ethos* dominante — rompendo, *para tanto*, com a normatização dos códigos:

> [...] a mistura do drama pode instruir mais do que a tragédia ou a comédia, pois inclui ambas em suas variadas situações e se aproxima mais da vida, ao mostrar como grandes tramas e pequenos intuitos podem mutuamente se favorecer ou dificultar, e o elevado e o

banal cooperam na ordem geral por meio de conexões inevitáveis. (Johnson, 1996, p. 41)

Em Johnson, um modelo de realidade que admitia a contradição como seu componente regular vinha validar a singularização da composição poética: tal como em Aristóteles e Lessing, o juízo da realização do poeta trocava a prescrição pela casuística, legitimando a singularização da composição como meio de potencialização da comunicação de conteúdos de relevo, diretamente integrados ao mundo da vida. Não era esta, afinal, uma das acepções que a palavra "estranhamento" assumia em Chklóvski — a quebra da inércia, da rotinização da comunicação pela produção de códigos que nos fizessem ver o mundo de maneira renovada, mas sem qualquer vínculo necessário com o fomento de uma apreciação "crítica" ou "desmistificadora" mediante o recurso a uma estética inovadora? Não se ignora a sincronia do formalismo russo com o futurismo, a cuja poética Chklóvski não foi surdo. Mas em "A arte como procedimento" ele exemplificou a sua proposição com um conto de Tólstoi que pode ser lido por qualquer um: na condição de efeito renovador da percepção da realidade ao nosso redor, o "estranhamento" é produzido por toda arte de qualidade, seja ela mais ou menos convencional. Apenas quando a teoria passou a ignorar a convenção como fundo de redundância pressuposto pelo ato comunicativo singularizado, desmerecendo-a como um congelamento do código pela norma, apenas então foram bloqueadas as negociações vislumbradas por Lessing e Johnson. A grande distância da interpretação de Johnson, já em 1823, Stendhal (1996) apresentava um Shakespeare contraposto à "rigidez" de Racine, e assim romantizado, deslocado do seu contexto original de comunicação e investido de uma "juventude intrínseca" cujo frescor, intensidade e espírito de inovação revelariam não o seu apoio na tradição, mas a sua orientação unilateral pelo juízo privado: diante desse novo ideal de originalidade, afirmado à revelia do juízo coletivo, apenas o esteta de sensibilidade tão aguda quanto a do poeta poderia "captar" a sua excelência; ao apoiar-se em pressupostos deste tipo — em franco descompasso com o empuxo à democratização política de talhe liberal (igualitária, representativa e contratualista), intensificado nos século 19 e 20 e ainda hoje em processamento —, o campo artístico aristocratizaria as suas autodefinição e autodescrição. Seria possível imaginar uma estética diferente — democratizada em seus fundamentos políticos, refutando a normatização dos códigos e a hierarquização das aptidões de artistas e espectadores, e que conferisse dignidade à apropriação criativa da tradição? Na resposta a essa pergunta, o tema da codificação ocupa uma posição estratégica.

E então? Códigos são funcionalmente legitimados, o *politicum* revolucionário estimula codificações contraintuitivas, a comunicabilidade da arte é circunscrita a segmentos seletos, a retórica é rebaixada como "impureza", nada disso impedindo que a "alta cultura" se abrigue em sólidas redomas institucionais – onde todo "estranhamento" é logo absorvido, "choques" têm pouca sobrevida, polêmicas já nascem antecipadas pelo debate anterior... O debate estético se tornou intrainstitucional a ponto de fazer com que a crítica que insiste na "negatividade" como paradigma valorativo esteja desarmada para enfrentar a rápida esterilização da inovação: por tudo isso, o momento atual favorece a crítica da poetologia alto-modernista, algo que, no nosso entender, deveria envolver o reconhecimento da integridade da conciliação entre a individuação autoral e a codificação tradicional.

Tal reconhecimento teria um viés democrático, aqui identificado ao processamento do dissenso interno ao sistema (pois nenhum agente é externo ao jogo) mediante atos comunicativos passíveis de ampla compreensão. Em contraste, certo tom "revolucionário" perpassa os consensos que apartam grupos "internos" e "externos" ao domínio da arte "verdadeira", projetando assimetrias entre os seus interesses e opiniões. Mas a democracia desconfia da pureza das intenções declaradas pelas pequenas coletividades: ela é cética, à sua maneira. Assim, uma teoria democrática da arte prestaria reconhecimento às condições que nos distanciam do mundo de Aristóteles e Lessing: a fragmentação do público, a diversificação das artes, a dispersão da autoridade crítica... Se toda autoridade depende da aceitação alheia, as preferências do público teriam direito à cidadania política – inclusive para serem criticadas, mas sempre na análise do caso, e não *a priori*, especialmente porque estamos autorizados a suspeitar que codificações convencionais não são mais "impuras" (ou mais "interessadas") que as crenças compartilhadas por comunidades seletas. Da mesma maneira, o diálogo com o público aberto não implica dominação ou subserviência: ele é um ato de negociação, envolvendo o risco da não aceitação.

Privilegiar o presente em detrimento da imaginação do futuro, legitimar o *common sense* e preservar uma vigilância cética quanto ao monopólio da verdade, prever a diferença e o conflito como fiadores da saúde política, num diálogo interminável com um mundo reconhecidamente imperfeito... Há um toque de empirismo na democracia: ao não menosprezarem-se as aptidões do público, respeitando-se os seus afetos, volições e intelecções, observar caso a caso os efeitos práticos da arte (de cunho político ou não) permitiria que os parâmetros da observação se estabelecessem no decurso da própria observação, abrindo o debate estético para o pensamento de risco. Palavras ao vento?

Não, se invertermos o ônus da prova: que a crítica de inspiração modernista se veja obrigada a comprovar empiricamente as suas assertivas, ao invés de impor ao cético toda a carga argumentativa.

Não, se finalmente entendermos que, entre Mallarmé, Paulinho da Viola, Antonioni e o seriado *Mad Men*, nenhuma escolha se impõe, tudo convive.

Não, se entendermos que a noção de "formação" não é necessária ao vínculo entre a arte e a política, que pode se processar no puro pertencimento comum — no canto, na dança, no riso, à revelia dos "significados" que eles possam ter, e mesmo que não tenham qualquer significado claro.

E não, ainda, se nos dispusermos a entender que o modernismo seguiu trajetórias diferentes em lugares diferentes. Nos EUA, por exemplo, a linhagem foi claramente outra: em *Self-reliance*, Emerson internalizava o individualismo à vida social; nosso desafio é sermos *fully self-reliant* em nosso próprio mundo, sabendo habitá-lo sem perder nossa individualidade. Não são assim as obras de Philip Roth, facilmente legíveis e ao mesmo tempo afirmadoras de um senso radical de autonomia individual? Não são assim os romances de Bellow e McCarthy? Não é assim o cinema de Altman e Kubrick? Basta abrir a lista e ela se estenderá: que estética emergiria ao tomarmos essas obras como paradigma-objeto, produzidas, como foram, no ambiente social da democracia liberal, em seu estímulo ao exercício da individualidade em meio ao pertencimento coletivo, dentro do limiar — frágil e arriscado — entre a autonomia de expressão e o desejo de comunicação? Bem, que estética seria esta, nós não saberíamos dizer; enquanto ela não aparece, a arte praticada no pertencimento social democrático vai seguindo o seu curso.

Referências bibliográficas:

ARISTÓTELES. *Poética*. São Paulo: Ars Poetica, 1993.
HIMMELFARB, Gertrude. *The roads to Modernity – the British, French and American Enlightenments*. Londres: Vintage Books, 2008.
HORÁCIO. *Arte poética*. São Paulo: Musa Editora, 1993.
JOHNSON, Samuel. *Prefácio a Shakespeare*. São Paulo: Iluminuras, 1996.
KLINGER, F. "Tornar a pedra 'pedrosa': uma teoria mínima da forma poética". In: Floema – Caderno de Teoria e História Literária. Ano VII, n. 8, jan./jun. 2011, p. 77-102. Vitória da Conquista: Edições UESB, 2011.
LATOUR, Bruno. *Jamais fomos modernos*. São Paulo: Ed. 34, 1994.
LESSING, G. E. "Dramaturgia de Hamburgo". In: *De Teatro e Literatura*. São Paulo: EPU, 1991.
SCHELLING, F. W. J. *Filosofia da Arte*. São Paulo: Edusp, 2001.
SCHILLER, F. *A educação estética do homem*. São Paulo: Iluminuras, 1995.
STENDHAL. "Racine e Shakespeare". In: JOHNSON, S. *Op. cit.*, 1996, p. 83-110.
TURNER, F. "Modernism: cure or disease?" [online]. 2009. Disponível em: http://frederickturnerpoet.com/?s=modernism&x=8&y=15 (Acessado em 25/04/2014)

A QUESTÃO DA LEITURA
E A LEITURA EM QUESTÃO NA CRÍTICA
DE BENEDITO NUNES
Jucimara Tarricone

Como ressignificar, neste breve espaço, a importância da crítica de Benedito Nunes (1929-2011)? Como demarcar especificidades, sem cair em um reducionismo, quando se escreve sobre sua analítica?

Se não há um método que enfaixa suas reflexões, ensaios, artigos, resenhas, também não há um traço com que se possa caracterizar suas interpelações diante do literário. Os textos de Benedito Nunes são experiências plurais de leitura. De cada escritura inovadora, criativa, produtora de um estranhamento de linguagem, Nunes, como crítico-leitor, se obriga a um novo olhar interpretativo.

Ao pôr em perspectiva as tensões entre o leitor e uma literatura transformante, recriadora do simbólico, somos apresentados a uma prática investigativa que, em consonância com as linhas do pensamento histórico-filosófico, revela singularidades narrativas e poéticas.

No seu plano crítico, a filosofia se apresenta em pressupostos que o literário fomenta com interrogantes. Ou melhor, a ficção realça o tom indagador, no momento mesmo em que a filosofia também caminha em direção ao poético. Seus exemplos são mais do que conhecidos: Guimarães Rosa, Clarice Lispector, João Cabral, Fernando Pessoa, em cujas obras Nunes soube evidenciar o risco de se categorizar linguagens assumidamente conscientes do seu estatuto de artifício: as enunciações filosóficas são vistas como integrantes literários e não como elementos externos ao texto. Isto é, ao intensificar os significantes textuais, aquilo que é próprio da literatura, surgem questões filosóficas veiculadas pelo próprio literário.

Assim, as referências a Plotino, Bergson e Berdiaev, em Rosa; a Sartre e Wittgenstein, em Lispector; a revisitação de uma fenomenologia, em Cabral; e a da metafísica, em Pessoa, ocorrem não sem antes de o exercício crítico ser aportado em uma consciência da linguagem literária, sem a qual o crítico dificilmente discorre, reinventa e redescobre os textos.

Ainda sob esse aspecto, o próprio Nunes (1999a) lembra que autores como Fernando Pessoa, Rainer Maria Rilke, Paul Valéry buscaram, no registro filosófico, a investigação do sentido da linguagem. Igualmente, filósofos como Heidegger, Sartre, Merleau-Ponty, Gaston Bachelard, Michel Foucault e Paul Ricoeur aprenderam, com os poetas, os limites da palavra e a aporia do discurso.

Esse intercâmbio entre as duas disciplinas, não obstante, tem precedentes históricos e culturais que remontam à Antiguidade, marcados por confrontos e polêmicas. Em "Filosofia e Literatura", constante em *No tempo do niilismo e outros ensaios* (1993), por exemplo, Benedito Nunes rememora a tradição desse diálogo e ressalta a importância da Fenomenologia em que, segundo ele, os laços da Filosofia e da Literatura se estreitam com mais vigor, em razão da intencionalidade que, ao deslocar a Filosofia para o campo da existência individual, também a deslocou para o da experiência literária e artística.

A literatura sugere um método, a filosofia pode corroborá-lo ou não; assim como a obra estudada igualmente pode oferecer uma luz ao filosófico.

Entretanto, ele reconhece que se devem evitar duas falácias: a primeira, a da "transposição de uma dada filosofia, aplicada, de maneira absorvente, ao entendimento do texto literário que passa a ilustrá-la"; a segunda, achar que as diversas metodologias que existem abarcam a leitura do objeto literário:

> Linguística, Sociologia, História, Psicologia ou Psicanálise — qualquer desses campos metodológicos pode ser requerido para a compreensão da obra, e nenhum deles, por mais que necessário seja, é suficiente no cumprimento desse fim. A exigência filosófica de verdade impõe, dessa forma, como princípio do discurso do método, em caráter permanente, a cauta admissão das ciências humanas, em estado de *simpósio*: cada qual é capaz de iluminar a obra, e nenhuma, por si só, traz a completa chave de sua decifração. Filosoficamente, o objeto literário permanece inesgotável. (Nunes, 1993, p. 198)

Para Nunes (2002), refletir filosoficamente é assentar o foco da interpretação em um interesse interdisciplinar, uma vez que a filosofia se compreende como um discurso sobre outros discursos, para os quais também colabora com suas considerações. A abordagem filosófica de uma obra literária, entendida como forma, pode ser investigada, assim, sob três ângulos: a) a linguagem; b) as vinculações da obra com as linhas do pensamento histórico-filosófico; c) as ideias que são problemas *do* e *para* o pensamento.

A sua dimensão do literário, desse modo, abre perspectivas para que o texto seja explorado no seu *modus operandi*, no seu *como*, para que se possa conhecê-la, questioná-la, investigá-la na sua própria existência de "verdade" como ficção e experiência do possível (Nunes, 1993, p. 198-9).

Sua prática de leitura, no movimento executante de um ato que concretiza a obra, procura no "preenchimento das significações das palavras, dos correlatos objetuais das frases que configuram personagens e delineiam situações no espaço e no tempo, [o] reconhecimento dos valores e da figura de um mundo imaginário" (Nunes, 1998, p. 180).

É um exercício de crítica que fomenta questões e, mais do que respondê-las, tenta compreender o texto para, na experiência de sua leitura, compreender a si mesmo (Nunes, 1998, p. 175). Pode-se dizer, dessa forma, que a linguagem de Nunes apresenta semelhante textura com a definição que João Alexandre Barbosa (1990) concebe da crítica como releitura: aquela em que o crítico não se pauta por tentar decifrar ou explicar o sentido do texto, mas, sim, por expor o objeto literário como uma perspectiva de um questionar do próprio homem e do seu mundo simbólico. O trabalho do crítico-leitor, então, ocorre por aproximações e possibilidades, pelo deixar-se provocar pelo que leu e pelo mergulho nas incertezas da literatura.

Essa aproximação com o roteiro que Barbosa estabelece a respeito da crítica apresenta afinidades com as reflexões que Benedito Nunes efetua, em diferentes momentos[1], a respeito da relação crítica-literatura.

No texto "Forma e História na crítica brasileira — de 1870-1950"[2], Barbosa trata das relações de tensão entre análise formal e interpretação histórica que, segundo defende, torna capaz de recuperar os momentos da evolução da crítica literária brasileira, sem deixar de lembrar os fundamentos históricos e sem deixar

---

[1] Cf. Nunes, "Ocaso da literatura ou falência da crítica?"; "Crítica literária no Brasil, ontem e hoje"; "O pensamento estético no Brasil".

[2] Texto constante no livro *A leitura do intervalo,* mas originalmente apresentado, em 1986, na 2ª Bienal Nestlé de Literatura, com o título *Algumas reflexões sobre a crítica brasileira contemporânea.*

de assinalar a continuação de uma problemática qualquer que consegue atingir a contemporaneidade.

São três etapas que se articulam: a herança, a ruptura e a releitura. A herança é referente às obras críticas que prepararam caminho para uma renovação dos estudos linguísticos, bem como repensaram a ideia de estilo e sua inclusão em um contexto histórico-social mais extenso e dinâmico.

As fases da ruptura e da releitura são próximas à leitura que Benedito Nunes (1978; 1998; 2000) realiza a partir dos anos 40 em diante. Para ambos, a literatura produzida nesta fase demandava uma linguagem crítica mais refinada para que pudesse acompanhar as inovações do código literário. A ruptura, portanto, é correspondente à própria evolução constatada na criação de uma literatura. Já a crítica como releitura, como já comentada, ocorre a partir dos anos 60 e é definida como a necessidade de se ler não só a literariedade presente nos textos, mas as tensões que integram a própria organização do texto literário como forma e história.

Da constante interrogação de como se fazer crítica em meio a novas criações literárias, é possível identificar variadas tendências que se expandiram no Brasil. Nunes (2000, p. 62) indica, no entanto, que ora de modo direto, ora de modo indireto, essas posições encontrariam base nas diferentes correntes filosóficas em vigência.

Como se sabe, dos anos 50 até por volta de 1970, esse debate tem seu auge no jornalismo literário, grande era o número de periódicos que o veiculava: *Correio da Manhã*, *Diário de Notícias*, *A Manhã*, *O Estado de S. Paulo*, *Jornal do Brasil*, *Suplemento Literário de Minas Gerais*, entre outros. Benedito Nunes se inscreve como um dos participantes dessa fase, ao lado de, por exemplo, Afrânio Coutinho, Antonio Candido, Wilson Martins, Eduardo

Portella, Aderaldo Castelo, Fausto Cunha, Fábio Lucas e Euryalo Cannabrava.

A partir dos anos 60, a crítica brasileira também passou a ser produzida nas universidades e divulgada por meio de revistas especializadas e livros, especialmente fundamentada pela Teoria da Literatura, que "daria um novo acesso, menos preconcebido, às Ciências Humanas e à Filosofia, à História e à Hermenêutica" (Nunes, 1999a, p. 17).

A crítica é concebida por Benedito Nunes como leitura em ação, em um movimento perpétuo cujo interpretar é um exercício do avançar, do recuar, do desviar para recompor o curso do texto à história, sem perder a tensão que os articula.

Para a análise do fenômeno literário, portanto, pede-se uma postura interdisciplinar, em que se reaviva o repertório de memórias de leituras para, no discurso crítico, no embate com linguagens tecidas por palavras-imagens, possa também sublinhar as multiplicidades unidas em uma literatura composta por novas montagens, associações e complexidade narrativa.

É assim, por exemplo, quando da crítica de um prosador como Dalcídio Jurandir, Nunes evidencia uma ficção que se afirma pela produção de novos sentidos:

> Tal como acontece em *O tempo e o vento*, de Érico Veríssimo, *Os Buddenbrooks*, ou *José e seus irmãos*, de Thomas Mann, ou, ainda, em *Os sonâmbulos*, de Hermann Broch, o romance de Dalcídio, com paisagens, personagens e situações comuns, desdobra-se em romances. Em todos eles encontramos uma história dividida em histórias de diversificada narrativa, mas de forma circular, porque sempre voltando aos mesmos pontos, em longo percurso temporal, que pode depender

da memória de quem narra, lembrança após lembrança, parte após parte, tomo após tomo, como em *À la recherche du temps perdu*, de Marcel Proust. Tal como nesta, a memória do narrador, remergulhando na sua infância e na sua juventude, abastece o ciclo do nosso romancista. (Nunes, 2006, p. 246).

Diante do desafio do literário, da tentativa de se compreender a obra e de alcançar a singularidade da sua linguagem, a crítica de Nunes extrai das metáforas do texto, ponto de estranhamento e assombro, o movimento para se iniciar seu processo interpretativo. Para ele, não importa discutir o porquê do recurso metafórico; importa mostrá-lo como marca da escritura, de um fazer textual que é característico do discurso.

Desse modo, ao conceder prioridade à camada rítmico-sonora, de um poema como "O 'Fragmento' da juventude", de Mário Faustino, Nunes (2001, p. 175-190) seleciona um idioma crítico peculiar à questão musical, que se repete ao longo da investigação, como "variações melódicas", "andamento", "*intermezzo*", "curva melódica", "*adagio*", "*largo maestoso*", etc.

Tal como o poema, a crítica de Nunes também abusa dos travessões e cria jogos de palavras, espécie de iteração, presença constante no "Fragmento": "Os travessões pontuam *unindo* o que *separam* e *separando* o que *unem*" (p.179); "É recitativo por ser *canto*, e é *canto* pela configuração rítmica..." (p.180)

No ritmo "ondulatório", como o ritmo do mar — a imagem metafórica —, a construção analítica também segue um curso, ora para acentuar as entoações, ora para estabelecer o símile de juventude com os "fluxos" e "refluxos" da vida e da morte:

E assim a ação celebratória, que une as duas inflexões, a exultante do elogio e a lamentosa da elegia, num só louvor à juventude e ao sentimento de viver, equivale a um *sim* dado à vida contraditória e efêmera. Nessa *afirmação trágica* está o sentido intencional do "fragmento" — o seu dizer oblíquo —, explicitado do ritmo cantante em que se articulou, aceitando e consagrando o *amor fati* que impregna, desde o começo, a lírica de Mário Faustino. (p.188)

Especialmente em "O trabalho da interpretação e a figura do intérprete na literatura" (1986), Benedito Nunes se aproxima da hermenêutica de Ricoeur e, por extensão, do conceito de metáfora erigido pelo filósofo francês. Para este, já não interessa mais a forma (como foi para a retórica), tampouco o seu sentido (como para a semântica), mas a sua referência. A metáfora incide, assim, no domínio de redescrever a realidade, "o que acarreta a necessidade de tomada de consciência quanto à pluralidade dos modos de discurso e quanto à especificidade do discurso filosófico." (Ricoeur, 1990, p. 9).

Da mesma forma, Nunes corrobora também o tema da distanciação, instância crítica esta que foi, para Ricoeur (1986, p. 8), a sua contribuição pessoal à fenomenologia hermenêutica.

Em tal ensaio, portanto, ao descrever a problemática da interpretação, Nunes centra a exposição na dimensão metafórica da obra de ficção e de poesia e no jogo da distanciação e aproximação efetuado pelo intérprete. Procura buscar no mundo do texto, como já comentado, o "ser como" metafórico, que é a abertura, a forma com que investiga o "como" de uma obra literária. Nesse embate, acompanha os passos do arcabouço teórico de Paul Ricoeur.

Sabe-se que o filósofo francês reformulou a relação entre

explicação e compreensão que, no Romantismo, era concebida como uma dicotomia entre dois campos epistemológicos distintos. A este dualismo metodológico da explicação e da compreensão, Ricoeur propõe uma metodologia dialética.

A explicação não elimina a compreensão: antes, é mediação imprescindível demandada pela própria falibilidade do discurso humano. Dessa forma, a compreensão passa pela explicação. Por outro lado, a explicação obtém seu êxito pela compreensão. É o empenho de compreensão que pode reviver o texto, conduzi-lo à condição de texto vivo, com capacidade de comunicação atual. Não se trata de psicologismo, de querer procurar a intenção do outro escondida no texto. Trata-se, pois, de buscar o mundo que o texto cria, aponta, sugere para o leitor.

A interpretação não procura algo que está "por trás" do texto, mas se apropria das proposições de mundo abertas pelas referências não ostensivas do texto. Compreender, assim, é trilhar a dinâmica da obra, o movimento do seu sentido à sua referência; deixar que o texto se abra e se revele a nós.

Tal atividade crítica permite o embate dialético entre a proximidade e a distância no interior da interpretação. Nesse processo de leitura, o leitor de apropria da oferta do mundo exposta pelo texto para fazer, daquilo que lhe é estranho, o seu próprio mundo. É por meio da distanciação, porém, que ele reconfigura suas convicções e se lança às variações imaginativas propostas pela poesia e pela ficção.

Compreender um texto, portanto, é postar-se perante o mundo da obra para entendê-lo e, por extensão, entender a si mesmo. A leitura é assim, para Ricoeur, *pharmacon*, "remédio", por meio do qual o leitor busca a significação ao tentar superar o estranhamento do texto em uma nova proximidade; proximidade esta que elimina, mas ao mesmo tempo resguarda a "distância cultural" e tenta incorporar a alteridade textual na ipseidade ontológica do leitor. Esse ponto de encontro entre o mundo do texto e o do leitor pode se iniciar por meio da metáfora, criadora de uma nova referencialidade.

O texto se define como um paradigma do distanciamento na comunicação e como revelador da própria historicidade da experiência humana, isto é, uma comunicação *na* e *pela* distância.

Sob este enfoque, cinco critérios, conjuntamente, constituem a textualidade: a efetuação da linguagem como discurso; a efetuação do discurso como obra estruturada; a relação da fala com a escrita no discurso e nas obras de discurso; a obra de discurso como projeção de um mundo; e o discurso e a obra de discurso como mediação da compreensão de si (Ricoeur, 1990, p. 44).

Para Ricoeur, a escrita não se constitui como a problemática única do texto; logo, não há como aproximar texto e escrita. É a dialética da fala e da escrita que promove um problema hermenêutico; dialética esta, construída sobre a de distanciamento anterior à oposição da escrita à fala, pertencente ao discurso oral. Dessa forma, é no próprio discurso que se encontra a raiz de todas as dialéticas ulteriores. Entre a realização da linguagem como discurso e a dialética da fala e da escrita, há a efetuação do discurso como obra estruturada.

Na sua teoria do texto, o discurso é definido como evento. Como discurso é sempre discurso sobre algo e alude ao mundo que deseja representar: o evento, nesse sentido, é o aparecer da linguagem de um mundo por intermédio do discurso. Se é no discurso que há trocas de mensagens, então o discurso possui, além do mundo, o outro, um interlocutor ao qual se endereça. O evento, assim, é o fenômeno temporal desse intercâmbio, a instauração do diálogo, que pode prorrogar-se ou cessar.

Essas características do discurso como evento, em conjunto,

só despontam no percurso de efetuação da língua em discurso, na atualização de nossa competência linguística em *performance*.

No entanto, se todo discurso se efetua como um evento, todo discurso é compreendido como significação. Tal significação refere-se ao conteúdo proposicional. A articulação do evento com o sentido constitui a base do problema hermenêutico. A língua, ao incidir sobre o discurso, ultrapassa-se como sistema e executa-se como evento. Da mesma maneira, ao entrar no processo da compreensão, o discurso se ultrapassa, como evento, na significação. Se a linguagem é uma ação significante, é exatamente em virtude dessa ultrapassagem do evento na significação.

Ricoeur assevera que, contudo, sem um exame específico da escrita, uma teoria do discurso não é uma teoria do texto. Um texto escrito é uma maneira de discurso, um discurso sob o modo de inscrição. Logo, suas características são também as do texto.

A concepção de evento linguístico se localiza, antes, em uma série de polaridades dialéticas reunidas no duplo princípio de evento e significação e de sentido e referência. Tais polaridades dialéticas permitem afirmar que não se devem excluir da Hermenêutica as noções de intenção e diálogo, mas elas devem ser libertadas da unilateralidade de um conceito não-dialético de discurso.

Se, na Semântica, a frase é a primeira e última instância, na Hermenêutica é o texto, sobretudo o literário, que merece maior atenção e requer um olhar especial à referência. Para Ricoeur, além da estrutura e do sentido da obra, é preciso interpretar o mundo, que é a sua denotação. A Hermenêutica é a teoria que ajusta a circulação da estrutura da obra para o seu mundo. A referência atinge a obra literária e é delineada de um grau outro, diferente da linguagem corriqueira do discurso descritivo.

Se o discurso tem a pretensão de representar o real; a escrita tenta distanciar-se dele ou desrealizá-lo. Pelo discurso, a linguagem projeta a forma de um mundo; pela escrita, a enunciação do discurso introduz-se no aspecto fictício de representação. Contudo, não há discurso "de tal forma fictício que não vá ao encontro da realidade, embora em outro nível, mais fundamental que aquele que atinge o discurso descritivo, constatativo, didático, que chamamos de linguagem ordinária" (Ricoeur, 1990, p. 44).

É no jogo dialético entre discurso e escrita no processo de estruturação da obra, que os textos literários efetuam uma nova espécie de referencialidade capaz de apontar para o ser-no-mundo inscrito diante do texto.

Deste modo, interpretar uma obra é descortinar o mundo a que ela se refere, o mundo que se abre por meio da linguagem para os mecanismos gerais da existência humana. Tais mecanismos possibilitam a circulação da vida cultural e histórica no texto; circulação de mundo projetado na obra, com a qual o leitor interage, posto que o texto só se transforma em obra no intercâmbio com este.

À distanciação, que liberta o texto da relação com o autor e o subtrai às dissimulações da realidade cotidiana, responde-se o ato do sujeito chamado apropriação, pelo qual este objeta ao sentido e à referência propostos pelo texto. É a oferta de mundo exposta pelo texto que é apropriada, segundo a superação da subjetividade ou "desapropriação" de si mesmo. Ao apropriar-se do sentido e da referência do texto, o sujeito distancia-se criticamente das próprias convicções e remonta "às variações imaginativas sobre o real que a literatura de ficção e a poesia, mais do que qualquer outra forma de discurso, origina" (Ricoeur, 1989, p. 62).

Para Benedito Nunes, portanto, a interpretação não procura algo que está "por trás" do texto, mas se apropria de suas proposições de mundo abertas pelas referências não ostensivas. Compreender, assim, é trilhar a dinâmica da obra, o movimento de seu sentido à sua referência; deixar que a obra se abra e se revele a nós. É desse modo que Ricoeur entende a "fusão de horizontes" (Gadamer, 2002, p. 457) gadameriana e se apoia na noção de *Verstehen* (compreender) de Heidegger (2002, p. 204), compartilhada também por Nunes:

> Se não podemos definir a hermenêutica pela procura de um outro e suas intenções psicológicas que se dissimulam por detrás do texto, e se não pretendemos reduzir a interpretação à desmontagem das estruturas, o que permanece para ser interpretado? Resposta: interpretar é explicar o tipo de ser-do-mundo manifestado diante do texto. (Nunes, 1999, p.148)

Da crítica que nasce da tensão provocada pelo texto literário, empenhada em realçar o poético para pensar a respeito dele, Nunes constrói uma exposição que reexamina e desdobra hermeneuticamente a experiência de linguagem das obras de ficção e de poesia abertas à multiplicidade de leituras. Leituras estas que podem revelar potencialidades universais em ritmos, significações e imagens, como na poesia de Carlos Drummond de Andrade, "poeta do finito e da matéria" (2002/2003, p. 21), de Age de Carvalho, de Max Martins.

Nunes dedica a cada autor um olhar de distanciação e de aproximação capaz de revelar o peso da palavra. Autores que colocaram em suspenso o sentido e a referência da construção textual, pois manipulam os procedimentos da linguagem e expõem a tentativa de fazer da narração, do tempo, do espaço, uma reatualização, uma nova forma de diálogo com a tradição da cultura literária.

Dentre os exemplares dessas narrativas, os livros de Juliano Garcia Pessanha — *Sabedoria do Nunca, Ignorância do Sempre, Certeza do Agora* e *Instabilidade Perpétua*[3] — parecem ser os mais relevantes. Além dos enfoques aludidos, são obras em processo, que se auto-ironizam, apresentam um olhar de cinismo[4] aos temas do cotidiano e que, por isso ou também por isso, justificam, *a priori*, um estudo que as considerem como uma nova perspectiva de narrativa contemporânea.

Benedito Nunes[5] já anunciava, no prefácio escrito para o primeiro livro de Pessanha, *Sabedoria do nunca* (1999), que a combinação de gêneros "exorbitam a literatura, pois que a ficção especula, os poemas a repercutem e o ensaio concretiza uma experiência imaginária". Da mesma forma, anotava que temas como o tempo, a finitude e o Nada, de "raiz heideggeriana", mostravam um jogo "do Eu de quem escreve — um Eu escrito ou escritível" (idem, p.15) — desorganizador do processo enunciativo para apresentar uma narração que exige do leitor um mergulho pelos artifícios da linguagem expostos em uma enunciação inusitada.

Embora Nunes não tenha resenhado a respeito das outras produções de Juliano Garcia Pessanha, necessário se faz considerar que o crítico-leitor paraense reconheceu de imediato o nascimento de uma "alta singularidade literária" (idem, p.15) que despontava no cenário hodierno, posto que soube sublinhar a complexidade da sua escrita em contraponto a uma narratologia familiar, de apaziguamento receptivo.

Poder-se-ia citar outros tantos exemplos de como o intérprete

---

[3] Respectivamente publicados pela Ateliê Editorial Ltda. em 1999, 2000, 2002 e 2009.
[4] Uso esse termo em uma referência direta ao sentido que Sloterdijk (2012) expressa.
[5] Nunes, Apresentação. In: PESSANHA, Juliano Garcia. *Sabedoria do nunca,*p.14.

Nunes se relaciona com textos que expressam uma experiência -linguagem irrompida no trabalho com os elementos narrativos. Uma crítica que traduz para o discurso reflexivo o discurso dos textos literários, os sinais da natureza humana que eles carregam. Uma analítica, enfim, que perfaz, pelo ensaio, um mergulho para além da superfície textual e que transforma o hermeneuta em "copartícipe da criação poética e do conhecimento teórico, a meio caminho das ciências humanas e da poesia — se é que ele também não está entre a poesia e a filosofia" (Nunes, 1986, p.81).

Referências Bibliográficas

BARBOSA, João Alexandre. *A leitura do intervalo* – ensaios de crítica. São Paulo: Iluminuras, 1990.
GADAMER, Hans-G. *Verdade e Método*. 4ª ed. Trad. Flávio Paulo Meurer. Rio de Janeiro: Vozes, 2002.
HEIDEGGER, Martin. *Ser e Tempo*. Parte I. 12ª ed. Trad. Márcia Sá Cavalcante Schuback. Petrópolis, Rio de Janeiro: Vozes, 2002.
NUNES, Benedito. Dalcídio Jurandir: as oscilações de um ciclo romanesco. In: JURANDIR, Dalcídio. *Romancista da Amazônia – Literatura & memória*. Organização de Benedito Nunes, Ruy Pereira e Soraia Reolon Pereira. Belém: SECULT; Rio de Janeiro: Fundação Casa de Rui Barbosa/Instituto Dalcídio Jurandir, 2006.
_____. Meu caminho na Crítica. In: *Estudos Avançados*, vol.19, n°55, setembro-dezembro de 2005, p.289-305.
_____. Carlos Drummond: a morte absoluta. In: Carlos Drummond de Andrade – 100 anos. *Revista da Biblioteca Mário de Andrade*. São Paulo, v.60/61, jan./dez.2002/2003, p.18-29.
_____. Literatura e filosofia. In: LIMA, Luiz Costa. *Teoria da Li-*

teratura em suas fontes. vol. 1. 3ª. ed. Rio de Janeiro: Civilização Brasileira, 2002, p.199-219.

_____. O "fragmento" da juventude. In: Bosi, Alfredo (org.). *Leitura de poesia.* São Paulo: Ática, 2001, p.175-190.

_____. Crítica literária no Brasil, ontem e hoje. In: MARTINS, Maria Helena (org.). *Rumos da crítica.* São Paulo: Editora SENAC/Itaú Cultural, 2000, p.51-79.

_____. *Hermenêutica e poesia* – o pensamento poético. Belo Horizonte: Ed. UFMG, 1999.

_____. Ocaso da literatura ou falência da crítica? In: *Revista Língua e Literatura.* São Paulo, USP – Departamento de Letras, nº 24, 1999a, p.11-21.

_____. Apresentação. In: PESSANHA, Juliano Garcia. *Sabedoria do nunca.* São Paulo: Ateliê Editorial, 1999b, p.13-6.

_____. *Crivo de papel.* São Paulo: Ática, 1998. (Série temas, v. 67. Filosofia e Literatura)

_____. *No tempo do niilismo e outros ensaios.* São Paulo: Ática, 1993. (Série Temas, 35)

_____. O trabalho da interpretação e a figura do intérprete na literatura. IN: PROENÇA PROENÇA FILHO, Domício (org). *Literatura Brasileira – ensaios, criação, interpretação e leitura do texto literário.* Vol.II. São Paulo, Norte, 1986, p.73-80.

_____. O pensamento estético no Brasil. In: CRIPPA, Adolfo (coord.) *As idéias filosóficas no Brasil* – parte II. São Paulo: Convívio, 1978, p.85-141.

_____. *O dorso do tigre.* 2ª ed. São Paulo: Perspectiva, 1976. (Coleção debates)

RICOEUR, Paul. *Teoria da Interpretação. O discurso e o excesso de significação.* Trad. Artur Morão. Lisboa, Edições 70, 2000.

_____. *Interpretação e ideologias.* Trad. Hilton Japiassu. Rio de Janeiro: Francisco Alves, 1990.

_____. Uma retomada da Poética de Aristóteles. In: *Leituras 2 – a região dos filósofos*. Trad. Marcelo Perine e Nicolas N. Campanário. São Paulo: Ed. Loyola, 1996.

_____. *Do texto à ação: ensaios de hermenêutica II*. Trad. Alcino Cartaxo e Maria José Sarabando. Portugal: Rés Editora, 1989.

_____. *Du texte à l' action: essais d'herméneutique II*. Paris: Seuil,1986.

_____. *Temps et récit*. 3 vol. Paris : Éditions du Seuil, 1983.

_____. *La métaphore vive*. Paris: Ed. du Seuil, 1975.

SLOTERDIJK, Peter. *Crítica da razão cínica*. Trad. Marco Casanova; Paulo Soethe, Pedro Costa Rego, Maurício Mendonça Cardozo e Ricardo Hiendlmayer. São Paulo: Estação Liberdade, 2012.

TARRICONE, Jucimara. *Hermenêutica e crítica*: o pensamento e a obra de Benedito Nunes. São Paulo: EDUSP/FAPESP; Belém/Pará: EDUFPA, 2011.

A ESTRANHA TRANSFIGURAÇÃO DO COTIDIANO
Donaldo Schüler

1. O estranho das sombras

"Cupido e Psique" é o episódio mais conhecido de *Asno de ouro*, romance do segundo século da era cristã, escrito por Apuleio, romancista romano. Permitam-me resumi-lo.

A beleza de Psique, uma princesinha, era tanta que chegou a ofuscar Vênus. "Ela me paga", resmungou a deusa enfurecida. Chamou Cupido:

— Quero que essa sem-vergonha se apaixone por um homem feio. Dá um jeito. Quem? A gata que atende pelo nome de Psique e tem duas irmãs. Cupido partiu coberto de beijos que desciam úmidos dos lábios entreabertos da própria mãe e ardiam como centelhas. A deusa do amor, dirigindo-se ao mar, foi recebida por sua corte aquática, as filhas de Nereu: Portuno, Salácia, Polêmon, além dum bando de tritões.

— Chega de encrencas. Preciso espairecer. Vou passar uns dias na casa do meu amigo Oceano. Não quero ser perturbada. A visita é sentimental.

Psique, coitada, não encontrava marido. Os homens viam nela uma deusa, tratavam-na como estátua fria. A beleza das irmãs não era lá essas coisas, mas eram de carne e casaram com reis. Psique, coitada, amargava a formosura na solidão. Vocês sabem o que é o coração de um pai aflito? O progenitor da mais bela mulher do mundo consultou o oráculo de Mileto. Famosíssimo! Não tanto como o de Delfos, mas nunca lhe faltou clientela. Aliás, o oráculo de Delfos já era. Nos tempos de Psique imperava o de Mileto. A resposta foi cruel. Psique, abandonada num monte, seria procurada por um monstro. Esse era o decreto do Destino. Com Destino não se mexe. Vênus meteu o dedo nessa história, raciocinou Psique. O que fazer? Vênus é Vênus. Se é vontade do Destino, que me carregue! Psique sobe o morro. Exausta da escalada, estendeu-se no leito suave da relva. É Destino? Aqui estou. Faça de mim o que quiser. Ao emergir do sono, o que foi que viu? Um bosque. Vindo donde? Ninguém sabe. Que era denso se via pelo balouço verde das folhas. Além de virgem, Psique era curiosa, tanto que se espremeu entre árvores espinhentas e fortes. Calculem a coragem! Descobriu o quê? Ao lado de um palácio, uma fonte borbulhante. O palácio era divino: colunas de ouro, teto de cedro e marfim, baixos-relevos de prata. Os pés da deslumbrada deslizavam num mosaico feito de pedras preciosas. Todos os compartimentos resplandeciam. Uma voz misteriosa lhe dizia que era dela tudo o que tocava.

Banhada e alimentada, Psique recolheu-se ao leito. Lençóis esvoaçantes como as mais alvas nuvens. A voz de antes acariciava-lhe os ouvidos. Dedos nascidos da noite excitaram-lhe a pele. No êxtase, a virgem sentiu um corpo penetrar no seu corpo. Os braços que a envolviam sumiram antes do amanhecer. Manchinhas de sangue selaram o ingresso em nova etapa da vida. Noite após noite, Psique se sabe mais distante da virgindade. Delirava sem saber quem lhe proporcionava noites inteiras de delícia. A voz misteriosa advertiu que a ruptura do véu da noite poria a nu uma desgraça. Inconsolável, castigada pela solidão, Psique arranca do companheiro invisível o consentimento de uma visita, a das irmãs. Trazidas por Zéfiro, a áurea felicidade de Psique as envenenou, embora Psique as despedisse cobertas de joias. Certas de que o benfeitor de Psique era um dos deuses imortais, as invejosas planejaram desgraçar a felizarda. Nova visita das irmãs:

— Abre o olho. Teu amante secreto é o monstro vaticinado.

Psique tinha perdido a virgindade, mas a ingenuidade continuava intacta. Na calada da noite, Psique, de vela em punho, descobriu que o misterioso companheiro de suas noites deliciosas era o próprio Cupido. Examinou as armas, não todas, só as que repousavam pacificamente ao lado do leito. Incauta, fere-se com a ponta duma flecha. Da pele rubra brota uma bolha vermelha. A ferida foi profunda. Doía no tutano dos ossos, no oco do coração. É isso que chamam de paixão? Uma gota de azeite, caída inadvertidamente no pescoço divino, desperta o filho de Vênus, que, batendo as asas, some sem dizer adeus. Psique, bruscamente abandonada, geme. Condoído, Cupido volta para revelar segredos: as ordens perversas de Vênus, a maldade das irmãs. Revelado o encoberto, o amante se perde no horizonte. Psique, desesperada, atirou-se num rio para extinguir o fogo que lhe incendiara o peito. Mas o rio, devoto de Cupido, num doce movimento, depositou-a na relva. Pã, que ensinava melodias aos caniços na mesma ribanceira, percebendo as aflições da abandonada, recomenda calma, muita religião, muitas preces. Mais serena, Psique desceu, por longa e fatigante vereda, ao palácio da irmã mais velha. A namorada de Cupido vinha com uma arenga na ponta da língua:

— Segui teu conselho. Sabes o que meu companheiro das sombras, depois de desmascarado, me disse? Que a única mulher da vida dele eras tu. Monstro? Coisa nenhuma. Quem me largou no olho da rua foi Cupido, ele mesmo, o travesso.

Louca de contente, a invejosa sai às pressas para um compromisso urgente. Foi o que alegou ao marido estupefato. Chegando ao topo do monte, saltou no vazio, certa de ser carregada por Zéfiro aos braços de Cupido. Seu corpo estraçalhou-se na rocha. O fim da outra irmã foi igual. Enquanto isso, Cupido, de cama, rolava e gemia de dor. O azeite inflamado da lamparina ardia nas costelas, picava os pulmões, incendiava o coração. Cupido não podia nem respirar. Solícita, uma Gaivota mergulhou de pescoço empinado no mar para transmitir a desgraça a Vênus que, envolta na cabeleira ondulante do Oceano, dormia no colo do companheiro, ébria de sonhos. O boletim da Gaivota:

— Bagunçou o coreto. O amor sumiu. Ninguém dorme com ninguém. As pessoas se odeiam. Culpam Cupido. Dizem que, em vez de cuidar dos assuntos dele, o malandro anda metido em libertinagens lá pelos montes. Vênus? Uma vergonha! Meter-se com Oceano e fazer como se o mundo não existisse é desaforo.

A Deusa, que não é flor que se cheire, vociferou:

— Então meu filho, em vez de cumprir ordens minhas, anda de cacho com aquela sirigaita? Já se perdeu com Ninfas, Horas, Musas, Graças... Por que essas pestes não deixam o inocentinho em paz? Que desgraça!

Pegou suas coisas e se mandou. Encontrou seu queridinho na cama sem comer, sem beber, sem se pentear, sem escovar os dentes, sujo.

— Então é assim? Agora deste para desobedecer tua mãe? Com essa idade e já de namoricos? Não sabes que isso é só pra gente grande? Não respeitas nem Júpiter, pai celeste. Me contaram que quem lhe arranja amantes, és tu, safado. Pois fica sabendo, seu nojento, que terás um irmão muito melhor do que tu. Isso não fica assim. Vou entregar-te a uma mulher que eu odeio, Sobriedade. Ela te porá nos eixos. Vais ver o que é bom.

As amigas de Vênus, Ceres e Juno, tentaram acalmá-la:

— Ele já não é criança. Reparaste na penugem que enfeita o

queixo dele? Não vai encantar-se com uma moça bonita? Andas com a cabeça na Lua. Não te enxergas? Quem te viu e quem te vê!

Vênus não sossegou. Procurou, procurou, procurou... Nada. Do refúgio de Psique, nem sombra. Vênus mandou divulgar que quem encontrasse a fujona receberia de pagamento sete beijos inflamados, administrados por ela mesma, ninguém menos do que a deusa do amor. De lambuja, ela ainda daria ao felizardo um beijo de língua. Assustada, Psique se apresentou à sogra, à futura sogra, à mais que sogra, à ex-sogra.

— Nem sei como te chamar. Se meu destino é morrer, me mata!

Vênus festejou o triunfo a gargalhadas. Rasgou-lhe o vestido, arrancou-lhe os cabelos, aplicou-lhe bofetadas e pontapés, submeteu-a a provas humilhantes.

— Vá-se olhar no espelho agora, sua desaforada. Essa sua cabeleira está um lixo, sua piolhenta. A mancha no olho esquerdo te deixa com cara de bruxa. Vai pro inferno. Estou falando sério. Quero ver-te mofar no reino escuro. Pede uma audiência com Prosérpina. Pede-lhe que te dê numa caixinha um pouquinho só de beleza, porque esse teu focinho está uma porcaria.

Psique compreendeu que esse era o fim. Subiu a uma torre com o propósito de acabar com os sofrimentos. A torre recomendou que Psique não caísse na besteira de se matar. Ensinou à moça como ir ao inferno e retornar com vida.

Psique, de regresso à superfície da terra, feliz se rever os campos floridos, não se conteve. Quis examinar o conteúdo da caixinha. Abriu a tampa. Pra quê? Levantou-se um fuminho, não de beleza, mas de sono infernal. A infeliz desabou no chão como morta.

A todas essas, Cupido já se sentia melhorzinho. Abriu a janela, bateu as asas e foi procurar a amada. Mas onde? Morria de saudade. Quem poderia ajudá-lo numa hora dessas? Lembrou-se de um grande namorador, o maior de todos, Júpiter. Abriu as asas e aterrissou no Olimpo.

O Senhor de altos e baixos, ciente de tudo, enfiou os dedos na barba e vociferou com voz de trovão, raios chispavam-lhe nos olhos:

— Já me meteste em encrenca grossa. Por tua causa, estou de mal com minha mulher. Tuas flechas endoideceram céu e terra. Apesar disso, vou usar de clemência. Mas clemência tem preço. Se encontras uma mulher bonita por aí, não te bobeia, ela é minha.

Incontinenti, o pai de mundos e fundos convocou uma assembleia com multa pesada para os ausentes.

— Senhoras e Senhores, Deusas e Deuses com registro no livro dos imortais ao cuidado das Musas. Temos que dar jeito nesse jovem, responsável por escândalos, adultérios, sexo grupal, festas orgiásticas, felações e práticas das quais nem eu mesmo sei o nome. Pois esse pilantra teve a coragem de aparecer diante do meu augusto trono com o pedido de socorro em encrencas de amor. Ele arrasta uma asa por uma mortal de nome Psique. Já que desvirginou a inocente, que case com ela. Este é meu soberano decreto. Vênus, minha filha, não quero que metas o bedelho. Este matrimônio tranquilizará a vida dos mortais e, sobretudo, dos imortais.

Júpiter mandou Hermes despertar Psique e trazê-la lavada, perfumada e embelezada ao Olimpo. Estendendo um cálice de ambrosia a Psique, o Pai dos homens e dos deuses arrematou:

— Toma, minha filha. Deste cálice beberás a imortalidade. Jamais Cupido se verá livre de ti.

Vulcano tomou conta da cozinha. As Horas enfeitaram as mesas. As Graças perfumaram a sala. As Musas cantaram. Apolo tangeu a cítara. Sátiro tocou pífaro. Pã esmerou-se na flauta. Vênus, de saia esvoaçante, dançou. A festa recebeu destaque nas colunas sociais em todos os domínios do Senado e do Povo Romano. O fruto dessa união foi uma filha, Volúpia.

De Grécia a Roma, Eros muda de nome e de caráter, vira Amor ou Cupido. A narrativa é exuberante, Apuleio chama-se "o romancista". O modelo é grego, mas a língua, o jeito de escrever e de pensar são romanos. O autor dedica dois capítulos, o quinto e o sexto, às refregas que envolvem Amor e Psique. O episódio altera a imagem que nos oferece Platão no *Fedro*. Os dois cavalos platônicos, unidos agora, enobrecem a matéria, o amor carnal já não é vulgar. Vênus (a Afrodite latina) comparece em queda. Ela cai do brilho celeste, lugar que lhe confere o hino homérico, à banalidade cotidiana. Nos deuses, agora mais próximos do homem, cresce o temor. Vênus sofre a dor da rivalidade de uma mulher, Psique, jovem de beleza extraordinária. O Belo desce da eminência universal, lugar que lhe reservou Platão, para perder-se no labirinto das intrigas privadas. Beleza é um dos tesouros da classe privilegiada no mesmo nível dos outros valores que a distinguem. Os competidores nobres procuram aniquilar o adversário na política, na economia e no convívio social. A vida diária rende-se a pequenos conflitos. Eros, de força universal passa a menino travesso, filho de Vênus. Humanizado, passa da infância à adolescência e da adolescência à vida adulta. Desponta o amor, apego a uma mulher em particular. Vênus, enciumada, aventureira, ofendida, simboliza a mulher liberada de Roma. A distinção social lhe vale mais que tudo. No papel de sogra, odeia. A relação de Vênus com Cupido tem momentos incestuosos. Cansada de intrigas domésticas, procura o Oceano, de horizontes amplos, de sonhos ilimitados. Imersa no cotidiano, busca espaços sem fronteiras no úmido palácio de seu amigo, além, muito além da Espanha, distâncias em que as fronteiras entre o céu estrelado e as ondas somem. Lá descansa Vênus. Aos conflitos da terra, região que lhe é estranha, prefere a fúria dos ventos, o balouço das ondas. Antes de partir para uma viagem sentimental de exclusivo interesse dela, Vênus, embora revoltada com a imaturidade do filho, confia-lhe a missão de desgraçar Psique. A existência, perdida a direção do alto, flui golpeada de imprevistos. Em lugar da ordem universal, quem rege a vida, jogo de baralho, é o Acaso. Recebidas as cartas, que vêm às mãos sem plano, começa o jogo. As oportunidades concedidas não anulam decisões. Imprevisto e escolhas traçam o destino. Intervém o oráculo: há um mistério na vida. O segredo desafia intérpretes: Édipo, Sócrates, Psique ou cada um de nós. O jogo começa no momento em que Psique se entrega ao Destino. Como Alice no País das Maravilhas, Psique entra num mundo diferente do cotidiano. Que princípios o regem, de que matéria é composto? Como responder antes de procurar saber? O cotidiano flutua sobre um abismo sombrio. Alice descobre outro mundo ao entrar na toca do coelho, Psique disposta a enfrentar o que der e vier, acaba no topo de uma montanha. Vêm as maravilhas: a relva, o regato, o bosque, o palácio, a aventura noturna. O que não considera Vênus? O devir. No encontro homem-mulher, Cupido se humaniza. Ele já não é o deus que fere, comporta-se como ferido, experiência inusitada que a cada encontro a divindade renova. O amor não é fixo, ele acontece no acontecer. A queda. Acontecer que advém da queda: viver o amor. Para Psique, possuída por um estranho nas sombras da noite, o desvirginamento leva a descobertas. Antes de tudo, a jovem descobre a si mesma. Em lugar da frieza infantil, ardores proporcionam delícias inauditas. Psique adormecida como a bela adormecida, não busca nada, entrega-se. Abrigada em braços decididos, experimenta sensações nunca imaginadas. Atenta ao corpo, vive as ardências do aqui e agora. Nada a atrai a um hipotético Belo em si. Cupido, deslumbrado por contornos nunca vistos, esquecida a missão ditada por Vênus, cultiva o prazer. Ingresso na adolescência, trabalhos impostos perdem relevância. Psique, a jovem bela e sedutora, passa ao centro de seus interesses. Cupido e Psique são dois adolescentes que se descobrem um na companhia do outro. Tombado na densidade psicofísica da jovem deslumbrante, toda a potência erótica se concentra na beleza que a ordem da mãe sem querer lhe proporcionou. Cupido descobre o amor em contato com Psique, contagiada pelo desejo, acontecer mágico vivido na queda. Ambos caem em amor, abismam-se em amor. Para impedir que a infração seja descoberta, Cupido proíbe que Psique o identifique. O mistério prolonga as horas de prazer. No bojo da noite, fantasia e realidade se confundem. A prática do amor bate em proibições, estas ou outras. Há culturas que celebram a união matrimonial quando as crianças nascem, em outras, o contato físico é proibido antes do casamento. As razões que regem o amor nem sempre se fundamentam na razão. Com o correr dos dias, o mundo misterioso oferecido por Cupido pesa como cadeias. Psique sente falta do cotidiano, da presença das irmãs. Por que manter separados as delícias noturnas e o inocente convívio com familiares? Por que prolongar a dor da separação? Percebendo que o isolamento perturba o prazer, Cupido consente na visita das irmãs à companheira tristonha. A desigualdade rompe a harmonia familiar. Por que a repentina fortuna da que partira para a destruição? Inveja é sentimento de ociosos. Invejosos sonham com a posse sem esforço. Ao aceitar o Destino, Psique arrisca a vida. O esplendor de agora recompensa árduas tarefas. As irmãs só avaliam seus próprios interesses. Casadas com reis, estavam em condições incomuns já antes da fabulosa fortuna de

Psique. De fortes sentimentos familiares, Psique sente falta das irmãs, ao contrário delas, malignas. Não se espera que estejamos sempre apegados à convivência. Comportamento sensato, entretanto, é louvável. As irmãs de Psique, irracionais empedernidas, não contentes com o muito que possuem, ambicionam o que é da irmã. Na troca de confidências, Psique revela o segredo das visitas noturnas. Para destruir a afortunada, as irmãs lembram o oráculo. O companheiro noturno seria o monstro vaticinado? A dúvida trazida pelas irmãs é mais forte que o pacto com o companheiro das trevas. Desfeito o encanto, Psique recai na solidão. O abandono fere. A chama que lhe inflama o peito seria amor? Nova é a dor, dói nos ossos, turva a mente. Longe dos seus, os anelos buscam o desconhecido. O abraço noturno representava-lhe mais que tudo. Sem ele, de que valiam riquezas? Separada daquele que lhe inflama o coração, Psique quer a morte. A música de Pã devolve-lhe a serenidade, não toda, parte dela. Psique atira contra as irmãs a morte que pedira para si mesma. Valendo-se da loucura delas, não tem dificuldades em extingui-las. Por não amarem, elas se abismam na morte. Morrem em busca do que não lhes faz falta, uma aparência próspera ilustrada pelo acúmulo. Embora compreensível, não se justifica a furiosa reação de Psique. Os territórios do amor e da loucura se confrontam, enamorados incautos atravessam a fronteira. Para o ódio, só ódio, das irmãs não há saída, mas o ódio de Psique, misturado com amor, aponta sendas iluminadas. Psique além de odiar, amar e raciocinar, age corajosamente. O amor a fez guerreira. Diante da perda, Psique se faz heroína. Antes se entregara ao Destino, agora busca o que realmente importa mesmo que isso lhe custe a vida. Vênus não se distingue de mulheres humanas atormentadas pelo ciúme. A mãe transtornada não percebe mudanças. Para ela, Cupido é menino sempre, e desperta para a realidade, advertida pelas amigas: Ceres, rica em messes e Juno, a sábia. Se Vênus é causa da desgraça, por que não enfrentá-la? Psique não se aproxima vingativa, entrega-se submissa. Não recua diante de nenhuma dificuldade. Se para reconquistar o amado precisa ir ao inferno, ela vai. Todo aprendizado requer sacrifícios. O caminho à sabedoria passa por trabalhos. Desce ao mundo dos mortos como os heróis: Orfeu, Odisseu, Perseu. A nova série de desgraças vem como paga pelo que fez às irmãs. Com a divinização de Psique, a beleza humana é eternizada. Psique não é só matéria, é matéria e espírito. César — Júpiter, reflete a imagem do imperador — atento administrador, ata Cupido ao matrimônio na intenção de serenar excessos. As artes de Vênus são enquadradas nas leis do Estado. Cupido, prisioneiro do matrimônio, vive no conflito entre ordem e liberdade. Fundado em Cupido, o matrimônio se estabelece ameaçado. Amor e convenções vivem em conflito.

Meu nome é Psique. Primeiro descobri meu corpo. Senti cabelos, braços, peito, pernas. Conversei com minhas entranhas. Senti meu coração pulsar. Nasceram ânsias, anseios. Sofri abandono, ausências, distâncias. Chorei rios de lágrimas. Chorei de dor, chorei de prazer. Gritei, ri. Eu deveria ser destruída por um monstro? Subi o morro em busca do meu destino. As mãos que me afagavam não eram de monstro. Foram noites de descoberta. Uma era diferente da outra e todas eram deliciosas. Eu gemia, eu uivava de prazer. Como entender a ordem de não romper o manto das trevas? Ele me queria cega. Eu queria um encontro pessoal. Eu me sentia carne, pele e ossos. Eu queria mais do que isso, muito mais. Queria o quê? Sou ambiciosa, eu queria o infinito. Tinha escalado uma montanha e me sentia no vale. Abandonei pai, mãe, irmãs, amigos, inimigos. Eu queria ver gente. Queria um rosto, queria o brilho do olhar. É pedir muito? Como poderia eu continuar rolando abraçada sem saber com quem? Eu queria pouco, quase nada. Queria o brilho dos olhos. Queria ver os traços de um rosto. Queria as delícias de uma conversa banal. O companheiro noturno me levava para além das nuvens e me negava o corriqueiro. Eu vivia num palácio ladrilhado de mármore e não sentia chão na planta dos meus pés. Passava as noites abismada num sonho, afundada em nada. De dia eu me sentia esmagada pela solidão. Minha vida seria assim? Esperar, esperar, esperar? Desesperar! Era monstruoso. Cheguei a desejar o monstro. Abri portas e janelas. Que viesse. Mas viesse de dia. Eu queria ver unhas e dentes. Queria ver a cara de quem vinha para me amar. Para me matar? Isso não ficaria assim. Tomei uma decisão. Eu não aguentaria outra noite de segredos. Armei-me de candelabro, vela e fui-me deitar.

Lembro o mármore de Antonio Casanova (1757-1822). Eros não vem com frechas. As armas estão na luz dos olhos em busca de outros olhos. Eros não está a serviço de outros nem a serviço de si mesmo em primeiro lugar. Eros se desprende de Vênus para uma nova relação, uma beleza que se renova como a Nuvoleta de Joyce, como as cores do arco-íris, como a névoa que se levanta da terra. Esquecido do mundo, os olhos estão concentrados na amada, nela só. Eros socorre Psique, entorpecida pelos miasmas da morte. Toma-a nos braços. Os dedos tocam a face da amada. Ela sente-se despertar inteira, da cabeça aos pés. O corpo de Psique revive para um outro mundo. Ele a ergue de incertezas, golpes, decepções, proibições, horrores, ódios, violências, torpores da morte, desperta de um pesadelo para entrar no reino da luz. Aquecida pelo amor, Psique desperta. Nenhum véu encobre o rosto. Os olhos do amado brilham pela primeira vez. A menina de seus olhos é ela. Já não é um deus em visita a uma mortal inocente, é um homem que recebe uma mulher que sabe o que deseja, que sabe a quem se entrega. Psique rende-se confiante. Ela sabe, saber que lhe vem do amor. A pedra move-se sem peso. Os lábios se aproximam seguros, tranquilos. Ela atrai a cabeça com ambas as mãos. Asas alvas apontam espaços sem fim. O divino penetra no humano. A vida ganha sentido.

2. A garota de Ipanema

Uma loira de olhos verdes com mais de um metro e setenta de altura, cotidiana a ponto de entrar num bar para comprar cigarros, vem do colégio e se dirige à praia pelo mesmo caminho. A garota se perderia entre milhões se os olhares poéticos do letrista Vinicius de Moraes e do músico Antônio Carlos Jobim (Tom Jobim) não a tivessem acolhido numa canção que se espalhou pelo mundo. Do olhar encantado de ambos surgiu *Garota de Ipanema* (1962), poema feito de sonhos, reflexões e paixões em quatro estrofes de versos curtos, encadeados ao ritmo das ondas do mar.

> *Olha que coisa mais linda/ Mais cheia de graça/ É ela menina/ Que vem e que passa/ Num doce balanço/ Caminho do mar//*

"Olha", ordem de abertura dirigida a todos, concentra a atenção num corpo que passa. O olhar — confundidos mulher e mar — eleva a imagem graciosa. A garota (Gradiva do Rio de Janeiro) surge como coisa; como coisa ilumina a rua e o universo, como coisa, ela não tem nome. O ato de nomear, lento, articula o poema do princípio ao fim, constrói, individualiza, distancia o nomear poético do nome civil, rijo, exterior. O belo, escondido outrora em alturas metafísicas, desce à terra, balouça na rua. A beleza esplende num corpo jovem. O corpo passa e não desaparece, vem e vai como as ondas. Renovado, não decai rumo à morte, vive no passo, no passar, no balouço. O presente, não devorado pelo futuro, não é o tempo da espera, agostiniano, o tempo do poema sustenta-se em si mesmo, no passar, na materialidade verbal, tempo sem pressa de passar, tempo sendo. A graça, nascida na garota, produto da natureza, perpetua o momento e o leva para longe, inunda lugares dentro e além das fronteiras. Como na *Canção do exílio*, o som "a" ilumina, ritma e rima os versos da primeira estrofe.

> *Moça do corpo dourado/ Do sol de Ipanema/ O seu balançado/ mais que um poema/ É a coisa mais linda/ Que eu já vi passar//*

Contra objetos fixos, surge o corpo em movimento, o próprio andar, passos cotidianos que regularmente retornam, hostis à dispersão, coordenados ao movimento das ondas e do universo, longe de delírios ou recordações míticas. Não o movimento nobre, distante, único e irrepetível, mas o movimento transformado em pele, carne e ossos aqui e agora. O poema se faz corpo e o corpo se faz poesia. Corpo, sol, mar e poema concorrem. Derivado da vida, o ritmo não é artifício. A música, embalada no encanto, amplia o lance das vogais tônicas: *o, a, e*. Dissolvidas imagens de belezas passadas, o momento abre-se ao infinito. Arte e vida confluem. Recordações submergem. O universo, não como é em si mesmo, o universo vivido brota renovado do visto. O poema surge do encontro do eu com a beleza do mundo. O que aparece não tem nome, é uma coisa. A beleza eleva a coisa da banalidade e a sustenta em palavras que passam sem perecer.

> *Ah! porque estou tão sozinho/ Ah! porque tudo é tão triste/ Ah! a beleza que existe/ A beleza que não é só minha/ Que também passa sozinha//*

Depois da contemplação, a reflexão. Da contemplação à reflexão, a queda para dentro de si mesmo, a visão do desamparo, da perda. Daí a tristeza. A beleza que passa desprende-se do eu do poeta, ela existe por si. A beleza está sozinha como o eu está sozinho, mas não triste. Ela é plena. Ela não se desgasta, migra de um corpo a outro. Balouçando como as ondas do mar, ela dura sempre. Muda o ritmo. A ênfase está no *i*, o *i* da tristeza. Duas perguntas: a solidão e a tristeza, a tristeza causada pela solidão. O que abandonou o poeta? Não a garota, mas a beleza concentrada na garota. A beleza entra pelos olhos. No instante em que os olhos se fecham, some a beleza. A beleza se universaliza, mas se universaliza em corpos que passam. A existência presa ao que passa. Ela existe fora e além do horizonte do observador. A vida adquire sentido quando as duas solidões se encontram. O poeta cai para dentro de si mesmo. A tristeza está no corte. O poeta entra em si mesmo e, ao abismar-se, a beleza o segura. Se ela o larga, vem a tristeza.

> *Ah! Se ela soubesse/ Que quando ela passa/ O mundo inteirinho/ Se enche de graça/ E fica mais lindo/ Por causa do amor//*

Uma exclamação abre a quarta estrofe, "Ah!". O poeta sabe de si. Canta e reflete. A garota não sabe de si. A graça é uma dádiva como a da flor. A for não sabe de si, a flor floresce. Se ela soubesse, estaria triste como o olhar que a contempla. A graça não resiste à reflexão. A graça existe enquanto floresce. O mundo não é governado pela razão. Amor e razão coexistem e não se confundem. Saltamos de lá para cá, e de cá para lá. Na alternância do amor e da reflexão nós nos equilibramos.

No mundo impera o amor como dádiva e como coesão. O amor faz a garota passar. O amor leva o poeta a ver a garota passar. É uma forma de conhecer, uma forma não racional de conhecer. O amor governa o mundo. Isso acontece num período agitado, de confrontos e violência no plano universal e global, a revolução de 1968. Numa década de lances épicos, a lírica serena os ânimos na sonoridade da canção. Libertação mais completa, mais plena, a beleza sentida e vivida, cantada. Beleza vista. Contra Duchamp, a *Garota de Ipanema*, a permanência em movimento, o corpo, a graça que se configura pela repetição. O retorno, o eterno retorno, a dádiva. A reinauguração do visível, da visibilidade. Em pouco tempo, *Garota de Ipanema* é canção aplaudida em toda parte.

3. O Rei e a Sulamita

Entre canções pastoris hebreias, ouve-se a ternura de uma voz feminina. O livro das canções (*Cantares* ou *Cântico dos Cânticos*) incorporado na *Bíblia*, é do quinto século a.C. Com a tradução grega, dois séculos depois, os hemistíquios de Israel soam nas línguas do Ocidente. Na ausência do amado, a pastora fala sozinha, lembra palavras, anseios, buscas, planos, andanças. Aliás, duas vozes vibram na fala da guardadora de rebanhos, uma delas é a voz da obreira: a família obrigou-a a trabalhar, o trabalho tisnou-lhe a pele; a outra voz é a da rainha, também conhecida como Sulamita. Enfim, quem é a pastora? Obreira? Rainha? Não importa, o amor apaga diferenças, nivela escrava e soberana. Mais do que cumprir com obrigações de seu ofício, importa à pastora estar com o amado. Movida pelo amor, a jovem busca o companheiro, o rei.

A enamorada, não admitindo que a exposição aos raios solares lhe roube a beleza, dirige-se a amigas de Jerusalém, alvas por viverem em recintos fechados. Cor e elevação social não diminuem o interesse das endereçadas. Elas orientam a jovem aflita. As pastagens batem no abrigo de tribos nômades. Localidades como Cedar e Salma teriam desaparecido não fossem as dores do peito inquieto. O sol integra a jovem na paisagem, ela vê semelhanças entre sua tez e as tendas negras.

Os sentimentos traduzidos em palavras agitam-lhe o corpo. Tocar lábios masculinos com o calor dos seus é seu desejo. Dos lábios do Criador procede a palavra que ilumina o universo, lábios saúdam as piscadelas do céu estrelado, lábios anunciam a redenção, lábios abrem-se ao amado e ao mundo.

A hora sonhada evoca outras delícias: o sabor do vinho, o odor dos perfumes, a carícia de unguentos. O nome (*shem*) do amado, misturado ao óleo (*shemen*), unta a pele da cantora. O amor desinibe, liberta, encanta. A pastora move-se untada com o nome do amado, nome-untada.

A plenitude compartilhada chama ao isolamento. Paredes erguidas para proteger cabeças coroadas abrigam corações pulsantes. O conúbio afeta a natureza. Mirra, vinhas, relva, cedros, ciprestes, narcisos, açucenas, espinheiros, macieiras, cervas, gazelas amparam a ternura. O universo reconcilia-se no abraço ardente.

Com a voz do amado, a visão se transfigura. Vista e agraciada, nunca saberemos como ela é de verdade. Quem é essa jovem que concentra em si a escrava e a rainha, a virgem e a aventureira, a donzela pacata e a guerreira — a mulher misteriosa que desequilibrou o mais sábio dos homens? O amado a compara a éguas atreladas ao carro de faraó. Ela presta serviços a um conquistador, a comparação a enobrece. Atarefada com rebanhos e vinhas, seu rosto, iluminado por colares e brincos, brilha.

Das tribulações interiores falam as cantigas. Os sentimentos da pastora (ora em casa, ora nos campos, ora ousada, ora sensata, ora esquiva, ora agressiva) não eram constantes como o caminho dos quadrúpedes. Muitas vezes adormecida na casa da mãe, foi encontrada em lugares perigosos em busca do amado. Por que procurá-lo se ele na calada da noite batia-lhe à porta? O amor é feito de conflitos, de contradições. O amado ilumina-lhe a vida. Como distante se ela o sentia presente na dor?

Perturbado por um coração ardente, o rei, seguro nas sentenças, corre inseguro pelas ruas de Jerusalém. Somem títulos, propriedades, poderio militar, o rei não é mais que um jovem que ama. Ocupação e pigmento não detêm sentimentos. Que importam reconhecimento, fausto, riquezas, sabedoria, súditos a quem ama, mesmo que o enamorado se chame Salomão? O pensamento reto cede a impulsos. Haveria vida sem atos intempestivos?

Saudações à primavera invadem o repouso da noite. Os caminhos da montanha desembocam nas ruas de Jerusalém. A capital do império abre-se em labirinto de abalos interiores. Nas sombras da noite, golpes e gritos. Punhos ansiosos sacodem janelas, dedos forçam portas. A pastora, embora esquiva, tinha o poder de transformar a metrópole. Salomão corria numa Jerusalém que ele não conhecia, que não o reconhecia. Por que não recorria a guardas para capturar a fugitiva? As circunstâncias não demandavam a autoridade do rei, no encalço da pastora evasiva, o monarca descobria em si mesmo sentimentos que mudavam o sentido da vida. Quem o visse, não veria o rei, perceberia um homem que exulta, corre e sofre. Sonho ou realidade? Realidade transformada em sonho, sonho com força de realidade. Não procurem o rei na Jerusalém de ruas iluminadas, ele se perde em ruas da cidade não vista, ruas em que escrava vira princesa.

Cantares fala de desencontros e termina com a atenção voltada à morte. O amor é forte como a morte, sentimento que transforma as coisas, abismo que mostra o lado escuro das coisas, não as coisas pensadas, entrecortadas, o amor expõem realidades fluidas, vividas, continuidades que não podem ser quebradas, que não podem ser extintas, resistentes como a morte, que não se deixa aniquilar. Sensatez e conveniências não detêm o amor. O amor é forte como a morte, forte é a luta contra a morte. Vitoriosa é a morte, vitorioso é o amor. O amor convoca exércitos: inteligência, vigilância, constância, estratégia. Melhores são as dores do amor do que a letargia de dias serenos.

Em *Cantares*, tanto a pastora quanto o rei, por se amarem, caem. Um ama o outro, um vive distante do outro, um procura o outro, um foge do outro. Os dois não se encontram por mais que se busquem. São dois fragmentos que apontam uma união irrealizável além de si mesmos.

A DENSIDADE ADEQUADA DO ABANDONO
(em homenagem a Roland Barthes)
Doug Rice
Tradução de Caetano W. Galindo

Gilles Deleuze estava errado quando afirmou que não vivemos mais na sociedade do espetáculo. Quando afirmou, antes de saltar para a morte em Paris, que agora vivemos na sociedade do clichê. A própria linguagem já desistiu. Vivemos agora na sociedade da distração. A visão foi destruída pelo olhar. As palavras foram apagadas pela pressão da repetição inconsequente, sem outro motivo além de perturbar o silêncio. Que esperança ainda resta de sentirmos o mundo de maneiras não familiares? Como é possível desfamiliarizar o familiar quando o próprio familiar não pode ser visto?

*

Imagine viver num mundo em que as palavras expirassem ou simplesmente ficassem gastas depois de serem usadas um certo número de vezes. Ou seja, você saberia que havia um limite para o quanto você poderia dizer uma dada palavra, mas não saberia qual o seu limite pessoal para cada palavra. Uma pessoa poderia dizer uma palavra mil vezes, enquanto outra poderia ter direito de dizer a mesma palavra cinco vezes. (Basicamente como cada um de nós recebe tempo ao nascer, mas sem que nos digam quanto tempo nos deram para criar nossa vida.) Imagine o que significaria não saber com que frequência você poderia dizer uma palavra antes de ela desaparecer da sua vida; imagine como não saber esse dado afetaria a sua memória, o seu desejo, a sua vida diária.

Imagine que você só pode dizer a palavra "amor" ou "beleza" quatro vezes na vida. Lembre, você não tem consciência de que só pode dizer quatro vezes. Você só sabe que há um número limitado de vezes em que pode dizer qualquer dada palavra antes de essa palavra não fazer mais parte do seu vocabulário. Aí, imagine entreouvir o seu vizinho usando o verbo "amar" repetidamente, descuidadamente professando seu amor por milk-shakes, pelo futebol, por flores de primavera, pela outra pessoa, sem parar, dia a dia. Dizendo a palavra como se nunca pudesse cansar ou dizendo a palavra como se não se importasse se estávamos ouvindo de fato, enquanto você ficava parado diante da pia da cozinha silenciosamente olhando os olhos da mulher que ama tão profundamente. Respirando perto dela sem falar. Sem medo de dizer, "amo", mas plenamente consciente da devoção que dizer tal palavra acarreta, sabendo que pode ser a última vez na sua vida em que você consegue usar o verbo "amar". Enquanto olha para o seu amor, imagine o que o seu corpo e a sua alma sentiriam sem palavras, como você iria olhar para ela, como a veria. Imagine que tudo isso pudesse se tornar visível em vez de tudo que permanece invisível, coberto por palavras empoeiradas pelo excesso de uso, quando dizemos "amo" sem estarmos presentes o bastante para nos devotar ao momento de estar com quem amamos. Todas essas vezes em que dizemos "amo" porque é o que se espera de nós. Imagine o que tais limitações linguísticas fariam com o como vemos e sentimos nossas vidas cotidianas e nossas lembranças. Então imagine o que causaria à própria linguagem o fato de você se tornar um usuário escrupuloso, o que causaria ao sentido das lembranças e do nosso estar no mundo.

Por fim, imagine chegar às portas de dizer a palavra pela primeira vez, enquanto ao mesmo tempo você pensa se a palavra vai ainda estar à sua disposição depois. Pense em como o seu corpo se sentiria, os lábios, a língua, as costelas. Pense nesse momento de dizer a palavra e em tudo que se tornaria verdadeiro e possível.

Gilles Deleuze insiste que devemos ser todos bilíngues, até, ou talvez especialmente, dentro da nossa própria língua. Deleuze nos pede que criemos um uso de segunda ordem da língua dentro da nossa própria língua. Precisamos dobrar nossa língua para podermos ver o que precisa ser desvelado.

**

Teoria alguma jamais poderá articular o que a intimidade faz com a visão.

***

Em *Amor à flor da pele*, a câmera de Wong Kar-Wai quer ver o que não pode ser visto. A câmera quer articular o que jamais poderá ser dito, ou o que só pode ser sussurrado como um segredo, guardado então no buraco de uma árvore e, depois de sussurrado, coberto com barro. A câmera está explorando, e não registrando, a pele daquele amor. A câmera de Wong afaga o tempo. Ela sabe esperar apenas com a intenção de ver. A sua câmera imobiliza o tempo de maneiras que são raras no cinema contemporâneo. Quase sempre a edição corre para o fim da narrativa o mais rápido que possa, destruindo o convívio de cada espectador com o tempo e, junto com ele, a esperança de tornar visível o que deve permanecer invisível. A câmera de Wong adora (ilumina) momentos cotidianos que em outros filmes continuam no escuro.

No alto de uma estreita escada de pedra que sai de uma loja de macarrão, a câmera de Wong espera, silenciosamente, pela personagem de Maggie Cheung, Lai-chen, a protagonista feminina do filme. A velocidade do filme foi diminuída e os movimentos de Cheung carregam o fardo de anos de um segredo guardado tão no fundo da sua alma que nem ela pode saber o que esse segredo revelaria para si própria caso viesse à luz. Depois que Lai-chen subiu a escada e passou pelo quadro, a câmera desobedece o padrão narrativo convencional e se nega a segui-la. Em vez disso, continua focada na parede por onde ela acaba de passar, como se a câmera não pudesse entender o que se espera dela depois disso. O amor faz isso. Confunde a narrativa, desaloja o desejo. Mas ele também muda nossa maneira de viver um momento cotidiano. E a câmera nos dá esse momento congelando o tempo cinematográfico e, ao fazê-lo, congela também nossa sensação de tempo. Ficamos sentados ali no escuro do cinema. Respirando. Conscientes da nossa pele. Conscientes de estarmos vendo aquele simples canto de parede de uma forma diferente de como vimos qualquer outro canto de parede na história do cinema. Aquele momento não nos abandona.

O brilhantismo da tomada é que ela não se transforma numa cena longa. Ela só perturba o tempo narrativo o suficiente para nos permitir ver o que nunca tínhamos pensado em ver, de uma maneira que nunca faria parte das nossas possibilidades antes de a câmera de Wong nos ensinar a paciência. Por fim, a personagem de Tony Leung, Chow, entra no quadro vazio e passa pela parede ainda marcada pela ausência de Lai-chen, pela beleza dela, e ele desce a escada para entrar na loja, despertando a câmera de seu devaneio particular.

Num momento posterior do filme a câmera revisita esse lugar, esse momento. Em vez de duas tomadas de uma pessoa e uma pausa, há uma tomada de duas pessoas seguida de uma pausa. Ou seja, Lai-chen e Chow estão no quadro e passam ao mesmo tempo por aquele ponto no alto da escada. Eles passam um pelo outro. A mão de Lei-chen quase roça a de Chow; os dois morrem de vontade de se olhar. Mas só podem baixar os olhos, desviá-los dos olhos do outro. Lai-chen e Chow continuam secretos um para o outro. Secretos para suas próprias almas. Depois de terem passado pelo quadro, uma vez mais a câmera se deixa ficar. Querendo. Uma respiração, uma tomada nada longa. Uma suspensão. A parede se torna um espaço de sonho onde o tempo vira uma coisa diferente do que era o tempo, diferente do que o tempo é. O tempo se torna diverso de si próprio, e, mesmo estando ela ausente, permanece a beleza de Lai-chen. Nada some depois que Lai-chen e Chow saem do quadro. A marca do segredo deles, daquele não-olhar, é visível e presente.

****

Toda frase que já escrevi foi escrita antes que chegasse o conhecimento de algo diverso.

*****

Em *O som e a fúria*, de William Faulkner, chega um momento em que Benjy grita sem parar para a parede. Berra. Ele vê somente o que não está ali, o que jamais poderá retornar. O espelho ausente. O reflexo ausente de Caddie. Benjy quer ver o espelho que desapareceu, a imagem da sua irmã virginal, mas tudo que resta do desejo é a mancha. Lembrança emaranhada e enraizada como as calcinhas sujas de Caddie. Benjy fica solto do tempo. O que acontece aconteceu. O que aconteceu acontece. Ainda. Benjy vê somente o que não está mais visível. Mas, com a visão do que resta do que não se pode ver, as sombras se transformam em fotografias fugazes, o tipo de fotografia que só pode captar a sensação do que se acaba de perder. Pode-se dizer o mesmo da escrita de qualquer frase: um desejo acidentalmente apreendido enquanto um outro escapa.

******

Estou convencido, como teórico, de que devemos invadir o que fazemos cotidianamente.

****

Marcel Duchamp está morto. E a sua morte deu fim a momentos de ser que foram espantosos e que podiam ter sido ainda mais espantosos se ele não tivesse virado artista, se tivesse continuado tolo, parado nas esquinas de Nova York no inverno, distribuindo pás de neve como adiantamento por braços quebrados[1], se Duchamp tivesse feito isso ali e não nas galerias de arte. Para certos grupos de pessoas, Duchamp acordou o cotidiano, brincou com ele, levou o cotidiano a assumir novas configurações. Mas agora Duchamp está morto. Nos meus sonhos mais loucos, Duchamp nunca virou artista. Ele recusou seu ego. Levou uma vida simples, trabalhou numa loja de ferramentas em Etna, na Pensilvânia, perturbando as percepções equivocadas que todos tinham das coisas por que passavam simplesmente, sem ver, sem pensar a respeito, de maneira que a vida, para todos

---

[1] (N.T.) Referência ao *readymade* "In advance for the broken arm", que Marcel Duchamp (1887-1968) criou em 1964, e que consistia de fato de uma pá de retirar neve pendurada do teto de seu estúdio.

que entravam na loja de ferramentas de Duchamp, nunca mais voltava a ser a mesma.

R. Mutt, por outro lado, nunca esteve vivo de verdade. R. Mutt foi sempre e só um nome, meramente letras desfigurando um urinol. R. Mutt não chegava nem a ser fúria que significasse nada[2]. Na melhor das hipóteses, R. Mutt proporcionou uma espécie de paródia para um artista que ainda não tinha sido reconhecido como artista, cujos 15 minutos estavam esperando. A *Fonte* original de R. Mutt foi perdida, quem sabe reciclada por algum ambientalista ou por um artista pós-moderno inadequado. Uma cópia do *readymade* original é mantida longe dos olhos, mais protegida que abrigada, no MOMA de São Francisco. Inofensiva. Homens ainda param diante de urinóis em banheiros públicos e fazem mais ou menos o mesmo que faziam antes de 1913. Nada de mais foi alterado. As pessoas ainda podem abrir uma lata de sopa de tomates Campbell's sem pensar demais, sem ganhar consciência de grandes coisas.

Alguns anos atrás pessoas normais (ou seja, não artistas) começaram a tirar fotos do que comiam e postá-las em redes sociais. Talvez estivessem tentando provar que a comida era real. As piores dessas pessoas estavam (estão) simplesmente agindo como narcisistas descontrolados. "Olha o que eu estou comendo. Você sabe muito bem que queria ser eu." É mais provável que essas pessoas estivessem fazendo o que podiam para desaparecer ou para disfarçar aquilo em que estavam se transformando. Algumas delas, eu estou convencido, pediam comida para tirar uma foto da comida, mais do que para comer. Nenhuma delas assinou a comida como R. Mutt; nenhuma delas transformou a comida em novas maneiras de ver a comida.

---

[2] (N.T.) Referência a *Macbeth* ato V, cena V, monólogo em que o protagonista define a vida como *uma estória, contada por um idiota, cheia de som e de fúria, e que significa nada*. Esse é o mesmo trecho de onde Faulkner tirou o título do romance citado anteriormente.

Um dos atos mais radicais que a minha avó me ensinou tinha a ver com comida. Uma vez, era uma vez, ela me pegou comendo uma maçã rápido demais enquanto via desenhos na televisão, e me disse que eu estava sendo desleixado. Ela me disse que tanto o desenho quanto a maçã estavam cheios de motivos para me destruir, para fazer coisas comigo, coisas terríveis que iam prejudicar a minha alma e impossibilitar que eu atravessasse a rua em segurança. Disse que eu estava comendo a maçã como se, só porque as maçãs estavam aqui ontem, eu acreditasse que estariam aqui amanhã.

"Você tem que ter reverência pelo que põe no corpo," ela me disse. "As maçãs não vêm do armazém. Quando você morde uma maçã, está mordendo sol, mordendo chuva. Está engolindo terra e raiz. Algum homem ou alguma mulher arrancou essa maçã de uma árvore em algum lugar. Você está comendo o toque deles. Quando morder essa maçã, não esqueça uma coisa: você está mordendo Deus. E pense nisso. Você precisa ser grato, meu filho." Ela olhou nos meus olhos como se eu fosse uma criança sem salvação e como se todas as crianças da minha idade não tivessem salvação. Ela sacudiu a cabeça e me deu as costas. "Por que é que você acha que tem que colocar correndo essa maçã na barriga? Você está comendo um pedacinho da imaginação de Deus a cada mordida. Não dá pra correr com a gratidão. Você tem que aproveitar bem essa maçã. Você não sabe quando ela não vai mais estar aqui. E," ela se virou de novo para me olhar, "só um pecador vê televisão enquanto come."

****

Todas as palavras descendem de outras palavras. Elas caem de árvores. Apodrecem. Viram pó.

****

Toda palavra que eu escrevi na vida está machucada. Elas foram feridas por dentes, por línguas e lábios, por lápis, canetas. As palavras já estiveram alhures. *A priori.* Na boca dos outros. Nenhuma palavra jamais será virgem, muito menos vera virgem. E toda palavra é um adeus. É isso que faz de uma palavra uma palavra. E, como uma fotografia, as palavras sempre continuam presas ao luto. A palavra, como a foto, está aqui porque o que desejamos aqui não está mais, e, depois de pronunciada ou escrita, a palavra carrega consigo todas as nossas chagas que jamais cicatrizaram. A linguagem nasce da ausência. Um homem conta estórias para o não-aqui, para quem desapareceu, para as emoções que foram destruídas. Um homem diz a palavra "amo" — talvez até a sussurre — como se aquela palavra fosse mais que isso, mais que um buraco, mais que algo que não mais está aqui.

My-Huong me contou a estória da sua bisavó materna, que mordeu a língua e se envenenou. Esse sangue dos seus ancestrais sobrevivia em cada alento de cada uma das palavras de My-Huong. Quando me ensinou vietnamita, ela disse que estava fazendo isso porque queria que eu sentisse o meu idioma de maneiras novas. Ela disse que saber isso, me tornar consciente da minha língua, e dos dentes e da saliva, ia me lembrar que era meu corpo quem falava. As palavras nascem. "O mais leve toque de uma sílaba na boca deveria sempre ter um poder mitológico e deveria sempre despertar a sua pele." Além dos sons dos seus ancestrais no conteúdo da sua própria voz, seca e carente de substância, ela carregava sombras do Vietnã no cabelo.

Eu ainda busco vestígios de My-Huong na pele dos meus dedos, nas palmas das mãos. Na língua. Vestígios de toques.

O que o homem mais teme é o poder invisível de palavras e imagens encerradas na memória. As árvores seminuas do inverno. Gelo flutuante no rio Monongahela de fins de fevereiro.

Uma mulher desaparecendo na chuva. As ruas são feitas de lembrança e carne, de um desespero passional pela continuidade da vida. Quanto mais vive, o homem morre mais. Prédios somem. Homens cansam de suas mulheres. Mulheres ficam mais caladas. Crianças desaparecem. Rios redespertam, tornam-se tranquilos, como se tivessem vivido além do seu prazo. Fantasmas assombram as janelas de casas abandonadas. Palavras substituem pessoas. Somente seus nomes permanecem no mundo. Você diz os seus nomes pensando que dizer um nome pode fazer uma pessoa surgir. Rezando para que um nome tenha em si certa mágica. O verbo feito carne[3]. Então você repete em voz alta o nome de alguma mulher que o abandonou, mas na maioria das vezes uma palavra não é muito mais que um volume que preenche uma falta.

****

Mas é uma coisa linda, a reinvenção de uma palavra.

****

O gesto mais revolucionário de que os seres humanos são capazes é o de amar de maneira diferente. Transformar o amor num presente, em vez de usar o amor como ação. Dar amor a alguém e ser paciente e curioso enquanto a pessoa cria alguma coisa com aquele amor que lhe foi dado. Substituir "Eu te amo" (onde o sujeito, "eu", age sobre o objeto, "você", e espera uma reação equivalente, uma confirmação, uma repetição, onde o sujeito se põe a esperar que o objeto espelhe o "Eu te amo" do sujeito com um outro "Eu te amo", um "Eu te amo" que muito raramente é seu de verdade, mas, na maioria das vezes, é mero

---
[3] (N.T.) Referência a João, 1:14.

reflexo do que se espera e se exige), substituir essa maneira de expressar amor pelo "Eu amo para você" de Luce Irigaray[4]. Essa epistemologia do toque que cria um *você* e um *eu* e que mantém esse *você* e esse *eu* separados pelas exigências da gramática. *Você* dado ao *eu*. O *eu* que deseja, o *você* que recebe o desejo como falta, até que esse *você* e esse *eu* se fundem um no outro.

Quando alguém nos diz que nos ama, talvez devêssemos simplesmente dizer, "Obrigado". Receber o presente e mostrar nossa gratidão criando algo novo com ele. Dar o amor como presente e não como ação destrói tradições narrativas e inventa a paciência, assim como a fé nasce de momentos que tinham permanecido desconhecidos. Nós nos tornamos amadores. Cada vez mais curiosos[5].

Kathy Acker em sua busca pelo amor, pelo amor verdadeiro, usava palavras que corriam o risco de ofender e desanimar os leitores, e ela nos deu imagens que têm força e profundidade e que deixam muitos leitores sentindo um certo desconforto. Porque desejava escapar da narrativa romântica, Acker teve a coragem de olhar direto para o desejo e para a falta, sem desviar o rosto (a definição de um grande artista, segundo Akira Kurosawa). Acker, como pessoa e como artista, queria escapar da narrativa romântica que permite que o capital continue a usar e controlar as mulheres. As narrativas românticas simplificam as mulheres e as forçam a um estado de fraqueza. (Elas perpetuam um mito que permite que o capital continue a agir sobre nossas filhas e sobre todos nós. Elas continuam a criar o mito de uma filha que só quer precisar.)

A escrita de Acker, digamos em *Don Quixote*, é uma busca honesta e dolorosa do amor, do amor que escapa às narrativas românticas. Acker acredita no amor, não no romance. Eu também

---

[4] (N.T.) Referência ao livro *I love to you: sketch of a possible felicity in history*.
[5] (N.T.) No original, *curiouser and curiouser*, famosa citação em que Alice, no segundo capítulo de *Alice no País das Maravilhas*, troca o gramaticalmente correto *more curious* por essa forma alternativa do comparativo inglês.

ainda acredito no amor, não no romance. (Há uma diferença: o Romance mata, o Amor desperta.) O romance como narrativa não é simplesmente uma mentira; é mais pernicioso ainda. O romance é uma narrativa cuidadosamente elaborada para destruir o amor, para fazer você sentir medo da intimidade do amor. O narrador do *Don Quixote* de Acker diz: "O que eu mais queria era amor. O que eu mais quero, mesmo na hora da morte, é amor. [...] Eu queria esse amor que não é nem controle nem ser controlado [...] Ela concebeu a ideia mais insana que jamais pode ocorrer a uma mulher. Que é amar." Acker deu a nossas filhas seus mapas piratas do desejo, da esperança, de sonhos e de formas para transformar tudo isso em realidade.

**

Um homem, para cortar uma árvore, devia levar o mesmo tempo que ela levou para crescer.

**

Quando uma borda toca outra, ambas tornam-se incertas. A frágil ponta de um dedo pressiona a pele, apagando a diferença que era antes separação. Isso é tão verdade no que se refere a um lápis que toca o papel quanto no que diz respeito à carne que se chega à carne. A pele em que vivo espera que ela venha me invadir.

Começo toda frase da mesma maneira com que começo toda oração. Paro o tempo para me ver com minhas crenças, e escrevo cada frase para estar com cada palavra. Eu não escrevo com a intenção de chegar a um fim, exatamente como não rezo para me livrar da oração. Ao invés de escrever com uma intenção, guiado pelo já sabido, escrevo com uma intensidade que rompe as costuras do ver. A escrita de cada frase se torna um experimento de pensamento, não uma jaula gramatical de morte e desespero. As frases deveriam flertar com o impossível e deveriam sempre estar à beira de se perder no deserto. E a escrita de cada frase é para sempre um mistério, que não deve ser dominado e explicado de uma vez com um amedrontado punhado de pó, mas ser vivido.

*****

O tempo não cura todas as feridas; se o homem não toma cuidado, o tempo apaga as feridas.

**

Uns anos atrás eu vi uma aliança de casamento levemente coberta pela poeira da vitrine de uma loja de penhores. Eu não consegui apagar a memória daquela visão. O que ter visto aquilo fez com o meu coração. Você vê uma aliança na vitrine de uma loja de penhores e isso muda como você diz a uma mulher que a ama; muda o que você se sente capaz de prometer a uma mulher. Eu entrei naquela loja de penhores e pedi para ver a aliança. Eu a segurei, revirei nas mãos, olhando para ela, sentindo. Segurar aquela aliança deixou no meu coração uma cicatriz mais funda do que eu imaginava que algo poderia causar. Então, eu li o que estava gravado na parte de dentro da aliança, como se ler aquilo não fosse me causar nada. Há ocasiões em que um homem percebe que há palavras neste mundo que não devem ser vistas por mais ninguém além da pessoa para quem foram escritas. Ver aquelas palavras me entristeceu como nenhuma estória tinha me entristecido antes, e eu assumi aquela tristeza. A tristeza daquele homem dentro de mim. O que aquele homem escreveu naquela aliança para aquela mulher passou a fazer parte de quem eu sou. Eu senti suas palavras, sua esperança, suas promessas na ponta dos meus dedos, senti na palma da mão quando encostei naquele anel. Eu não posso fazer mais nada a respeito disso agora. Vou passar o resto da vida sabendo a tristeza daquele homem. Eu vivo essa tristeza quando estou prestes a adormecer. Eu a vivo quando estou numa partida de beisebol e um mosquito está me picando a pele. Vivo quando estou dando aula. As pessoas vão ao cinema e choram vendo alguma estória inventada de um amor frustrado. Essas mesmas pessoas muito provavelmente teriam passado direto por aquele anel naquela loja de penhores na East Ohio Street, sem sentir porra nenhuma, e você ainda quer saber o que há de errado com este mundo?

**

Tornar visível tudo que resiste à visibilidade requer que vejamos além do tempo, no tempo. Nós devemos adentrar o *devir* para escapar ao passado e ao futuro.

**

Vivemos num mundo em que tudo que é impresso parece idêntico. Escrever à mão, em vez de digitar num teclado, despeja o nosso corpo em cada palavra. Damos nossa assinatura a cada palavra no mesmo ato de escrever. A escrita à mão cria um eco na matéria do tempo. Um homem senta-se em Stuttgart escrevendo uma carta com uma letra minúscula, quase ilegível, para uma mulher em São Francisco. As palavras rasuradas, os borrões, as palavras quase indecifráveis, palavras rabiscadas nas margens, o cheiro da mulher ou do homem que escreveu a carta, tudo nos convida a uma intimidade maior com a carta do que com um e-mail digitado num teclado. A lenta jornada da carta. Esse homem lembra a emoção quando, na infância, viu sua própria caligrafia pela primeira vez. Ele ficou pensando o que poderia fazer com aquilo, com uma escrita que era tão íntima quanto uma impressão digital. Agora, teme que seus filhos nunca se conheçam através de sua letra. "Je est un autre", como Rimbaud diria.

Eu sempre deixo apenas uma janela aberta quando escrevo. Essa janela sempre foi uma única folha de papel num caderno. Escrevo em letra cursiva e a lápis, como fazia quando criança. Escrevo assim para poder me obrigar a ir mais devagar. Aquela única folha de papel é minha janela, minha única tela de acesso ao mundo. (Quantas janelas você deixa abertas na tela do computador? Mais que uma? Enquanto o capital nos mantiver distraídos da percepção de que estamos distraídos os monstros vencem, e nós levamos a vida que eles concebem para nós, não a que criamos sozinhos.) Ter apenas essa janela aberta permite que os artistas não apenas se detenham e se concentrem, mas também contemplem o que estão criando e, ainda mais importante, permite que os artistas enxerguem, cuidem da cena que está sendo explorada, prestem atenção nela de maneira visceral. (Lembre que ver significa esquecer o nome da coisa vista.) Cultivar a solidão e a sensualidade silencia o ruído que nos dificulta ver.

As pessoas (especialmente os artistas) repetidamente citam a frase de Beckett: "Sempre tentou. Fracassou sempre. Não faz mal. Tente de novo. Fracasse outra vez. Fracasse melhor.[6]" Pense nas horas de cada dia, nos dias de cada semana, nas semanas de cada mês, nos meses de cada ano, nos anos da nossa vida que você deve devotar a essa prática do fracasso para chegar a algum lugar. É difícil e toma tempo demais fracassar uma vez só; imagine o quanto é mais difícil e quanto tempo a mais tomaria

---

[6] (N.T.) Em *Worstward Ho*.

fracassar melhor. Tédio e frustração são elementos importantes do fracasso. Com frequência demasiada, no entanto, a distração sabota o tédio e evita que uma pessoa empregue o tédio para surpreender as convenções da visão. (O fracasso exige uma disciplina atenta, não uma série de erros cometidos ao acaso.)

Anos atrás, eu fui até o subsolo do Departamento de Letras Inglesas da Universidade de Binghamton, o covil de John Gardner, para uma sessão de orientação com John. Ele estava socando uma máquina de escrever manual. Eu lhe perguntei por que ele não estava usando uma elétrica. Ele ergueu o rosto para me olhar e perguntou se eu estava louco. Disse que uma máquina de escrever elétrica ia acelerar demais a escrita. Ia representar um risco de que a escrita ficasse descuidada, de que a pessoa provavelmente pudesse escrever sem nem pensar direito nas frases, nas palavras. Aí ele disse, "Você não usa uma elétrica, não é, Rice?" Eu disse, "Não, nem a pau, John. Nem a pau." Eu ainda me lembro da visão daquela única folha de papel na máquina manual de John. Agora, imagine se John tivesse cinco páginas de papel, cinco janelas, naquela máquina manual (como talvez alguns de vocês possam ter cinco janelas abertas na tela do computador). Como ele poderia ver o que havia em todas as cinco janelas? Como poderia se concentrar em todas as cinco janelas? Como poderia evitar ser distraído por todas as cinco janelas?

**

E o seu desejo no momento atual não é de um desvelamento? Um desejo de desfazer a cegueira?

**

As mulheres deviam batizar suas filhas com nomes que fossem quase impossíveis para um homem pronunciar, a não ser que ele fosse paciente. Um homem deveria precisar de tempo e deveria respirar para dizer os nomes que as mães dão às suas filhas. Esses nomes deveriam agir como talismãs para proteger suas filhas daqueles que não compreendem a verdade que há em valorizar o momento de dizer o nome delas. Um homem deveria sentir-se inteiro quando está dizendo o nome de uma filha. O tempo deveria parar.

**

Você já tentou ver um momento antes de ele desaparecer?

**

Uma fotografia, ainda mais que uma frase, torna-se o próximo distante, o *aqui* do *ali*. A lembrança do passado renovada neste momento de se olhar um tempo que não está mais aqui, não está mais ali. Assim que tiro uma foto, ela se torna outra coisa. O desafio é ficar curioso quanto a o quê ela está se tornando, em vez de nostálgico pelo que não é mais.

Dentro de cada fotografia há uma outra fotografia escondida. A fotografia escondida é atemporal, como os *pentimenti* de Caravaggio. Esperando. Esperando. E essa fotografia verdadeira nos diz o que já sabemos, mas não sabemos que sabemos, numa língua incompreensível que flerta com a ambiguidade. Ver você antes de você deslizar para o nada. Para fora do tempo. Ver você dentro dessa fotografia, sentado aqui num café, em Stuttgart, enquanto você está ali, em São Francisco, você não tem como estar mais próximo, nem mais distante.

**

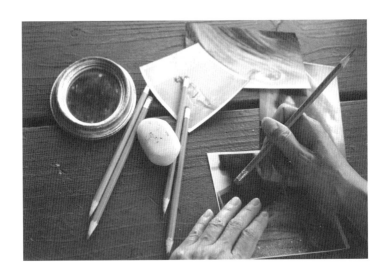

***

O ver só começa quando você começou a esquecer o que viu.

**

Aquele que tira a fotografia desaparece da fotografia, escapando para trás da fotografia, deixando apenas um traço de sua ausência. A fotografia torna-se uma narrativa interrompida. Procurando. Fotografias são meramente vestígios de um tempo que um dia foi e de um tempo que ora é. Um tempo que jamais poderá ser. Uma fotografia silencia o tempo, faz o tempo sumir enquanto inventa outra noção de tempo, de lugar, uma imobilidade dentro do movimento. Essa fotografia da ausência abre um espaço que espera que o tempo apareça, reapareça. Que o tempo escorregue. A fotografia cria um espaço para tornar o tempo visível.

O tempo é. O tempo foi. O tempo será de novo[7].

Fotografias desmontam estórias antes de começarem a revelar demais, antes de acidentalmente articularem o que não é dito. Uma fotografia no passado, do passado, torna-se passado mesmo no presente. A verdade se transforma em mito, uma nostalgia do desejo que cria uma fratura do ver.

Esta fotografia que estou lembrando é um momento de desejo. Foi.

**

Tudo que você fotografou já desapareceu.

**

Ela sussurrava frases que eram minúsculos mistérios, sutis orgasmos da memória. Raramente um fantasma quebra um silêncio. Eles simplesmente aparecem para te dar alguma coisa, um acesso a uma lembrança que estava desbotando no branco dos sonhos, uma forma de ver sua vida de maneiras diferentes, uma forma que você preferiria não saber que existia. Lembranças que sussurram umas para as outras numa língua que desapareceu, que alguns dizem que nunca existiu.

Só a verdade é verdadeira. Fotografias são meramente os vestígios de alguma verdade. Espelhos vivos. Elas tendem a ser promíscuas. Você por acaso já pensou no que está de fato acontecendo quando alguém tira uma foto de alguém olhando uma fotografia? Sou eu a testemunha, ou quem me testemunha é o

---

[7] (N.T.) Referência algo indireta ao Apocalipse 10:6, na tradução King James e, mais diretamente, à sua reelaboração em *Um retrato do artista quando jovem*, de James Joyce: *Time is, time was, but time shall be no more.*

fotógrafo? Uma vez eu vi uma fotografia que parecia ser real, autêntica. Vivi o momento presente de ver essa fotografia pela primeira vez, ao mesmo tempo em que lembrava o momento do passado em que ela foi tirada, um tempo quase esquecido. Um tempo que tinha sido desconjuntado[8]. "Eu tento. Lembrar. Você." Mas toda frase é uma conspiração de silêncio.

Há lembranças que mesmo as fotografias se recusam a revelar. Fotografias que aguardam em silêncio como uma frase aguarda, pacientemente, ansiosa por ser tocada, por um alento, uma palavra. Ela sempre temeu se ver sofrer dentro de uma foto, ficar presa. Depois que uma dor como essa é exposta, que perdão será possível?

**

A maioria das fotografias se torna pouco mais que um acidente arquitetônico do tempo.

**

Nada numa fotografia jamais poderá tornar-se sagrado. Uma vez, à noite, quanto estávamos pegando no sono, eu lhe confessei que minha língua coberta de cicatrizes estivera em todos os lugares em que meus dedos estiveram, e por mais tempo. Depois, ela acordou no escuro, procurando a minha mão. As ruas silenciosas de São Francisco pareciam estar a milhas de distância. Ela disse que ainda conseguia ouvir a neve caindo lá de sua infância, mesmo não tendo visto neve por anos e anos. Com uma voz esfiapada e rala. De manhã, toda manhã que dividimos, ela segurou um espelho nas mãos como um livro aberto.

---
[8] A expressão *out of joint*, no original, é uma referência clara a *Hamlet*, I,v: *The time is out of joint*.

**

Um réquiem para marcar o momento.

**

Há fotografias que você só pode imaginar que está vendo. Como esta. A verdadeira fotografia permanece invisível dentro da fotografia que você imagina. Essa fotografia, a autêntica, que você quer ver, é a da minha lembrança de ter tirado a foto que parece aparecer diante dos seus olhos. Eu estava caminhando com Amber por suas estreitas em São Francisco quando ela começou a sonhar. Disse que desejava ir mais longe do que seu coração suportaria, escrever ambíguas frases-sombra em línguas que desapareceram, amar em violentos fragmentos, em lascas. As fotos que eu tirei dela, muitas vezes, meramente tornaram-se auto-retratos do meu desejo. Ela continuava fora.

**

Às vezes uma fotografia é uma lembrança feita para ser esquecida.
**

Nós estávamos caminhando pela Leavenworth Avenue quando começou a chover. Amber olhou para mim e sorriu. Nós não tínhamos um guarda-chuva ali conosco e não queríamos correr para casa. Nunca tivemos muito medo de chuva, de nos molhar. Amber sempre parecia mais linda na chuva. Cabelo arrepiado e indomado. Parecia que as gotas de chuva meditavam sobre a pele dela. Se nosso corpo é feito principalmente de água, fico pensando o que de fato acontece com ele quando chove... Fico pensando se nossos ancestrais estão nas gotas, se estamos sendo levados para casa.

**

Você aprendeu a sepultar lembranças de uma menininha dentro de espelhos e de fotos.

Acho que é esse o significado da palavra invisível.

**

E se o riso e o choro fossem as únicas formas que tivéssemos para expressar nossa compreensão da filosofia? Do desejo? Do toque?

SOBRE OS AUTORES

Ana Helena Souza é tradutora e doutora em Teoria Literária e Literatura Comparada pela USP. É autora de *A tradução como um outro original* sobre a obra em prosa de Samuel Beckett. Deste autor, traduziu os seguintes romances: *Molloy*, *Malone morre*, *O inominável*, *Como é*, além do volume *Companhia e outros textos*, com grande parte da prosa final de Beckett. *Sartor Resartus* de Thomas Carlyle é sua mais recente tradução. Para a edição desse livro, também preparou a introdução e as notas. Tem diversos artigos publicados em livros e revistas acadêmicas.

Aurora Fornoni Bernardini é ensaísta, escritora e tradutora. Professora de pós-graduação da USP nas disciplinas de Literatura e Cultura Russa, Teoria Literária e Literatura Comparada. Traduziu textos russos de poetas como Velímir Khlébnikov, Marina Tsvetáieva e Anna Akhmátova e de escritores como Anton Tchékhov e Isaac Bábel. Publicou um romance e um livro de contos, além de inúmeros artigos sobre literatura e tradução.

Caetano Waldrigues Galindo é professor de linguística, literatura e teoria da tradução na UFPR, e pesquisador do CNPq. Como tradutor, já publicou mais de 25 livros, sendo que sua tradução do *Ulysses*, de James Joyce, recebeu os principais prêmios de tradução do país. Em 2013 estreou também como contista, tendo recebido o prêmio da Biblioteca Pública do Paraná.

Dirce Waltrick do Amarante é professora do curso de Artes Cênicas da UFSC, onde também está ligada ao curso de pós-graduação em Estudos da Tradução. Doutora pela UFSC, tem vários livros publicados, entre os quais se destacam *Para ler Finnegans Wake, de James Joyce* e *Viagem numa peneira*, organização e tradução de uma antologia da poesia *nonsense* de Edward Lear.

Donaldo Schüler é escritor, professor e tradutor. Autor dos livros de ensaios *Teoria do romance*, *Narciso Errante*, *Eros: dialética e retórica*, *Na conquista do Brasil*, *Heráclito e seu (dis)curso*, *Origens do discurso democrático*. Publicou romances, poesia e literatura infantil. Traduziu *Finnegans Wake*, de James Joyce, tragédias gregas e a *Odisseia* de Homero

Douglas Rice é autor de *Between Appear and Disappear*, *Dream Memoirs of a Fabulist*, *Blood of Mugwump*, *Das Heilige Buch der Stille*, e outros livros de ficção, memória e fotografia. Publicou em vários periódicos e antologias, e já foi traduzido para cinco línguas. Ele é artista-residente na Akademie Schloss Solitude em Stuttgart, Alemanha, e professor de teoria, cinema e escrita criativa na Sacramento State University, na Califórnia, Estados Unidos.

Emílio Maciel é doutor em Literatura comparada pela UFMG e professor adjunto de Teoria Literária no ICHS/UFOP. Atualmente desenvolve pesquisa sobre Proust e a tradição romanesca.

Helena Franco Martins é professora do curso de Letras da PUC do Rio de Janeiro e pesquisadora do CNPq. Trabalha especialmente com a intersecção linguagem e literatura, numa orientação perspectivista. Publicou este ano *Vozes da tradução, ética do traduzir*, pela Humanitas.

Jucimara Tarricone é pesquisadora colaboradora do IEL, departamento de Teoria Literária na Unicamp; Doutora em Letras, na área de Teoria Literária e Literatura Comparada pela USP. Autora de *Hermenêutica e crítica:* o pensamento e a obra de Benedito Nunes. São Paulo: EDUSP/ FAPESP; Pará: EDUFPA, 2011 - finalista do Prêmio Jabuti na área de Teoria/ Crítica Literária de 2012.

Myriam Ávila é professora de Teoria da Literatura na UFMG. Autora dos livros de ensaios *Rima e solução. A poesia nonsense de Lewis Carroll e Edward Lear, O retrato na rua. Memórias e modernidade na cidade planejada* e *Douglas Diegues por Myriam Ávila.* Traduziu livros de viagem de James Wells, W. L. Von Eschwege e J. J. von Tschudi. Coordena o GIPE (Grupo Interinstitucional Poéticas do Estranhamento).

Pedro Ramos Dolabela Chagas é professor adjunto de Literatura Brasileira e Teoria Literária da UFPR. Doutor em Literatura Comparada (UERJ) e em Estética e Filosofia da Arte (UFMG). Foi *Visiting Scholar* na Universidade Stanford (EUA) e *Fellow* da Akademie Schloss Solitude (Alemanha). Desenvolve pesquisa sobre o romance brasileiro e a teoria do romance.

Sandra Mara Stroparo é professora de Literatura e Teoria Literária da UFPR, doutora em Teoria Literária pela UFSC, com tese sobre a correspondência de Stéphane Mallarmé. Como tradutora de francês, já publicou *Axël* e *Viagem em volta do meu quarto*, entre outros.